Migration und Integration

Thomas Meyer (Hg.)
mit Dirk Kohn | Gaby Rotthaus | Klaus-Jürgen Scherer

Migration und Integration

Berichte und Debatten

DIETZ

Bibliografische Information der Deutschen Nationalbibliothek

Die Deutsche Nationalbibliothek verzeichnet
diese Publikation in der Deutschen Nationalbibliografie;
detaillierte bibliografische Daten sind im Internet
unter *http://dnb.dnb.de* abrufbar.

ISBN 978-3-8012-0592-8

© 2020 by
Verlag J. H. W. Dietz Nachf. GmbH
Dreizehnmorgenweg 24, 53175 Bonn

Umschlag: Rohtext, Bonn unter Verwendung von Titelseiten der *Frankfurter Hefte*,
der Zeitschrift *Die Neue Gesellschaft* und der *NG|FH* aus den Jahren 1946 bis heute

Satz:
Kempken DTP-Service | Satztechnik · Druckvorstufe · Mediengestaltung, Marburg

Druck und Verarbeitung: CPI books, Leck

Alle Rechte vorbehalten
Printed in Germany 2020

Besuchen Sie uns im Internet: *www.dietz-verlag.de*

Inhaltsverzeichnis

Vorwort 9

I. Flüchtlinge in Deutschland

H. B. Die Evakuierten 15
Pater Paulus Sladek Kirche, Flüchtlingsnot und soziale Frage 19

II. Die Eingeladenen: »Gastarbeiter«

Valentin Siebrecht Die ausländischen Arbeiter in der Bundesrepublik 35
Ansgar Skriver Rechtssicherheit auch für Ausländer 49
Ursula Mehrländer Soziale Probleme der ausländischen Arbeitnehmer 55
Michael Selbmann Die zweite Generation der Gastarbeiter
in der Bundesrepublik 63
Marianello Marianelli/Ilse Staff »und es kamen Menschen« 77
Klaus Rave Deichbruch durch die Welle des Ausländerhasses 87

III. Asylrecht und Asylpolitik

Herbert Leuninger Die Erosion des Grundgesetzes: Asylrecht 95
Manfred Nitsch Plädoyer gegen Einwanderungsquoten 100
Paul Collier Asylpolitik neu denken 108

IV. Migration und Zuwanderung

Harald Hohmann Zwischen Aussiedlern und Asylanten 117

Klaus J. Bade Deutsche Probleme und atlantische Perspektiven 124

Richard Meng Die Flüchtlingsdebatte legt so manche
Selbsttäuschung offen 137

Thomas Meyer Der Streit um Grenzen und die Sozialdemokratie 141

Klaus-Jürgen Scherer Gemeinschaft und Gesellschaft –
altes Spannungsverhältnis mit neuer Relevanz 148

V. Herausforderung Integration

Bodo Hager/Fritz Wandel Zum Problem der Identitätsfindung
von Spätaussiedlern 157

Gudrun Jakubeit/Hubertus Schröer Kulturelle Koexistenz
statt Integration 169

Ute Schmidt Die Bessarabiendeutschen 175

Kerstin Schneider Türkische Einwanderer und die Integrationsdebatte . . . 182

Tanja Busse Alexander Thumfart über die schwierige Integration
der Ostdeutschen 186

Herfried Münkler Über einen Masterplan für Integration 189

Armin Pfahl-Traughber Kulturpluralismus statt Multikulturalismus 193

Thomas Meyer Integration – das unbekannte Wesen 198

Kurt Graulich Staat und Religion in der Flüchtlingsdebatte 203

Thomas Meyer Integration – Einsichten und Fallstricke 208

Paul Scheffer Wege zum »neuen Wir« 213

VI. Blicke über Grenzen

Nora Räthzel/Robert Miles Beispiele aus Großbritannien
und der Bundesrepublik 225

Philippe Bernard Ist Frankreich noch ein Einwanderungsland? 235

Michael Bröning Dänemark – Sonderfall mit Vorbildfunktion? 241

VII. Europa: Kooperation und Verweigerung

Ludger Pries Es geht nur europäisch 249

Jochen Oltmer Fluchtursachen, Fluchtwege und die neue
Rolle Deutschlands 260

Marianne Haase Vom Wollen und Können der europäischen Asylpolitik . . . 264

Rupert Neudeck Was tut die Europäische Union in der Flüchtlingskrise? . . . 269

Autorinnen und Autoren 274

Vorwort

Migration und Integration

Der vorliegende zweite Band ausgewählter Texte aus den Zeitschriften *Frankfurter Hefte* und *Neue Gesellschaft* sowie der aus dem Zusammenschluss beider im Jahr 1985 entstandenen *NG | FH* ist dem immer virulenten und umkämpften Thema *Migration und Integration* gewidmet. Die in späteren Jahren heißumstrittenen Fragen, die bei diesem Thema angesprochen werden, spielten freilich in den, 1946 von den beiden einflussreichen linkskatholischen Intellektuellen jener Jahre, Walter Dirks und Eugen Kogon gegründeten *Frankfurter Heften* zunächst nur eine geringe Rolle. Das galt gleichermaßen für die 1954 maßgeblich von dem ethischen Sozialisten und späteren »Vater des Godesberger Programms« der SPD, Willi Eichler, inspirierte *Neue Gesellschaft*. Der Gang der Ereignisse setzte vielmehr die Herausforderung einer Neugründung der Demokratie in Deutschland und ihren Platz in der wachsenden Bewegung für eine politische Einigung Europas auf die Tagesordnung. Dies war bei den *Frankfurter Heften* von Anfang an verbunden mit dem geistig-politischen Kampf gegen die restaurative Politik des Bundeskanzlers Konrad Adenauer und dem Eintreten für einen demokratischen und freiheitlichen Sozialismus im Geiste der katholischen Soziallehre. In ihrer Epoche war die Zeitschrift in bedeutender Weise »Forum und Faktor« der intellektuellen Debatten für ein im Kern demokratisiertes neues Deutschland, das mit der Nazi-Vergangenheit und ihren gesellschaftlichen Voraussetzungen entschieden bricht. Sie hatte politisch engagierte Autoren und Leser weit über das Milieu des Linkskatholizismus ihrer beiden Gründerväter hinaus.

Die *Neue Gesellschaft* war der Selbstverständigung der Sozialdemokratie über die geistig-politischen Grundlagen ihres Handelns nach dem Ende des dogmatisierten Partei-Marxismus der Jahrzehnte vor dem Zweiten Weltkrieg gewidmet. Das war verbunden mit der Frage nach der Gestalt eines modernen Sozialismus auf der Grundlage der ohne jeden Vorbehalt akzeptierten rechtsstaatlichen Demokratie. Demokratische und soziale »Vereinigte Staaten von Europa« hatte die Sozialdemokratie ja schon in ihrem Heidelberger Programm von 1925 gefordert. Im Verlaufe dieser Debatten wuchs auch die Einsicht, dass der demokratische Sozialismus als politisches Projekt mehrere geistige Wurzeln hat, zu denen neben dem demokratischen Marxismus und der kantischen Ethik auch entgegenkommende religiöse Überzeugungen gehören können. Auf den Grundsatzteil des Godesberger Programms von 1959 hat im dichten Dialog mit dem Vorsitzenden der Kommission, die es entwarf, Willi Eichler, der herausragende katholische Sozialwissenschaftler Oswald von Nell-Breuning SJ spürbar eingewirkt. Damit war in Abkehr von der bis dahin vorherrschenden Gegnerschaft zwischen ihnen ein dauerhafter Dialog von Katholiken und Sozialdemokratie eingeleitet. Die wichtigsten politisch-kulturellen Anliegen beider Zeitschriften deckten sich in Grundfragen daher schon lange vor ihrer Verschmelzung im Jahr 1985, als die Entwicklung der Abonnements sie nahelegte.

Wir nehmen das 75-jährige Jubiläum der für die frühe Geschichte der Bundesrepublik bedeutsamen *Frankfurter Hefte* zum Anlass, eine größere Anzahl der in ihnen sowie der *Neuen Gesellschaft* und der *NG | FH* erschienenen herausragenden Beiträge der interessierten Öffentlichkeit im Zusammenhang zugänglich zu machen. Der erste Band ist dem Thema *Europa* gewidmet, im vorliegenden Band geht es um *Migration und Integration*, ein in Kürze erscheinender dritter Band hat die Debatten über *Soziale Demokratie* zum Thema.

Die Texte über Migration und Integration erinnern daran, dass es in Deutschland nach dem Zweiten Weltkrieg viermal aus höchst unterschiedlichem Anlass die Erfahrung verdichteter Immigration mit politischen Begleitdebatten über sie und die aus ihr folgenden Fragen der Integration gab: zuerst Vertreibung und Massenflucht von Deutschen aus den Ostgebieten in den unmittelbaren Nachkriegsjahren; dann die wachsende Zahl intensiv angeworbener europäischer Gastarbeiter in der Zeit des »Wirtschaftswunders« der 50er und 60er Jahre; nach der Wiedervereinigung der beiden deutschen Staaten 1990 der Ortswechsel sehr vieler Ostdeutscher nach Westdeutschland; und aktuell mit dem vorläufigen Höhepunkt 2015 der steile Anstieg der Zahl der Asylbewerber und Migranten als Folge der unbewältigten Globalisierung und der wechselnden akuten Krisenherde im Nahen Osten und in Afrika. Der Band versammelt Texte aus allen vier Zeitabschnitten, die in ihren Ähnlichkeiten und Unterschieden zu aufschlussreichen Vergleichen anregen, die freilich systematischere Informationen voraussetzen über das hinaus, was eine solche Auswahl leisten könnte. Deutlich wird jedenfalls an den frühesten Texten, dass auch Flüchtlinge aus dem eigenen Volk, Menschen der gleichen Sprache, Religion und Kultur als »Fremde« bis hin zur sozialen Ausgrenzung behandelt wurden, sobald sie sich in größerer Zahl in der »eigenen« Lebenswelt von Ortsansässigen niederließen. Nicht zufällig ist ja die deutsche Nachkriegsliteratur voller bestürzender Beispiele dafür. Bemerkenswert und als Anlass für präzisere Unterscheidungen in der aktuellen Debatte können dabei sowohl die Handhabung des Begriffs des »Fremden« wie auch die Erfahrung sein, unter welchen Bedingungen und innerhalb welcher Zeithorizonte die Integration der ursprünglich als »fremd« Markierten schließlich gelang. Letzteres gilt besonders auch für die sogenannten »Gastarbeiter«, deren erste Generation in den 50er, 60er und 70er Jahren stammte zunächst überwiegend aus nahegelegenen europäischen Ländern wie Jugoslawien, Italien und Spanien und dann überwiegend aus der Türkei. Es dauerte lange, bis das Land begriff, dass die meisten von ihnen gekommen waren, um zu bleiben – eben, wie Max Frisch dann pointierte, nicht nur als Arbeiter, sondern als Menschen mit allen Bedürfnissen und Lebensäußerungen wie die ortsansässige Bevölkerung auch. Der schwierige und widerspruchsvolle Prozess, den diese verstörende Erkenntnis in Gang gesetzt hat, dauert heute, 50 Jahre später, immer noch an. Davon zeugen die Beiträge in den Kapiteln II bis VII.

Viele der Texte in den Kapiteln IV und V leisten hochaktuelle Beiträge zur Klärung der Begriffe rund um unser Thema, an der es in den öffentlichen Debatten fortwirkend erheblich mangelt, ohne die aber Verständigung nicht gelingen kann: etwa »Fremde«, Asylbewerber, Spätaussiedler, Flüchtlinge, Migranten. Missverständnisse, sei es aus Unkenntnis, sei es politisch kalkuliert, umranken zumal den Begriff der »Integration«, einer Säule im öffentlichen Gespräch über das Thema Migration und der Politik, die darauf bezogen ist.

Drei Beiträgen kommt besonderes Gewicht zu, weil ihr Blick die Landesgrenzen überschreitet. Der Text des weltweit führenden britischen Migrationsforschers Paul Collier mit sehr konkreten Vorschlägen für eine bessere Alternative der Migrationspolitik; der des niederländischen Experten Paul Scheffer, der Sinn, Weg und Inhalt eines »neuen Wir« beschreibt, das nötig ist, wenn Integration gelingen soll; und der Bericht von Michael Bröning über den Wandel der Integrationspolitik der dänischen Sozialdemokratie und deren Erfolge. Schließlich wird in Kapitel VII ein informativer Blick auf das anscheinend unlösbare Dilemma einer gemeinsamen europäischen Asyl-, Migrations- und Integrationspolitik geworfen.

Der Reigen der Autorinnen und Autoren, der große historische Bogen, den die Texte schlagen, die breite Palette der Einzelthemen und die fortwirkend aktuelle Bedeutung so gut wie aller Beiträge mögen für sich selbst sprechen.

I.
Flüchtlinge in Deutschland

H. B.
Die Evakuierten

Die Ausweisung von Millionen Deutschen aus ihren östlichen Heimatgebieten ist ein in jeder Hinsicht aufwühlender Vorgang. Über aller Ungerechtigkeit, aller Not und allem Elend, die mit ihm verbunden sind, wollen wir nie vergessen, daß die Kette der Ursachen auf die verfehlte Politik und die schauerlichen Methoden des Nationalsozialismus anderen Völkern gegenüber zurückgeht. Nun müssen wir damit fertig werden. Wir, das heißt alle Deutschen, nicht bloß die Evakuierten selbst. Die Bewältigung dieses Problems, das zu den größten und schwersten der Gegenwart gehört, ist eine Sache der Gemeinschaft.

Am Beginn der erforderlichen Maßnahmen muß die Erkenntnis stehen, daß für die allermeisten Evakuierten die Ausweisung aus der alten Heimat endgültig ist. Die Eingliederung in den neuen Lebensbereich darf daher nicht den Charakter eines Provisoriums haben, sie muß auf Dauer angelegt sein.

Was kennzeichnet die besondere Lage der Evakuierten?

Sie sind vorerst eine fluktuierende Masse, aus zurückkehrenden Ausgebombten, aus Ostflüchtlingen und aus des Landes Verwiesenen bestehend, die in der Regel all ihr Hab und Gut verloren haben, ohne daß ihnen eine neue, geordnete Existenzbasis zur Verfügung stünde, in der sie wieder wurzeln können. Weder im Land noch in einer Gemeinschaft stehen sie an ihrem Ort. Unzählige von ihnen besitzen buchstäblich nichts mehr als ihre Arbeitskraft; sie leben von der Hand in den Mund. Ihre Lage, mag sie auch anders entstanden und bedingt sein, gleicht im Wesentlichen der schlimmsten proletarischen Existenz.

Endgültiger Abschluß des bisherigen Lebensweges und mehr oder minder totaler Verlust des Eigentums sind die ersten wesentlichen Merkmale der echten Evakuierten. Ihre soziale Mannigfaltigkeit und ihr schwieriges Verhältnis zur neuen Umwelt die nächsten.

Die Not unter den Evakuierten ist furchtbar, zum Teil entsetzenerregend. Sehr viele, besonders solche, deren Ernährer noch nicht aus der Kriegsgefangenschaft zurückgekehrt sind, leben heute von der Caritas und von unzulänglichen Wohlfahrtsunterstützungen, die kaum ausreichen, um die Miete und die rationierten Lebensmittel zu bezahlen. Neuanschaffungen kommen nur in den allerseltensten Fällen in Betracht. Unter solchen Umständen müssen diese Männer und Frauen versuchen, wieder einen Beruf und einen Erwerb zu finden. Sie sind nicht ohne weiteres in der Lage, ihre alte soziale Funktion in der vielfach auf andere Bedürfnisse zugeschnittenen jetzigen Umgebung auszuüben. Freie Arbeitsstellen werden in der Regel an Einheimische vergeben, erst im Notfall greift man auf den unbekannten Evakuierten zurück. Bauhandwerker und Bauarbeiter, Schmiede, Stellmacher, Sattler, Schuster, Schneider, Bäcker, Metzger und andere Facharbeiter haben es gelegentlich leichter, sich wenigstens behelfsmäßig Arbeit und Einkommen fürs erste zu sichern. (Aber auch das ist oft sehr schwierig: Die Innungen verlangen nicht selten, auf unzeitgemäße, aber noch bestehende nationalsozialistische Regelungen sich stur berufend, den nur in seltensten Fällen zu beschaffenden Nachweis früherer Fachmitgliedschaft, sodaß zum Beispiel in einem uns bekannten Fall ein qualifizierter Besenbinder trotz nachgewiesenem hervorragenden Können und angesichts des außerordentlichen Mangels an dem Hausrat, den er erzeugen könnte, seit Monaten vergeblich um die Zulassung zu seinem Gewerbe kämpft!) Die besten Arbeiter und Angestellten müssen sich aber häufig mit primitiver Gelegenheits- und Notstandsarbeit begnügen. Der aus dem Osten geflüchtete oder ausgewiesene Bauer, für den am Aufnahmeort kein verwaister Hof bereitsteht – wo wäre das schon, daß die Zahl ins Gewicht fiele, der Fall? —, kann zunächst froh sein, wenn er auch nur als Knecht Arbeit findet. Sehr viele Evakuierte arbeiten in den ländlichen Gemeinden für weiter nichts als Unterkunft und Verpflegung. Welche Gefahr für das gesamte Lohngefüge in diesem erzwungenen Notstand liegt, welcher Lohndruck schon heute ausgeübt wird, der sich mit den weiteren aus dem Osten heranflutenden Massen noch erheblich verstärken wird, braucht nicht näher dargelegt zu werden. Zehntausende haben überhaupt keine auch nur halbwegs geregelte Arbeit; allenthalben kann man unter ihnen entlassene Soldaten feststellen, denen die Rückkehr nach ihrer östlichen Heimat versagt ist. Sie werden von Kreis zu Kreis mit jeweils dreitägiger Aufenthaltserlaubnis und Lebensmittelkartenzuteilung abgeschoben. Bei einer Razzia zwischen Bremen und Oldenburg stieß die britische Militärpolizei unlängst auf mehr als vierzigtausend solcher Menschen an einem einzigen Tage!

Das führt unsere Erwägungen zum Problem der Wohnverhältnisse. Die allermeisten Evakuierten, selbst Familien mit zwei und mehr Kindern, verfügen nur über ein Zimmer; in der Regel werden Herd und Küche der Wirtsleute mitbenutzt, nur Glücklichere haben eine besondere Kochgelegenheit. Wie oft sind nicht Wohnstube, Schlafzimmer und Küche in einem einzigen Raum vereinigt, der entweder erbärmlich leer oder mit Herd, Betten, Tisch, Stühlen und Schrank so vollgepfropft ist, daß man von Wohnen kaum mehr reden kann. Man darf das nicht nur geschildert bekommen, man muß es erlebt haben, um die in solchen Verhältnissen sich offenbarende kulturelle, soziale und moralische Not und das daraus entstehende Bewußtsein der totalen Abhängigkeit in seiner ganzen Bitternis mitzuempfinden.

Es wäre ein Wunder, wenn infolgedessen das Verhältnis der Evakuierten zu ihrer Umwelt auch nur annäherungsweise normal wäre. Mögen die Einheimischen sich in Einzelfällen auch noch so anständig und hilfsbereit zeigen, der täglich sich aufdrängende Gegensatz zwischen der verlorenen früheren Welt des Evakuierten und den erhaltengebliebenen geordneten Verhältnissen der Wirtsleute, ja schon das Gefühl, ununterbrochen auf die Hilfe und das Wohlwollen Fremder angewiesen zu sein, zermürbt die Seelen und schafft die heikelsten Verhältnisse. Durch charakterliche, landschaftliche, sprachliche, kulturelle und religiöse Eigenheiten, durch falsche Ansprüche oder Gereiztheiten auf der einen Seite, durch Härten und Unverständnis auf der anderen Seite werden sie noch verschärft. (In einem Dorf hat ein Großbauer, der außerdem Nationalsozialist war, doch tatsächlich einen Flüchtling und dessen Frau, die früher eine selbständige Landwirtschaft besaßen, nun aber mehrere Monate lang bloß gegen Kost und spärliche Unterkunft wie Knecht und Magd gearbeitet hatten, mit ihren Kindern sofort vom Hof gejagt, als die Leute um ein wenig Barlohn baten, weil sie sich doch irgendwas kaufen müßten. Der Fall ist leider nicht vereinzelt.) Dem in eine fremde Umwelt geworfenen, sehnsüchtig in die zerstörte oder verlorene heimatliche Welt, deren Menschen, Dinge und Verhältnisse ihm vertraut waren, zurückblickenden Evakuierten geht allmählich, je umfassender die Hindernisse werden, die ihm entgegentreten, die Sicherheit der Lebensführung verloren, die er so nötig hätte, während dem Einheimischen, selbst wenn er von tiefem menschlichen Mitgefühl erfüllt ist, mit der Zeit die Evakuierten, die heute oft schon ein Viertel, ein Drittel, ja in einzelnen Gemeinden einen noch höheren Anteil der Bevölkerung ausmachen, wie eine Art Eindringlinge, eine Masse von fremden Habenichtsen erscheinen müssen. Die Erfahrung lehrt, daß es sowohl denen, die im Krieg nichts oder wenig verloren haben, als auch den andern, die ohne ihre persönliche Schuld alles preisgeben mußten, auf die Dauer nicht leicht fällt, einander zu verstehen; das Zusammenleben in einer Gemeinde oder gar unter einem Dach pflegt die ungesunden Verhältnisse, wenn sie nicht grundsätzlich geregelt werden, also wirklich nur vorübergehenden Charakter haben, eher noch zu erschweren.

Wenn man bedenkt, welch ein Gegensatz von Ost und West, von östlicher und westlicher Lebensweise heute in die Dörfer zwischen Weser und Rhein, zwischen Main und Donau durch die Massenevakuierung hineingetragen worden ist – wer hat bisher alle Konsequenzen etwa der Tatsache durchdacht, daß Schleswig-Holstein, wie wir hören, in diesem einen Jahr 1945/46 ein Landstrich mit mehrheitlich katholischer Bevölkerung geworden ist! – dann begreift man auch, daß die Evakuierten mit den Einheimischen zum großen Teil nicht mehr zu tun haben wollen, als es die Umstände gerade gebieten, die Einheimischen aber den Verkehr mit den Evakuierten in den meisten Fällen ebenfalls nicht über das unbedingt notwendige Maß hinaus ausdehnen; das Gefühl und das Bedürfnis gegenseitiger Distanz ist vorherrschend. Mag es auch zu vielen sachlichen und freundnachbarlichen Berührungen mannigfaltigster Art kommen, es besteht doch ein weiter und tiefer Graben, der schwer zu überbrücken ist.

Es kann nicht unsere Aufgabe sein, auch nur zuzulassen, daß dieser Zustand sich verfestigt, oder gar noch dazu beizutragen. (Dies geschieht unseres Erachtens zum Beispiel durch die jetzt mancherorts eingeführte behördliche Bezeichnung »Neubürger« für die Evakuierten; der Ausdruck mag noch so gut gemeint sein, er verfestigt aber den Gegensatz und gibt den »Neuen« eine Art Zweitrangigkeit, die nicht auch noch sanktioniert werden sollte, da der Bauer ohnehin jeden »Zugewanderten« jahrzehntelang als zweitrangig ansieht.) Eine umfassende Regelung muß rasch und muß gründlich erfolgen. Beide Teile der Bevölkerung haben einen Anspruch darauf: der eine auf echte, wirkliche Existenzgrundlage – nicht bloß auf Caritas, die zwar sehr notwendig ist, aber nur die erste Hilfe sein kann –, der andere auf die Beseitigung der sozialen und politischen Gefahren, die in dem Problem der Evakuierten liegen; eine

Masse, die aus allen sozialen Schichten und Typen, allen Berufen und Bildungsgraden besteht, aus Menschen, die der Krieg ohne Unterschied des Namens, der Herkunft, des Standes, des Ranges, des Berufes, der Existenz, des Einkommens oder des Besitzes den ursprünglichen Ordnungen und Lebenszusammenhängen entrissen, fortgeschwemmt und irgendwo wieder an Land geworfen hat, kann morgen schon, wenn sie nicht gegliedert und neu eingegliedert wird, das Opfer jeder radikalen Parole werden – besonders von rechts, weil dort in die Vergangenheit zurückreichende Hoffnungen und Wünsche die Gestalt nationaler Ressentiments annehmen. Die Evakuierten dürfen nicht durch die Schuld und die Unterlassungssünden der übrigen deutschen Bevölkerung und ihrer Regierungen zu einer bleibenden Massenerscheinung werden, die den Boden für alle Verbitterung, Verkrampfung und radikale Propaganda abgäbe. Auf die Dauer wird es die Evakuierten auch wenig trösten, immer wieder zu hören, wem sie ihre Lage eigentlich zu verdanken haben; was sie erwarten, sind weniger politische Belehrungen als schnelle, wirksame und gründliche Hilfe.

Erst in dem Maße, in dem die Evakuierten wieder in eine Gemeinschaft hineinwachsen, hören sie auf, Evakuierte zu sein, werden sie sich als Angehörige dieses Dorfes und dieser Stadt betrachten. Das Unternehmen bedarf der staatlichen Förderung, systematischer und detaillierter Planung, sein Gelingen hängt aber nicht zuletzt von der Initiative, dem Mut, der Tüchtigkeit und Entschlossenheit der einzelnen Gemeinde, der Gemeindemitglieder und der Evakuierten selbst ab. [FH 4|1946]

Pater Paulus Sladek

Kirche, Flüchtlingsnot und soziale Frage

Die Not der Vertriebenen und Ausgebombten, die heute zum größten Problem Restdeutschlands geworden ist, stellt die Kirche in Deutschland vor eine der schwersten Aufgaben, die sie je gehabt hat. Es genügt nicht, lediglich auf die religiöse Gleichgültigkeit der Flüchtlinge und Ausgewiesenen hinzuweisen oder ihnen die notdürftigste Seelsorge in der Diaspora zuzuwenden. Die zwölf bis vierzehn Millionen Vertriebenen bilden mit den ebensovielen Ausgebombten und Kriegsversehrten, zu denen jetzt schon die Arbeitslosen der abmontierten Industriewerke stoßen, das unübersehbare Heer des Elends, dem die andere Hälfte des Volkes, vor allem die bäuerliche Bevölkerung, gegenübersteht, die den größten Teil ihrer Habe durch den Krieg hindurchretten konnte und die auch heute noch die frühere Arbeit und gesicherte Lebensweise fortsetzen kann. Die große Zahl der Enterbten sowie der scharfe Gegensatz zwischen Besitzenden und Nichtbesitzenden schreit nach einem *Ausgleich der Besitz- und Lebensverhältnisse*. Schon die Enzyklika Quadragesimo anno spricht mit Rücksicht auf die Lage der Industriearbeiterschaft von einer schwer mißbildeten Eigentumsordnung. Die Besitzverteilung im heutigen Deutschland aber ist unerträglich geworden, weil die einen zufällig und ohne besonderes Verdienst ihr Hab und Gut durch den Krieg hindurchretten konnten, während die anderen ebenso zufällig und ohne besondere Schuld alles verloren haben. Die Besitzlosen des heutigen Deutschland sind nicht Arme im gewöhnlichen Sinn, sondern erheben unter Berufung auf das Prinzip der Kollektivhaftung den Rechtsanspruch auf eine angemessene Entschädigung für ihr verlorenes Vermögen.

Dieser Rechtsanspruch richtet sich zwar unmittelbar an das Gemeinwesen, an den Staat, die Gemeinde und die berufsständischen Körperschaften, mittelbar aber an die Besitzenden, weil der vollständig verarmte Staat ja nur geben kann, was er anderen nimmt. Der Ausgleich der Lasten des verlorenen Krieges wird im Zusammenhang mit der durch die Kriegsfolgen bedingten Änderung unserer gesamten Volkswirtschaft sowie den berechtigten Forderungen der Industriearbeiter nach entsprechender Beteiligung in seinen Folgen das gesamte soziale Leben unseres Volkes umgestalten und auch vor dem Bauerntum, der jetzigen Verteilung von Grund und Boden sowie der Art und Weise seiner Bewirtschaftung nicht Halt machen. Alles hängt davon ab, daß dieser Lastenausgleich ehestens in Angriff genommen wird. Zu lange schon lassen die notwendigen Gesetze und Verordnungen auf sich warten. Das Flüchtlingsgesetz der amerikanischen Zone ist ein erster wichtiger Anfang in dieser Richtung. Leider haben die Gemeinden und Berufskörperschaften noch nicht erkannt, daß sie von sich aus alle Kräfte der Hilfe wecken müßten, die nur möglich sind, und daß sie nicht abwarten dürfen, bis der Befehl oder Druck des Staates kommt. Schon sind zwei Jahre seit dem Zusammenbruch vergangen, und die letzten Reserven an materiellen Gütern und an seelischer Kraft sind bei den Besitzenden beinahe verbraucht. Wenn die besitzenden Kreise in Stadt und Land weiterhin die Augen verschließen und ihre derzeitige Macht nur dazu verwenden, um ihre eigene Position zu bewahren, dann wird eine soziale Neuordnung mit Gewalt erzwungen werden. Aber dann sind nicht die hungernden Millionen, die nur ihr primitivstes Menschenrecht fordern, sondern die Besitzenden als Verteidiger der bisherigen Ordnung oder Unordnung die Bannerträger der Revolution. Es ist töricht, die Augen vor dieser Alternative zu verschließen und vielleicht von einer Auswanderung oder einer Rückkehr der Ausgewiesenen in ihre alte Heimat die Überwindung der jetzigen Krise und die Wiederherstellung der früheren Verhältnisse zu erhoffen. Solche Hinweise wecken bei den Ausgewiesenen gefährliche Illusionen und liefern nur allzuleicht den besitzenden Kreisen einen Vorwand, sich größere Opfer oder entscheidende Reformen zu ersparen.

Das deutsche Volk ist innerlich auf eine so gewaltige soziale Umwälzung nicht vorbereitet. Der größte Teil der Bevölkerung, selbstverständlich auch der gläubigen Christen, Besitzende und plötzlich Verarmte, lebt geistig noch in der *Vorstellungswelt des Besitzens*. Das furchtbare Elend der Millionen hat wunderbare Blüten christlichen Opfermutes und hilfsbereiter Nächstenliebe geweckt, aber auch ebensoviel Opferscheu und Hartherzigkeit aufgedeckt. Die Heimatlosen, die in ihrer Heimat, als plötzlich das unvorstellbare Schicksal der Entrechtung, Beraubung und schließlich der Vertreibung vom jahrhundertealten Väterboden über sie kam, inbrünstig auf eine neue glücklichere Zukunft in Deutschland gehofft hatten, sind nicht nur durch die Not des Landes, sondern auch durch viele seiner Menschen in ihren wenn auch übertriebenen Erwartungen grausam enttäuscht worden. Es genügt nicht, darauf hinzuweisen, daß etwa die einheimische bäuerliche Bevölkerung im Krieg wie in der Nachkriegszeit selbst manches Schwere mitgemacht hat, daß sie abgestumpft ist durch die jahrelange Zuwanderung von Evakuierten, die während des Krieges als »Gäste des Führers« oft einen denkbar schlechten Eindruck gemacht haben, und daß schließlich ein heroisches Maß an Nächstenliebe von keinem Menschen verlangt werden könne, zumal von vielen auch tatsächlich viel Gutes geschehe. Das Erschreckende ist, daß es Christen gibt, und anscheinend nicht wenige, welche oft zur Kirche und zu den Sakramenten gehen und die doch nicht begreifen, daß *sie um der Gerech-*

tigkeit und Liebe willen danach trachten müssen, den Opfern des Krieges ein menschenwürdiges Leben und eine neue Zukunft zu ermöglichen.

Wir dürfen nun nicht über die christliche Gesinnung dieser Menschen einfach den Stab brechen. Es handelt sich oft nicht um bösen Willen, sondern um eine Blindheit des Herzens, die vielerlei Gründe hat.

Die meisten Menschen wissen garnicht, was Gerechtigkeit und Liebe angesichts einer solchen Massennot von ihnen verlangen. Auch die Vertriebenen haben erst in der Not, als sie sich selber nicht mehr helfen konnten und sie ganz auf die Hilfe anderer angewiesen waren, erfahren, was Nächstenliebe eigentlich ist. Wir dürfen uns darüber auch garnicht wundern. Seit langer Zeit sind die Menschen in einem stets steigenden Wohlstand aufgewachsen. Die soziale Schichtung in Ärmere und Wohlhabendere galt den besitzenden Kreisen als selbstverständlich. Auch die Ärmeren haben wenigstens eine Wohnung und ein bescheidenes Fortkommen gehabt. Vollständige Armut war im allgemeinen mit Unordentlichkeit verbunden und durch Untüchtigkeit verschuldet. Die Nächstenliebe war die Tugend der Krankenpflege, die katholische Ordensschwester ihr Ideal. Gegenüber dem Armen erwies sie sich als Tugend der Mildtätigkeit. Der Bettler, der an der Tür läutete, erhielt ein Almosen. Damit hatte man genug Nächstenliebe geübt. Das eigene Wohlergehen und der eigene Besitz erschienen durch die Erfüllung des Liebesgebotes nicht berührt. Schließlich sahen die meisten die Werke der Nächstenliebe, die nicht erzwungen und auch nicht genau vorgeschrieben werden können, als Handlungen an, die freiwillig getan und nach Belieben getan oder unterlassen werden können, ohne daß die Unterlassung Sünde wäre. Vielleicht haben die meisten Menschen nicht mehr das Empfinden, daß es wahre und eigentliche Liebes*pflichten* gibt, die bei solchen Notständen wie heute selbst zu großen und größten Opfern im Gewissen verpflichten. Anderseits hatte die vergangene Zeit die Gerechtigkeit auf die strenge Tauschgerechtigkeit eingeengt. Daß sie den Besitz mit sozialen Pflichten gegenüber der Gemeinschaft belastete, war weithin dem Bewußtsein entschwunden. Diese Vorstellungen, in denen die Kinder aufwuchsen und erzogen wurden, ließen eine sittliche Haltung entstehen, die wie ein Filter auf das Verständnis der christlichen Sittenlehre wirkte und sie der eigenen Ichbetontheit anglich.

Die Verständnislosigkeit gegenüber den Forderungen der sozialen Tugenden ist zum großen Teil auf das Konto des *neuzeitlichen Individualis-*

mus zu setzen. Der neuzeitliche Mensch sieht nur die Verantwortlichkeit gegenüber dem eigenen Ich und dem engsten Kreis der eigenen Familie. Die religiös-sittliche Erziehung stand ebenfalls unter dem Einfluß des Geistes ihrer Zeit. Wenn wir die Beichtspiegel der meisten Gebetbücher nachlesen und das Gewissen der meisten Christen prüfen, so sehen wir, wie sich im sittlichen Bewußtsein die Pflichten gegenüber dem Nächsten meist im Negativen erschöpfen. Unsere Pflicht ist es, dem Nächsten nichts Böses zuzufügen. Selten aber wird eine positive Verantwortung für das leibliche und seelische Heil des Nächsten eingeschärft, womit doch schließlich die sozialen Tugenden überhaupt erst anfangen. Was wäre das für eine Mutter, die ihrem Kinde nur nichts Böses zufügte? Wahre Liebe fragt nicht: Wie halte ich mir die Not vom Leibe?, sondern: Was kann ich tun, was kann ich noch hergeben, um dem Nächsten zu helfen? Eine weitere Ursache für das soziale Versagen ist die *Verkümmerung der Persönlichkeit* unter dem Einfluß der modernen Zivilisation. Gerade die Liebe ist die persönlichste Tugend, die es gibt. Du mußt merken, daß dich die Not des andern angeht. Du mußt bereit sein, die fremde zu deiner eigenen Sache zu machen. Der moderne Staat mit seinen Wohlfahrtsämtern und Fürsorgeanstalten hat dem Menschen die persönliche Sorge, die Pflicht der persönlichen Hilfeleistung in weitem Maße abgenommen und abgewöhnt. Leider führen auch die Sammelaktionen von Kirche und Staat und der unumgängliche Massenbetrieb der Caritasstellen zur Entpersönlichung der Hilfe. Der *Egoismus und die materialistische Grundgesinnung* vollenden das Charakterbild des modernen Menschen.

Auch die Christen stehen unter dem Einfluß ihrer Zeit. Ihre religiös-sittliche Vorstellungswelt und noch mehr ihr praktisches Verhalten ist, obwohl sie in Lehre und Bekenntnis an christlichen Grundsätzen festhalten, davon mehr abhängig, als wir gewöhnlich meinen. Wir dürfen uns daher nicht wundern, daß infolgedessen bei vielen das Mitleid mit der fremden Not dort aufhört, wo die Verteidigung der eigenen Lebensgewohnheiten und des eigenen Besitzes beginnt. Wir wollen nicht einsehen, daß Pflichten der Liebe und Gerechtigkeit von uns verlangen könnten, auf die Wahrung unseres Vorteils oder auf wohlerworbene Rechte und liebgewonnene Gewohnheiten zu verzichten und einen Teil unseres Eigentums herzugeben. So danken die Besitzenden heute Gott dafür, daß sie ihre Habe über den Krieg hinwegretten konnten. Sie bedauern zwar die Kriegsopfer, die ohne besondere Schuld alles verloren haben. Sie denken aber nicht daran, daß sie ihre Habe nicht nur für sich, sondern auch für die anderen gerettet haben, da das gesamte Volk solidarisch für die Schäden und Verluste des Krieges haftet, und daß sie um der Liebe willen nicht warten dürfen, bis der Staat endlich ihre Hilfeleistung zugunsten der Geschädigten erzwingt, sondern sofort auch unter größten Opfern die schreiendste Not lindern und den Verarmten eine neue Existenz ermöglichen müssen. So aber erschöpft sich die Hilfeleistung der meisten nur zu oft in der Abgabe von Dingen, die für den bisherigen Eigentümer keinen Wert mehr haben, aber auch für andere keine wesentliche Hilfe bedeuten. Ja es gibt sogar viele, gerade vermögende Kreise, die nur um den eigenen Besitz, das eigene Wohlleben besorgt sind und sich um die Not der anderen überhaupt nicht kümmern.

Nur nebenbei sei erwähnt, daß manche in den äußeren Geschehnissen einfach Gottes Lohn oder Strafe erblicken und glauben, daß, wer Besitz und Heimat verloren hat, dies nicht ohne besondere Schuld verloren haben kann. So wird etwa den Volksdeutschen eine besondere politische Schuld nachgesagt. Die Leichtfertigkeit, mit der solche Urteile gefällt werden, kommt aus einer geheimen Selbstgerechtigkeit, die nur den eigenen Besitz verteidigen oder das eigene Gewissen beruhigen will.

Die meisten Menschen begreifen heute nicht, daß die Vorschriften des Staates zur Bewirtschaftung der wichtigsten Lebensgüter, wie Wohnung, Kleidung und Nahrung, sittliche Verpflichtungen auferlegen. Man ist überzeugt, daß man mit allerlei Klugheit und List solche Vorschriften umgehen kann. So sind Wohnungsinhaber vielfach bestrebt, ihre Wohnungen vor der Beschlagnahme zu bewahren. Immer wieder erfährt man, daß dem Menschen jedes Mittel recht ist, wenn er nur seine eigene Bequemlichkeit retten kann. Ärztliche Zeugnisse werden beigebracht, Zwischenwände herausgerissen, Wohnräume unbewohnbar gemacht oder als Lagerräume verwendet, Bedürfnisse der Geschäfts- oder Amtstätigkeit vorgeschützt, nur um sich die »Flüchtlinge vom Hals zu halten«, und niemand, der sich auf diese Weise seine schöne, ruhige Wohnung gesichert hat, denkt daran, daß er mitschuldig geworden ist, wenn Menschen in den Massenquartieren leiblich und seelisch zugrunde gehen.

Ähnliches gilt für *Handwerker und Kaufleute*, die ihr Können, ihre Vorräte und ihre Verbindungen nur zum eigenen Vorteil gebrauchen. Es ist ein Unrecht, wenn mit der Not der Mitmenschen Geschäfte gemacht werden. Es ist ein Unrecht, wenn lebenswichtige Waren und dringende Arbeiten nur für eine sachliche Gegenleistung zu haben sind, die gerade der nicht aufbringen kann, der am meisten in Not ist. Ähnliches gilt von den sogenannten Kompensationen in der Industrie, sobald sie nicht mehr dem Werk und der Produktion, sondern dem persönlichen Vorteil und Luxus der Besitzenden dienen. Aber die meisten Menschen meinen, daß das wirtschaftliche Leben jenseits von Gut und Böse liege und nichts mit den Geboten Gottes zu tun habe. Wer macht sich schon ein Gewissen daraus, Möbel, Federbetten, Kleider und Wäsche, Rohstoffe und wichtige Fertigwaren auf Vorrat oder auf Lager zu halten, gegen Genußmittel oder Luxusgegenstände einzutauschen oder sich Lebensmittel in einer Quantität und Qualität zu verschaffen, wie sie vielen, die sich mit normalen Zuteilungen begnügen müssen und kaum das Notwendige bekommen können, nicht zugänglich sind.

Viele *Bauern* wieder betrachten die Ablieferungspflicht als lästige Schikane und meinen, man könne den Staat nicht nur bei der Steuererklärung, sondern auch in den Fragen der Nahrungsmittelbewirtschaftung hintergehen. Nicht auf jeder Kanzel wurde schon gesagt, daß eine bewußte Vernachlässigung der Ablieferungspflicht, daß das Schwarzschlachten, der Schwarzhandel, der Tauschhandel, von dem nur die Reichen Vorteil haben, Fragen des Gewissens sind. Niemand wird dem Bauern das Recht auf reichlichere Kost bestreiten. Er darf aber nicht vergessen, daß er von Gott zum Nährvater des ganzen Volkes gemacht worden ist. Das legt ihm sittliche Pflichten auf, sodaß er seine Erzeugnisse nicht nur zum persönlichen Vorteil verwenden oder weitergeben darf, um sich damit Vorräte an Kleidern und Wäsche einzutauschen, die in keinem Verhältnis zu seinen wirklichen Bedürfnissen und der allgemeinen Notlage stehen. Anderseits ist er freilich wie jeder Gewerbetreibende und Industrielle vom Gewissen her berechtigt, Werkzeuge, Maschinenbestandteile oder was er sonst dringend für die Wirtschaft oder für seine Familie braucht und auf normale Weise nicht erhalten kann, gegen Lebensmittel einzutauschen. Es wird für den Bauern, den Gewerbetreibenden und Industriellen nicht leicht sein, in der außergewöhnlich schwierigen Lage heute immer das richtige Maß zu finden. Entscheidend aber ist, daß jeder, der vor solche Überlegungen gestellt ist, weiß, daß es sich auch in diesen Dingen um eine Entscheidung für Gut oder Böse handelt.

Charakteristisch für die Verkümmerung des sozialen Gewissens unter den Christen ist es, daß klare *sozial-ethische Lehren der mittelalterlichen*

Scholastik praktisch der Vergessenheit anheimgefallen sind. Es sei nur hingewiesen auf die Lehre des heiligen Thomas von der Abgabepflicht des Überflusses. Thomas lehrt: »Die Dinge, die jemand im Überfluß besitzt, gehören kraft natürlichen Rechts dem Unterhalt der Mittellosen«, weil »der Mensch, was die Nutznießung anlangt, gehalten ist, die Sachgüter nicht als eigene, sondern als gemeinsame anzusehen, das heißt, er muß andere, die in Not sind, bereitwillig an ihnen teilnehmen lassen«.

Man muß angesichts dieser Sätze, die, wenn sie nicht bei Thomas stünden, in weiten Kreisen katholischer Priester und Laien wohl einfach als kommunistisch abgelehnt würden, fragen, wie es kommen konnte, daß solche Lehren in der christlichen Unterweisung und in der Praxis der Gläubigen zu einer bloßen Almosenpflicht verdünnt werden konnten. Für heute bieten sie den Schlüssel zur Behebung des unmittelbaren Notstandes, bis der Staat auf dem Wege der Gesetzgebung einen gewissen Ausgleich zwischen Besitzenden und Nichtbesitzenden zwangsweise herbeiführt. Es entspricht durchaus der Würde der christlichen Person, wenn Thomas die Initiative des Helfens dem Einzelnen überträgt, indem er die Abgabe des Überflusses zu einer Pflicht des persönlichen Gewissens macht. Versagt aber die opferbereite Hilfsbereitschaft der vielen Einzelnen und führt der Grundsatz der Freiwilligkeit nicht zum Ziel, dann hat selbstverständlich der Staat im Interesse des Gemeinwohles das Recht und die Pflicht, die Abgabe des Überflusses zu regeln und zu erzwingen. Ebenso ist es selbstverständlich, daß das, was als Überfluß angesprochen werden muß, nach den Umständen verschieden ist, und zwar abhängig von der herrschenden Not und dem Lebensstandard einer Zeit, sodaß bei den heutigen Verhältnissen auch die Besitzenden nicht dieselben Ansprüche erheben dürfen wie noch vor einigen Jahren, und daß die Forderungen der Besitzlosen berechtigterweise heute höher sind als etwa im Mittelalter.

Sache des kirchlichen Lehramtes ist es, die Gewissen zu schärfen und der Unklarheit und Verwilderung in sittlichen Fragen entgegenzutreten. Die Aufgabe besteht heute nicht so sehr in der Verteidigung des Privateigentums und der wohlerworbenen Rechte der Besitzenden, die selbst stark genug sind, um ihre Rechte zu verteidigen, sondern in der Verteidigung der Lebensrechte jener, die durch den Krieg ohne besondere Schuld um alles gekommen sind, gegenüber jenen, die ohne ihr besonderes Verdienst ihr Hab und Gut haben bewahren können. Wenn auf der einen Seite die Not, auf der andern Seite der Egoismus und die Gleichgültigkeit der Besitzenden sowie die Verständnislosigkeit gegenüber den Forderungen der sozialen Tugenden so groß geworden sind, daß selbst, wie die Erfahrung zeigt, manche Seelsorger nur von den Pflichten der Flüchtlinge reden, die sozialen Pflichten der Besitzenden aber übersehen oder über sie nicht Bescheid wissen, dann ist die Stunde gekommen, in der die Kirche ihre Stimme erheben und in einer *amtlichen Kundgebung die christliche Soziallehre für unsere heutigen Verhältnisse neu verkünden* sollte. Die Millionen Ausgewiesener und Ausgebombter warten voller Sehnsucht auf ein solches Wort, das ihr Recht auf ein menschenwürdiges Leben und die sich daraus ergebenden Forderungen auf Schadenersatz als Forderungen der Gerechtigkeit anerkennt. Eine solche Unterweisung müßte auch erklären, daß heute alle Fragen der Lebensmittelversorgung, der Warenbewirtschaftung und des Wohnungswesens Fragen des Gewissens sind, daß niemand über den notwendigen Bedarf hinaus sich dauernd Lebensmittel oder Kleidung unter der Hand verschaffen darf, und daß die Gläubigen durch gewohnheitsmäßigen Tausch- und Schwarzhandel mit lebenswichtigen Gütern ihr ewiges Heil gefährden. Es gehört zur Sendung der Kirche, gegenüber der allgemeinen Korruption und Haltlosigkeit mit heiligem Ernst die Strenge der sittlichen Verpflichtungen in unserem Volke wieder zur Geltung zu bringen und jedes Scheinchristentum, das sich in äußerer religiöser Betätigung erschöpft, offen zu verurteilen.

Die Kirche kann sich in unserer Zeit nicht zurückziehen auf das »unmittelbar Religiöse«, auf das Wirken im innerkirchlichen Raum, in den sie der Nationalsozialismus verbannen wollte. Seltsamerweise finden sich heute katholische Akademiker manchmal ganz gut damit ab und überlassen das öffentliche Leben nur allzu gerne jenen Katholiken, die kirchlich und theologisch nicht so interessiert sind wie sie. Nicht der Glaube allein ist wichtig, sondern der *Glaube, der durch die Liebe wirksam* ist. Verzweifelte und entwurzelte Menschen, wie sie uns in den Heimatlosen entgegentreten, brauchen zuerst Heimat, Arbeit und Brot, ehe sie wieder Gott als den Vater im Himmel preisen werden. *Die Entscheidung über die Zukunft des Christentums in Deutschland fällt auf der sozialen Ebene.* Im Hinblick auf die Tendenzen des Zeitalters ist das grauenhafte nationalsozialistische Zwischenspiel nur deshalb bedeutend, weil es die Notwendigkeit einer Rückkehr zum natürlichen Sittengesetz auch für das politische und wirtschaftliche Leben erwiesen hat, und weil *das Massenelend nach Hitler die Schaffung einer neuen sozialen Gesellschafts- und Wirtschaftsordnung*, die schon seit langem fällig ist, *beschleunigt und erzwingt*. Die Kirche, welche die gottebenbildliche Würde des Menschen und die daraus fließenden Grundsätze der Gerechtigkeit und Liebe für das menschliche Zusammenleben allen Zeiten neu zu verkünden hat, darf sich heute nicht nur darauf beschränken, Bestehendes zu bewahren oder Übertreibungen zu verurteilen. In dem politischen, wirtschaftlichen und moralischen Chaos der Gegenwart muß sie mit den einfachen und klaren Grundsätzen der christlichen Soziallehre führend der Entwicklung die Wege weisen und ihre Anhänger, besonders den Klerus als den repräsentativen Stand der Kirche, auf ein beispielhaftes Vorleben der sozialen Tugenden verpflichten. Auch die Ordensleute werden einen Widerspruch darin erkennen, daß sie, die das Gelübde der Armut abgelegt haben, heute, was Wohnung, Kleidung und Nahrung anlangt, oft besser versorgt sind als jeder zweite oder dritte Mann auf der Straße, und sie werden sich darum bemühen, dieses Gelübde in einer neuen Form zu bewähren, wenn es nicht seinen Sinn verlieren soll.

Bei der Verringerung der Lebensmöglichkeiten wird die Kirche danach trachten müssen, *möglichst vielen Laien in der innerkirchlichen Arbeit eine Existenz und die Möglichkeit der Familiengründung zu geben*. Die Entwicklung des innerkirchlichen Lebens strebt sowieso nach einer stärkeren Wirkung der Laien. Die Seelsorgsnot der Ausgewiesenen in der Diaspora sowie der steigende Priestermangel wird allgemein die Arbeit von Laienkatecheten notwendig machen. Die Erweckung des Pfarrbewußtseins und die Pflege des liturgischen, religiös-kulturellen und caritativen Lebens wird zu einer Erneuerung von kirchlichen Ämtern führen, deren Träger früher die niederen Weihen gehabt haben, die von verheirateten Laien hauptamtlich versehen werden können, wie Lektoren und Kantoren oder eine neue Form von Diakonen.

Darüber hinaus ist aber wieder für die Kirche die Zeit gekommen, einen Schritt in die Welt zu tun, um zu neuen sozialen Aufgaben anzuregen, ja sogar solche soziale – nicht nur caritative – Aufgaben zu ermöglichen und – wenigstens zum Teil – selbst zu übernehmen. Immer wenn die Autorität der politischen Gemeinschaft zerstört war, hat in der Geschichte im Gegensatz zur Ostkirche die römisch-katholische Kirche im Interesse des Gemeinwohles subsidiär irdische Aufgaben übernommen. Seitdem Leo der Große Attila entgegengetreten ist, ist die Bedeutung der Kirche auch für das irdische Leben ständig gewachsen. Sie hat dadurch den Gang der kulturellen und sozialen Entwicklung des Abendlandes bis ins Spätmittelalter bestimmen und den Geist des öffentlichen Lebens formen können. Einseitige Spiritualisten mögen dies bedauern, den europäischen Völkern hat diese Entwicklung trotz aller Belastung des Christlichen größten Segen gebracht. Wir haben heute innerhalb Deutschlands auf längere Zeit hinaus keine selbständige staatliche Autorität, sondern nur einen Beamtenapparat, der denkbar ungeeignet ist, um eine soziale Neugestaltung in die Wege zu leiten. Diese wird in weitem Maße auf dem Wege des Siedlungs- und Genossenschaftswesens, das durchaus nicht nur eine Angelegenheit wirklichkeitsfremder Idealisten ist, erfolgen. Dazu ist eine gewaltige Umerziehung unseres ganzen Volkes notwendig. Der materialistische Egoismus muß durch Anspruchslosigkeit und den Geist christlichen Gemeinsinns überwunden werden. Nur die Kirche hat überhaupt noch die Möglichkeit und Fähigkeit zu dieser Aufgabe. Sie allein kann »den Armen die frohe Botschaft verkünden« und eine neue Armutsbewegung im Geiste des heiligen Franziskus wecken, welche die Menschen aus der Besessenheit durch die irdischen Güter befreit. Außerdem müßte die Kirche schon jetzt wenigstens im kleinen Kreis Menschen zu genossenschaftlicher Arbeit anregen, solche Unternehmungen mit ihren Mitteln und ihrer Autorität ermöglichen und fördern. Rein caritative Tätigkeit heilt zwar Wunden, schafft aber keine Wohnung, keine Arbeit und kein Brot. Auch im Mittelalter hat die Kirche neben einer reichen caritativen Wirksamkeit Großes für das wirtschaftliche und soziale Leben, etwa durch die Kolonisationstätigkeit der Klöster oder im Bruderschafts- und Zunftwesen, geleistet. Damals hat sie zur Überwindung einer neuentstandenen Not neue Orden gegründet. Auch heute könnten sich manche Klöster auf die neuen sozialen Aufgaben umstellen, könnten manche alte Bruderschaften in neuem Gewande einer Genossenschaft wiedererstehen. Die hier geforderte soziale und wirtschaftliche Wirksamkeit soll den Klerus in der Erfüllung seiner geistlichen Aufgaben nicht hindern und auch nicht die Kirche zur Trägerin von wirtschaftlichen Unternehmungen machen. Es sind genügend geeignete Laien da, welche nur darauf warten, daß ihnen die Kirche Auftrag und Möglichkeit für eine soziale Tätigkeit gibt. Vielleicht könnte, ähnlich wie der Caritasverband die caritativen

I. Flüchtlinge in Deutschland

Bestrebungen, so ein kirchliches Sozialwerk die von kirchlicher Seite angeregten oder besonders geförderten sozialen Arbeiten zusammenfassen. Durch Erziehung und Schulung des Volkes, durch Schaffung von Beratungsstellen, teilweise durch Bereitstellung des vorhandenen kirchlichen Grundbesitzes und des Kirchenvermögens, allenfalls einschließlich kirchlicher Kunstschätze – vielleicht hätte ein Ambrosius oder Augustinus schon längst die heiligen Gefäße wieder zugunsten der Armen hergegeben – kann die Kirche Tausenden von Menschen helfen und selbstlos die Bildung von Inseln eines neuen und gesunden Volks- und Wirtschaftslebens ermöglichen.

Die jetzige Notzeit verlangt vom *Priester* über die Maßen viel. Durch den Priester erreicht die Stimme der Kirche das breite Volk bis in die entlegensten Dörfer. Er ist der Erzieher der Volksmassen. Nirgends und von niemandem wird dem heutigen Menschen die Wahrheit über sein sittliches Verhalten gesagt, werden ihm seine Pflichten, aber auch seine Fehler und Schwächen vorgehalten außer im Gotteshaus durch den Priester. Sein Einfluß besonders auf dem Dorf ist daher nicht hoch genug einzuschätzen. Man kann aus dem Verhalten der Bauern gegenüber den Ausgewiesenen immer auch Rückschlüsse ziehen auf den Pfarrer des Dorfes. Erfahrene Flüchtlingsseelsorger bestätigen, daß das Flüchtlingsproblem dort seine schneidende Schärfe verloren hat, wo sich der Ortspfarrer der Heimatlosen tatkräftig annimmt. In ähnlicher Weise gilt das von Männer- und Frauenklöstern, von Missionaren, Exerzitienleitern und Beichtvätern, nicht zuletzt von den geistlichen Schwestern. *Die erzieherischen, sozialen und wirtschaftlichen Möglichkeiten der Kirche sind trotz den bewundernswerten Leistungen der Caritas für die Linderung der Flüchtlingsnot bei weitem noch nicht ausgeschöpft.* Es ist bekannt, zu welchen Opfern an Geld, Arbeitskraft und Materialien die Gemeinden aufgerufen werden können, wenn es sich um die Wiederherstellung zerstörter Kirchen handelt. *Sollten Priester und Ordensleute in den einzelnen Orten nicht ihren gewaltigen Einfluß auch dahin geltendmachen können, daß die Ausgewiesenen und Ausgebombten Wohnraum, Gartenland, Werkzeug und Existenz erlangen?* Einige Pfarrer sind schon vorbildlich im Siedlungswesen tätig. Die Bemühungen des Ortspfarrers vermögen die Aktivität der Bürgermeister und Vorsteher der Berufsverbände sowie die soziale Hilfsbereitschaft vieler Einzelner zu wecken, die von sich aus gar nicht erkennen, daß sie durch Bereitstellung von leerstehenden

Werkstätten, nicht gebrauchtem Handwerkszeug oder Gartenland an die »Zugereisten« nicht nur diesen wieder einen Boden unter den Füßen verschaffen, sondern auch eine ruhige soziale Entwicklung ermöglichen, sodaß sie auf die Dauer sich selbst am meisten nützen. Der Pfarrer, der sich besonders der Ausgewiesenen annimmt, muß es allerdings in Kauf nehmen, wenn er bei manchen Besitzenden unbeliebt wird, was sich auch in praktischen Dingen bemerkbar machen kann. Auf die Dauer aber wird seine Arbeit, die immer zwischen Einheimischen und Ausgebombten vermitteln und sich nach beiden Seiten hin erzieherisch auswirken wird, allgemein Anerkennung ernten. Als vor rund einem Jahrhundert der vierte Stand seine Forderungen anmeldete, ist der Kirche infolge ihrer engen Verbindung mit der herrschenden Schicht die Arbeiterbewegung entglitten. Seither sind *die sozialen Botschaften der Päpste* Leo XIII., Pius XI. und Pius XII. in die Welt hinausgegangen. Leider haben sie in den wirtschaftlich ruhigeren Zeiten bis vor dem Krieg auch bei Priestern und katholischen Laien nicht immer die rechte praktische Beachtung gefunden. *Heute muß sich die Kirche in Deutschland in besonderer Weise zur Trägerin dieser sozialen Botschaften machen und im Interesse der Verarmten mit einem noch leidenschaftlicheren sittlichen Ernst als andere eine soziale Neuordnung fordern und sie mit allen Mitteln und selbst unter den größten eigenen Opfern zu verwirklichen trachten, wenn nicht die Massen endgültig an der Kirche verzweifeln und sich dem Kommunismus als der neuen Heilslehre in die Arme werfen sollen.*

Ob die Kirche in Deutschland das entscheidende soziale Wort und die entscheidende soziale Tat finden wird, könnte vielleicht deshalb bezweifelt werden, weil der Klerus, und zwar der Welt- und Ordensklerus, immer noch in einer sozial gesicherten Position lebt, aus der es für viele keinen Weg des Verständnisses gibt zu der brennenden Not der heimat- und existenzlosen Millionen. Es ist, als ob wir Priester bei einem Eisgang auf einer sicheren Brücke stünden und den Menschen, die unten auf den Eisschollen des dahintosenden Stromes um ihr nacktes Leben kämpfen, zuriefen, sie sollten die zehn Gebote halten. Vielleicht erweist es sich bald als Segen, daß auch Priester und Ordensleute, ausgebombt und aus ihrer Heimat vertrieben, ihr ganzes Hab und Gut verloren haben und so als Schicksalsgefährten der Enterbten zu ihren Wortführern innerhalb der Kirche werden können, selbst wenn ihre Stimme im Augenblick Anstoß bei solchen erregen mag, die noch im Besitz geborgen leben und in gutem

Glauben mit der Lebensweise und dem Eigentum der Besitzenden auch ihre eigene gesellschaftliche Position verteidigen.

Die soziale Stunde der Christenheit hat begonnen. Der Herr wartet auf die Werke, welche die Echtheit unseres Glaubens bestätigen. **[FH 10|1947]**

II.
Die Eingeladenen: »Gastarbeiter«

Valentin Siebrecht

Die ausländischen Arbeiter in der Bundesrepublik

Wir haben uns an die ausländischen Arbeiter gewöhnt. Wir begegnen ihnen in unserem Alltag allenthalben, auf Baustellen und in Fabriken, in Krankenhäusern und Hotels, als Personal in Gaststätten, beim Besuch des Friseurs, und selbst in den Familien, wenn man das seltene Glück hat, eine ausländische Hausgehilfin zu bekommen – und zu behalten. Wir sitzen mit den Südländern in Straßenbahnen und Eisenbahnen, an den langen Wochenenden bevölkern sie die Bahnhöfe, ruhig miteinander redend, oder sie ziehen – oft melancholisch – in kleinen Gruppen durch Parks und Anlagen, ihre Frauen wandern mit Einkaufskörben durch die Selbstbedienungsläden und ihre Kinder spielen mit den unsern auf Straßen und Spielplätzen. Die sogenannten Gastarbeiter – warum eigentlich dies betuliche Wort? – gehören zum Bild unserer Großstädte und Industriebezirke. Natürlich gibt es dennoch eine Distanz zwischen Deutschen und Ausländern, oft sogar eine deutlich spürbare, weil der Durchschnittsdeutsche zwar auf Auslandsreisen das Fremdartige und Pittoreske gern bewundert und sympathisch findet, zuhause aber dann auf Menschen dieser Herkunft ein wenig herabschaut. Man hat sich dennoch allmählich aneinander gewöhnt, man nimmt Rücksicht auf die andere Mentalität, – wenn es auch da und dort immer noch ein Geraunze gibt, ob denn dies alles notwendig sei.

Es ist notwendig. Gleich wie in allen übrigen westeuropäischen Industrieländern ist auch in der Bundesrepublik die Wirtschaft über das vorhandene Arbeitskräftepotential hinaus gewachsen. Nicht nur die konjunkturellen Erscheinungen mit ihrem mehr oder minder vorübergehenden Bedarf sind damit gemeint, sondern strukturelle Veränderungen, wirtschaftliche Verdichtung, mit der das Angebot von einheimischen Arbeitskräften nicht Schritt hält. Der westdeutsche Arbeitsmarkt ist, von kleinen und gegenwärtig schwer realisierbaren »Reserven« abgesehen, heute bis auf den Grund ausgeschöpft. Daher sind die Ausländer (ganz im Gegensatz zur Zeit vor dem Ersten Weltkrieg) über alle Zweige der Wirtschaft verteilt. Im Sommer 1907 arbeiteten rund 800.000 im Gebiet des Deutschen Reiches, – über ein Drittel von ihnen war aber

II. Die Eingeladenen: »Gastarbeiter«

in der Landwirtschaft tätig, hauptsächlich in Ost- und Mitteldeutschland (meist als Saisonarbeiter), die übrigen arbeiteten vornehmlich im Bergbau, bei Straßen-, Kanal- und Tunnelarbeiten, bei Talsperren- und Eisenbahnprojekten, viel weniger in der stationären Industrie. Die Beschäftigtenzahl schwankte außerordentlich. Ausländer waren mehr eine Art Aushilfe für Sonderfälle, sie wirkten wie ein Puffer im Konjunkturablauf, wurden leicht eingestellt und ebenso leicht entlassen, oft schlecht bezahlt und sie waren meist miserabel untergebracht. Die deutschen Arbeiter fürchteten ihre Lohnkonkurrenz, überließen ihnen aber gern die schwere, unangenehme, schmutzige Arbeit. Heute ist das anders. Die Ausländer sind nicht nur in puncto Arbeitsbedingungen und Entlohnung den Deutschen völlig gleichgestellt, ihre Beschäftigung ist ganz überwiegend Dauerarbeit, und auch die fremden Bauarbeiter, die im Winter in ihre Heimat zurückfahren, setzen meist nicht länger aus als die einheimischen. Es gibt gegenwärtig keinen Wirtschaftszweig, in dem nicht Ausländer in beträchtlicher Zahl beschäftigt wären; die Schwerpunkte sind zwar Metall- und Bauindustrie, doch auch in der Textilindustrie, im Bekleidungsgewerbe, im Verkehrsgewerbe, in der Chemie gibt es Massierungen. In der Landwirtschaft, die so lange nach Arbeitskräften gerufen hat, sind nur 1,2 % der Ausländer tätig, und zudem meist Kräfte, die schon lange in Westdeutschland sind. In den Betrieben arbeiten Ausländer und Deutsche nebeneinander, an gleichen Arbeitsplätzen, im gleichen Akkord. Die fremden Kräfte werden ebenso angelernt wie neuhinzukommende deutsche Arbeiter, die ohne Vorkenntnisse sind, – beim gegenwärtigen Facharbeitermangel die Regel. Aber die Ausländer lernen rasch, sie sind geschickt und anstellig. Schon gibt es auch ausländische Vorarbeiter und Meister, die deutsche Kräfte anleiten und beaufsichtigen.

Im Frühsommer 1964 waren 900.000 ausländische Arbeitnehmer in Westdeutschland tätig (mehr als je zuvor), über 200.000 von ihnen waren Frauen. Und täglich rollen die Sonderzüge aus Italien, Griechenland, Spanien, aus der Türkei und aus Portugal über die deutsche Grenze, und auch Marokko schickt neuerdings Bergarbeiter. Bis zum Herbst mag eine Ausländerzahl von einer Million erreicht werden. Die größte Gruppe stellt immer noch Italien, aber ihre Zahl bleibt hinter dem Vorjahresstand zurück. Die oberitalienische Industrie steigert die Löhne und hat schon viele italienische Arbeiter gar vom deutschen Fabriktor weg für sich gewonnen. Wenngleich diese Rückwanderung in der letzten Zeit wegen der krisenhaften Vorgänge in der italienischen Wirtschaft nachgelassen hat, so geht doch die Rede, daß der Weg des süditalienischen Arbeiters über die Anlernung und Industriegewöhnung in Deutschland nach Oberitalien führt!

»Im Kommen« sind Griechen, Türken, Spanier, neuerdings auch Portugiesen, in deren Land die offizielle Anwerbung dieses Jahr begonnen hat. Auch Jugoslawen kommen in erheblicher Zahl nach Westdeutschland, obschon ein Anwerbeabkommen nicht besteht. Insgesamt sind heute rund 700.000 Ausländer aus den Mittelmeerländern in der Bundesrepublik beschäftigt. Weitere 150.000 kommen aus allen Nachbarländern, die meisten aus Österreich und den Niederlanden. Die restlichen 50.000 sind Arbeitskräfte verschiedenster Nationalitäten, zum Teil schon lange hier ansässig, zum Teil erst in den letzten Jahren legal oder illegal eingereist. Bei den Arbeitnehmern aus den benachbarten Ländern handelt es sich durchweg um qualifizierte Fachkräfte, die schon lange Jahre in deutschen Betrieben arbeiten und meist garnicht mehr als Ausländer empfunden werden. Denn auch schon vor dem großen Ausländerboom hatten wir in Westdeutschland fremde Arbeitskräfte: Mitte 1956 über 100.000.

Wie konnte es zu diesem Massenzustrom kommen? Neben der wirtschaftlichen Expansion, die mit dem Wort »gute Konjunktur« nur unzureichend und ungenau bezeichnet ist, haben vor allem vier Einflüsse eine Rolle gespielt: das Nachlassen und seit August 1961 der fast völlige Fortfall der Zuwanderung aus der DDR, das Absinken der Jahrgangsstärken bei den Berufsanfängern, der Aufbau der Bundeswehr und die Verkürzung der Arbeitszeit. Die Bundesrepublik hat in der weiter zurückliegenden Zeit jährlich Hunderttausende von deutschen Zuwanderern aufgenommen, die meist – zu fast zwei Dritteln – Arbeitnehmer waren (oder wurden), durchweg Menschen der jüngeren und mittleren Altersgruppen. Zwischen 1951 und 1960 lag der Zuwanderungsüberschuß im Verhältnis von Bundesrepublik (mit Westberlin) und der DDR zwischen 135.000 und 380.000 jährlich. Im ganzen hat Westdeutschland in diesem Jahrzehnt 2,6 Millionen Deutsche mehr aufgenommen als abgegeben. Diese Zuwanderung fällt nun seit Jahren fort, – in einer Zeit, in der die Arbeitslosigkeit längst überwunden, die Frauenarbeit schon über das Maß des Vertretbaren hinaus gesteigert, die Kräftereserve der sich strukturell wandelnden deutschen Agrargebiete weitgehend beansprucht ist. Die

II. Die Eingeladenen: »Gastarbeiter«

Jahrgänge der Schulentlassenen sind innerhalb weniger Jahre um Hunderttausende geschrumpft; 1954: 950.000, 1960: nur rund 580.000. Die langsame Erhöhung bis zur Größenordnung von 750.000 in diesem Jahr und in den folgenden Jahren kann den Ausfall nicht wettmachen. Die Bundeswehr, seit 1956 im Aufbau begriffen, hat heute 420.000 Soldaten und beschäftigt dazu 135.000 Arbeitnehmer in der zivilen Verwaltung. Die wöchentliche Arbeitszeit der Industriearbeiter schließlich ist von 43 Stunden (1957) auf 40,2 Stunden (1963) zurückgegangen. Alles dies hat an dem Arbeitspotential gezehrt, und es mag zunächst verwunderlich erscheinen, daß die Ausländerzahl nicht noch stärker zugenommen hat. Viel ist aber durch die ständig fortschreitende Rationalisierung der Arbeit, der Technisierung, auch schon vom Übergang zur Teil- und Vollautomation aufgefangen worden. Jedenfalls ist klar, daß nicht nur die wirtschaftliche Expansion, sondern weit mehr noch Veränderungen auf der Angebotsseite, kurz aufeinanderfolgende und gleichlaufende Verknappungen der Arbeitskraft den Ausländerzustrom ausgelöst haben.

Seit 1956 kommen ausländische Arbeiter über die offizielle Anwerbung nach Westdeutschland herein. Vorher und zum Teil auch in den Jahren danach haben private Agenten mit Menschenhandel viel Geld verdient, oft die Unwissenheit und Notlage der Arbeitsuchenden im Ausland in übler Weise ausgenutzt. Das ist heute nicht mehr so leicht möglich (kommt aber immer noch vor). Es gibt Anwerbevereinbarungen mit Italien, Griechenland, Spanien, der Türkei, mit Portugal und Marokko. Die deutsche Arbeitsverwaltung, das heißt die Nürnberger Bundesanstalt für Arbeitsvermittlung und Arbeitslosenversicherung, hat Außenstellen für die Anwerbung in Verona, Neapel, Athen, Saloniki, in Istanbul, Ankara, Madrid und Lissabon eingerichtet. In München und Köln sind wohl ausgestattete »Weiterleitungsstellen« vorhanden, von denen aus im Kontakt mit den Dienststellen im Ausland die Gruppenfahrten organisiert, in denen die ankommenden Arbeiter empfangen und verpflegt werden, wo sie übernachten können, im Bedarfsfall ärztliche Hilfe erhalten und so fort; von hier aus reisen sie in Gruppen oder einzeln zu ihren Arbeitsorten.

Je mehr sich im EWG-Bereich die Freizügigkeitstendenzen durchsetzen, desto größer wird freilich auch der Anteil der frei einreisenden Ausländer. Der Südländer, der ein Land schon kennt, vielleicht einige Sprachkenntnisse hat, von Freunden oder Verwandten in Deutschland animiert, informiert, unterstützt wird, kann sich ohne Umstände auf den Weg machen, auch wenn er keinen Arbeitsplatz und keine Unterkunft hat. Dies hat freilich zur Folge, daß Arbeiterwohnheime, die zunächst normal besetzt waren, oft in kurzer Frist schrecklich überfüllt werden, daß Familien mit Kindern auf der Straße stehen und den Wohlfahrtsstellen zur Last fallen, daß unqualifizierbare Notquartiere bezogen, von geschäftstüchtigen Leuten Wuchermieten verlangt werden. Dies ist die Kehrseite der europäischen Freizügigkeit (die besonders von italienischer Seite allzusehr genützt worden ist). Freizügigkeit setzt ein Mindestmaß von Wohnungsangeboten voraus, das leider heute nicht vorhanden ist. Trotz dieser Übergangsschwierigkeiten nimmt die freie Bewegung der Arbeitskräfte über die Grenzen zu. Im Jahr 1963 ist der größte Teil der zur Arbeitsaufnahme in Westdeutschland eingereisten Italiener (über drei Viertel) ohne offizielle Vermittlung gekommen. Die Freizügigkeit ist heute für die EWG-Länder juristisch klar fixiert. Die EWG-Verordnung Nr. 38 vom Frühjahr 1964 hat fast alle Beschränkungen aufgehoben, die es nach der vorher geltenden Regelung von 1961 gab. Auch wenn die neue Verordnung, die seit 1. Mai 1964 in Kraft ist, noch manche Klauseln und Vorbehalte enthält, legt sie doch insbesondere drei Punkte eindeutig fest:

Ausländer aus den EWG-Ländern haben ein volles Beschäftigungsrecht und sie behalten dieses Recht auch bei zeitweiliger Suspendierung der Freizügigkeitsregel in einem Staatsgebiet, sofern sie eine bestimmte, im Einzelnen festgelegte Zeit im Aufnahmeland gearbeitet haben (Artikel 1 und 6).

Frauen, Kinder und nahe Verwandte können nachgeholt werden und in der Bundesrepublik Wohnung nehmen (Artikel 17).

Ausländer aus dem EWG-Raum können nach dreijähriger Betriebszugehörigkeit in den Betriebsrat gewählt werden (Artikel 9).

Die EWG bemüht sich auch um Berufsumschulung und Umsiedlung, für die Mittel des Europäischen Sozialfonds bereitgestellt sind; freilich sind die praktischen Auswirkungen noch ziemlich bescheiden. Nimmt man die hart umstrittenen »Allgemeinen Grundsätze (der EWG) für eine gemeinsame Politik der Berufsausbildung« vom April 1963 hinzu, die auf Angleichungen und Verbesserungen im Ausbildungswesen hinzielen, so wird der Trend der EWG-Politik deutlich, die eine völlig freie Bewegung der Arbeitskräfte, volle Gleichberechtigung und die Wahrung des Familienzusammenhangs erreichen will. Daß sich hier ideelle

II. Die Eingeladenen: »Gastarbeiter«

Bestrebungen und juristische Fixierungen mit der harten Wirklichkeit stoßen, ist offensichtlich. Wir sind auch von einer »Harmonisierung« des Ausbildungswesens im EWG-Raum weit entfernt. Zu einem wirklich freien Arbeitsmarkt, zur Nutzung der wirtschaftlichen Chancen für jedermann in jedem EWG-Land gehört eben mehr als die rechtlich garantierte Möglichkeit, in ein Land einzureisen und dort Beschäftigung aufzunehmen. Solange es mit den sozialen, beruflichen, sprachlichen Voraussetzungen der zwischenstaatlichen Wanderung so sehr hapert, solange Wohnungen so knapp sind, ist doch die amtlich organisierte Wanderung entschieden vorzuziehen.

Im übrigen kann die Freizügigkeit im EWG-Bereich den westdeutschen Arbeitsmarkt nicht entlasten, weil die fehlenden Arbeitskräfte kaum noch im europäischen Kerngebiet (das heißt praktisch in Italien), dagegen sehr wohl in den europäischen Randländern (Griechenland, Spanien, Portugal) und in der Türkei zu finden sind; die amtliche Anwerbung orientiert sich deshalb immer mehr dorthin. Von den vielen sonstigen Angeboten wird, bisher, offiziell kein Gebrauch gemacht. Die Betriebe arbeiten auch nicht gern mit einer gar zu buntscheckigen Belegschaft, weil es dann eher Reibungsflächen, Komplikationen und Schwierigkeiten in der sprachlichen Verständigung gibt, die ja ohnehin ein starkes Handicap ist.

Die Anpassungsleistung, die von den südländischen Arbeitern verlangt wird, ist enorm (und wird von der deutschen Bevölkerung meist überhaupt nicht gesehen). Die Südländer haben nicht nur mit dem Klimawechsel fertigzuwerden, sich an die andere Ernährung zu gewöhnen, sich ohne Sprachkenntnisse im Betrieb und in der Freizeit zurechtzufinden, – sie müssen einen Sprung über Jahrhunderte der Geschichtsentwicklung hinweg tun, den Übergang aus einer traditionell bestimmten, meist agrarischen, in Familie und Sippe gebundenen Gesellschaft in den fremdartigen Rhythmus der industriellen Arbeitswelt finden. Sie kommen aus ihren Dörfern und Kleinstädten mit überschaubaren und noch tragenden gesellschaftlichen Verhältnissen, mit überkommenen Sitten und religiös geprägten Maßstäben in den Wirbel von Großstädten und Industriebezirken, in Massenbetrieb und Massenverkehr. Sie tauschen Familiengemeinschaft und dörfliche Nachbarschaft mit der Anonymität von Baracken und Wohnheimen, stehen an Apparaturen, die ihnen einen neuen Arbeits- und Lebensrhythmus aufzwingen, haben keine

Siesta, dafür aber das verhaßte lange Wochenende, an dem sie sich langweilen und nur Geld ausgeben; sie möchten Überstunden machen und Schwarzarbeit und sollen es nicht. Und sie sind doch nur hergekommen, um Geld zu verdienen, möglichst viel Geld. Sie leiden unter der Kühle und Sachlichkeit der menschlichen Beziehungen im Betrieb, suchen – oft vergeblich – Anerkennung und Freundlichkeit, würdigen aber auch die Gerechtigkeit, die ihnen zuteil wird. Sie treten als Menschen mit sehr bescheidenen Schulkenntnissen, zuweilen als ganze oder halbe Analphabeten in eine »verwaltete Arbeitswelt« ein, in der alles Wichtige schriftlich fixiert, registriert, kontrolliert wird. Sie sollen Arbeitsverträge einhalten, deren Sinn und Tragweite sie zunächst garnicht verstehen, sie rätseln über den Unterschied zwischen Brutto- und Nettoverdienst und können nicht begreifen, warum sie so hohe Steuern und Sozialbeiträge zahlen sollen. Alles ist für sie zunächst verwirrend, konsternierend. Viele leiden unter Heimweh, vor allem junge Männer, Mädchen und Frauen. Einzelne geben auf; das Gros bleibt da.

Es ist erstaunlich, daß die Südländer trotz allem so bald eine gute Arbeitsleistung erbringen und immerhin einigermaßen zurechtkommen. Aber sie brauchen doch geraume Zeit, bis sie sich an das völlig veränderte Leben, an das neue Milieu gewöhnt haben. Das Ganze bleibt ihnen lange fremd. Im Betrieb tun sie ihr Bestes. Sie haben weniger Krankheitstage als die Einheimischen, was freilich auch damit zusammenhängen wird, daß bei der amtlichen Anwerbung nur gesunde Leute angenommen werden und die jüngeren Jahrgänge überwiegen. Die Kriminalität der Ausländer ist gering. Die Zeitungsmeldungen über Messerstechereien, Überfälle und Vergewaltigungen geben da ein ganz falsches Bild. Die strenge Sichtung der Bewerber schon im Ausland wirkt sich hier günstig aus.

In den Betrieben und Wohnheimen, von zahlreichen Organisationen und »Betreuungsstellen« wird vielerlei getan, um die Wirkungen der Entwurzelung – denn darum handelt es sich – abzumildern, das Eingewöhnen in Deutschland zu erleichtern. Es gibt in den Betrieben »Paten«, die neu ankommenden Landsleuten zur Hand gehen, ihnen raten und helfen. Es gibt Dolmetscher für Fabriken und Wohnheime, die gute Dienste leisten, wenn sie entsprechende menschliche Qualitäten haben und das Vertrauen ihrer Landsleute finden. In erheblicher Zahl sind Freizeitheime, meist getrennt für die einzelnen Nationalitäten, entstanden, in denen am Wochenende immer »viel Betrieb« ist. Es gibt Vereine, Sportklubs, Gruppen und Grüppchen, in denen man die Freizeit verbringt und Gemeinsames unternimmt. Musikkapellen werden gegründet, Theater- und Tanzgruppen. Man veranstaltet Unterhaltungsabende, Filmvorführungen, Besichtigungsfahrten, besucht Opernvorstellungen, Varietés, Museen, Konzerte. Sprachkurse werden angeboten, aber nicht übermäßig frequentiert, was auch damit zusammenhängen wird, daß die Lehrmethoden nicht immer genügend dem Fassungsvermögen der Ausländer angepaßt sind. Man erteilt den Neuankommenden sogar Verkehrsunterricht. Die Ausländer haben ihre eigenen Zeitungen und Zeitschriften, die Rundfunkstationen bringen in wachsender Zahl Sendungen in den Landessprachen (auch, um der Propaganda der Ostblocksender entgegenzuwirken). Geistliche aus den Heimatländern widmen sich der Seelsorge ihrer Landsleute, leisten auch mannigfache Hilfe persönlicher Art. Für die Griechen sind besondere griechische Betreuungsstellen (Kommissionen) eingerichtet worden; bei den karitativen Verbänden arbeiten sprachkundige Sozialfürsorger, die bei den zahllos auftretenden Schwierigkeiten helfen, informieren, raten, Verbindung zu deutschen Behörden schaffen. Der Deutsche Caritasverband hat sich besonders der Italiener, Spanier und Portugiesen, die Innere Mission der Griechen angenommen. Auch die griechisch-orthodoxe Kirche will sich künftig stärker einschalten. Die Arbeiterwohlfahrt hat die Fürsorge für Türken und andere Ausländer islamitischen Glaubens übernommen. Für diese Sozialarbeit wird viel Geld aufgewandt. Zu den eigenen Mitteln der Organisationen steuern Bundesregierung und Arbeitsverwaltung erhebliche Beträge bei, im Jahre 1963 je eine Million DM. Alle diese Hilfen sind wertvoll und im Grunde unentbehrlich, vor allem in der Eingewöhnungszeit; eine Intensivierung dieser Arbeit erscheint vielerorts noch notwendig. Ob das, was da geboten wird, immer den Bedürfnissen der Ausländer ganz entspricht, bleibt wohl fraglich. Am ehesten wird es der Fall sein, wenn sie selbst bei der Wahl der Programme beteiligt sind und auch bei ihrer Durchführung mitwirken. Man sollte freilich nicht vergessen, daß diese Darbietungen und Hilfen nur einen Teil der Ausländer, und oft einen recht bescheidenen Teil, erreichen und daß alles dies die heimatlichen Bindungen natürlich nicht ersetzen kann.

Noch wichtiger ist für die Ausländer das, was an die Grundlagen der Existenz rührt, – die Sorge für Unterkunft und Wohnung, das Schicksal der Familien, die Zukunft der Kinder. Die Kalamitäten der ersten Zeit bei der Unterbringung der ausländischen Arbeiter sind heute im wesentlichen überwunden. Überall sind bei den Betrieben gute, dauerhafte, zum Teil vorbildlich ausgestattete Wohnheime entstanden, in denen die Ausländer billig wohnen, sich abends meist auch Mahlzeiten bereiten können. Die Arbeitsverwaltung hat für die Errichtung solcher Heime einen Betrag von 200 Millionen DM bereitgestellt, von dem inzwischen der größte Teil ausgegeben ist. Weitere Wohnheime werden an vielen Orten gebaut. Natürlich sieht es nicht überall gleich gut aus. Es gibt auch heute noch unzureichende Unterkünfte. Aber Heimleiter klagen auch, daß gute Räume bald in schlechten Zustand geraten, weil die Bewohner es an pflegerischer Behandlung, an Ordnung und Sauberkeit fehlen lassen.

Im Vordergrund der Bemühungen steht heute die Aufgabe, schon länger getrennte Familien wieder zusammenzuführen. Die Zahl derer, die dies wollen, ist wohl nicht allzu groß, aber ihren Wünschen muß man aus menschlichen, humanitären Gründen Verständnis entgegenbringen. Nur so kann auf die Dauer ein Auseinanderleben der Ehepartner, können Ehekrisen vermieden werden, über die da und dort geklagt wird. In manchen Orten haben Betriebe schon Familienwohnungen für langjährig beschäftigte und bewährte ausländische Arbeiter errichtet. Andere Ausländer haben einfach ihre Familien nachkommen lassen und sie mit vielem Drängen in die Wohnheime hineingebracht oder auch private Quartiere gesucht. Das ist natürlich keine Lösung. Die Bundesanstalt hat nunmehr für den Familienwohnungsbau einen Betrag von 50 Millionen DM zur Verfügung gestellt, Mittel, die niedrig verzinslich sind, aber nur eine Laufzeit von 10 Jahren haben; 7.500 DM sollen pro Wohnung gegeben werden. Dies setzt eine Mitfinanzierung durch andere Stellen voraus, durch Arbeitgeber, Kommunen, Wohnungsbaugesellschaften, Länder. Der Bund beteiligt sich vorerst nicht. Es bleibt abzuwarten, wie weit auf diesem Wege Finanzierungen zustandekommen. Wahrscheinlich werden doch in erster Linie die Hauptinteressenten, das heißt die Betriebe, hier ihren Beitrag leisten müssen. Man sollte ruhig geringere Wohnungsgrößen und eine einfachere (aber nicht primitive) Ausstattung wählen, weil dann mehr Familien untergebracht und die Mieten niedriggehalten werden können. Und man sollte nicht geschlossene Ausländerblocks bauen, sondern die Wohnungen möglichst streuen. Wenn Arbeiter ihre Familien hier haben, werden auch die Beschäftigungsverhältnisse stabiler sein, die Fluktuation wird sich verringern. Die meisten Ausländer ziehen es aber vor, ihr Geld nach Hause zu schicken, weil sie bei den niedrigeren Lebenshaltungskosten im Heimatort ihre Familien leichter unterhalten, gar noch Ersparnisse machen können.

Eine Wohnungshilfe für junge Ausländer, die heiraten möchten, ist heute noch nicht möglich. Sie sind auf sich selbst angewiesen, schaffen sich oft unter ziemlichen Opfern ein Heim, wohnen nach der Hochzeit möbliert oder bleiben zunächst getrennt. Im Laufe der Jahre haben schon Tausende von Ausländern hier die Ehe geschlossen, mit Landsleuten oder auch mit Einheimischen. Andere warten ab, zumal sie nicht leicht einen passenden Ehepartner finden. Die Kinder ausländischer Arbeiter gehen hier in die Schule, vielfach gibt es Sonderkurse in deutscher und der jeweiligen fremden Sprache. Die Kinder lernen sehr schnell Deutsch und können dem Unterricht bald folgen (an ausländischen Lehrkräften besteht freilich Mangel).

So hat sich in wenigen Jahren unserem Arbeitsleben ein neues Element eingefügt, von dem wir Kenntnis nehmen, das wir akzeptieren müssen. Was ursprünglich als Notbehelf, als Provisorium gedacht war, ist zu einer Dauereinrichtung geworden. Ein europäischer Arbeitsmarkt beginnt sich zu entwickeln. Dies bedeutet nicht, daß die ausländischen Arbeiter assimiliert, zu ständigen Bewohnern der Bundesrepublik gemacht werden sollen. Ein Teil wird ohnehin, wenn er lange genug hier ist, in Westdeutschland bleiben. Es wird immer mehr Verbindungen und Vermischungen geben, und nicht zum Schaden unserer Gesellschaft, wie die Masseneinwanderung im Ruhrgebiet vor dem Ersten Weltkrieg gezeigt hat. Viele andere werden in die Heimat zurückkehren, neue Zuwanderer werden an ihre Stelle treten. Denn der Mangel an Arbeitskräften wird, über Schwankungen der Konjunktur hinweg, noch geraume Zeit anhalten. Nach den Berechnungen des Statistischen Bundesamtes wird die einheimische Erwerbsbevölkerung in Westdeutschland vom Basisjahr 1963 aus bis 1971 um 600.000 abnehmen, um erst dann wieder ein wenig zu wachsen. Wir werden also weiterhin Ausländer nötighaben, wenn die wirtschaftliche Expansion anhält.

Hier eben beginnen die Zweifel, setzt die Kritik ein. So mancher fragt sich, was denn werden soll, wenn einmal die Voll- und Überbeschäftigung nachlassen, wenn insbesondere die gewaltige Exportkonjunktur abflauen sollte. Man spricht mit einem Seitenblick auf die Schweiz von Überfremdung, meint, daß der Massenzustrom von Ausländern noch die Inflationsgefahr steigere. Gewiß ist unsere Ausländerpolitik nicht ohne Risiken, aber es gab keinen anderen Weg, wenn man nicht den Fortgang der Produktion infrage stellen wollte. Der technische Fortschritt hat nicht ausgereicht, um den Arbeitermangel zu überwinden. Es gibt in Deutschland weder für Einheimische noch für Ausländer ein garantiertes Recht auf Beschäftigung. Sollte es einmal zu Einbrüchen kommen, was immerhin denkbar wäre, so würde dies alle Beschäftigten der in Betracht kommenden Wirtschaftszweige treffen. Zum mindesten für die Ausländer aus den EWG-Ländern gibt es, rechtlich gesehen, bei länger dauernder Beschäftigung keine Benachteiligung mehr. Die Betriebe würden sich auch wohl in erster Linie nach Leistungen und Arbeitsqualität richten, wahrscheinlich nicht einen tüchtigen Ausländer entlassen, um einen minder qualifizierten Einheimischen zu halten. Dies ist die Konsequenz der europäischen Integration auch im Bereich der Arbeit. Das früher geltende Prinzip: »Schutz des nationalen Arbeitsmarktes« hat nur noch relative Geltung. Auch in der Arbeitslosenversicherung sind die Ausländer aufgrund besonderer Abkommen ja durchweg den Deutschen gleichgestellt. Doch solche Überlegungen sind vorerst nur Theorie. Von Überfremdung zu sprechen, ist aber einfach Unsinn. Westdeutschland mit seiner Ausländerquote von 4 % der Gesamtbeschäftigten ist mit der Schweiz, in der die Arbeitnehmer zu einem Drittel Ausländer sind, überhaupt nicht zu vergleichen. Auch die Massierungen von Ausländern, die es an einzelnen Orten, in bestimmten Industriegebieten gibt, können kein Grund zur Beunruhigung sein. Inflationäre Tendenzen schließlich werden von ganz anderen Einflüssen genährt als vom Zustrom ausländischer Arbeitskraft. Die Zuwanderung wirkt in genau entgegengesetzter Richtung, sie hilft den Arbeitsmarkt entspannen, normalisiert die Verhältnisse, bremst die gefürchtete Preis-Lohn-Spirale.

Einleuchtender klingt die Forderung, die Wirtschaft solle mehr der Arbeitskraft nachgehen und im Ausland Zweigbetriebe errichten, nämlich dort, wo noch freie Arbeitskraft verfügbar ist, statt immer neue Leute ins Land zu ziehen. So könnten in der Tat viele Schwierigkeiten vermieden werden, mit denen wir uns heute abplagen. Vereinzelt sind Betriebe diesen Weg gegangen und haben dabei keine schlechten Erfahrungen gemacht. Die meisten Unternehmungen aber machen geltend, daß die Gründung von Betriebsfilialen im Ausland sehr viel mehr kostet als die Hereinnahme von fremden Kräften und daß auch die niedrigeren

II. Die Eingeladenen: »Gastarbeiter«

Auslandslöhne einen Ausgleich nicht schaffen können. Hinzukommen die zahllosen Schwierigkeiten, die mit dem Aufbau neuer Werke in unentwickelten Gebieten verbunden sind, der Mangel an Fachkräften, die Mühe, Führungskräfte und Vorarbeiter dorthinzubringen und sie längere Zeit zu halten. Die Mehrzahl unserer Ausländer ist zudem in Betrieben beschäftigt, die durchaus standortgebunden oder stark am Binnenmarkt orientiert sind, sodaß die Ausweichmöglichkeiten ohnehin nicht groß wären. Immerhin ist es nützlich, Unternehmer immer wieder zu Investitionen im Ausland zu ermuntern, die Produktionsausweitungen gestatten, ohne daß es zu einer Arbeiterwanderung kommt. Die fremden Regierungen begrüßen solche Projekte sehr. Ausländische Fabrikanten stehen ihnen oft mißtrauisch gegenüber, weil sie Lohnsteigerungen fürchten, auch Konkurrenz auf dem Binnenmarkt und eine Abwanderung eigener Kräfte. Manche Kreise scheuen eine stärkere Industrialisierung, die ja soziale und politische Folgewirkungen hat, welche überkommene Strukturen und Machtverhältnisse verändern würden.

Aus solchen oder ähnlichen Gründen ist auch die Reaktion auf die Anwerbung im Ausland selbst recht unterschiedlich. Man weiß, daß diese Werbung die einzige Chance ist, der Arbeitslosigkeit und Unterbeschäftigung entgegenzuwirken, die Kaufkraft zu steigern, erste Grundlagen für einen späteren Industrieaufbau zu schaffen. Dennoch ist da und dort eine gewisse Zurückhaltung zu spüren, es gibt zuweilen Gegenpropaganda, die oft mit törichten Argumenten arbeitet, es gibt Widerstände. Das alles hat jedoch den Zustrom nach Deutschland nicht ernstlich hindern können, weil die Not einfach zu groß ist. Beträchtliche Summen werden laufend von den bei uns beschäftigten Ausländern in ihre Heimat überwiesen. Im letzten Jahr waren es nach der Statistik der Deutschen Bundesbank 1,1 Milliarden DM, davon über die Hälfte nach Italien. Außerdem haben viele Ausländer noch Sparguthaben in Deutschland, oft mit beträchtlichen Einlagen.

Je länger die ausländischen Arbeiter aber bei uns sind, desto deutlicher wird ihnen auch der Abstand zwischen dem, was ein deutscher Industriearbeiter erreichen kann, und dem Lebensstandard zu Hause, desto ungünstiger fallen die Vergleiche aus, desto stärker wird die Kritik an den sozialen und gesellschaftlichen Zuständen in der Heimat. Man hat behauptet, daß die italienischen Arbeiter, die mit Sonderzügen zur Wahl gefahren sind, hauptsächlich kommunistisch gewählt hätten. Niemand wird sagen können, ob dies so ist. Wäre es der Fall, so muß man fragen, ob eine solche Stimmabgabe eher als ein Bekenntnis zum weltanschaulich-politischen Kommunismus oder als sozialer Protest zu werten ist. (Man sollte meinen, daß eher die zweite Auslegung zutrifft.) Jedenfalls zeigt dies alles, welche Möglichkeiten, welche Befürchtungen bestehen, – und vielleicht zu Recht. Es käme alles darauf an, das kritischere Bewußtsein der Arbeiter, die zum ersten Mal mit der modernen Industriegesellschaft in Berührung gekommen sind, die einen modernen Sozialstaat mit seinen Chancen und Leistungen kennengelernt haben, für die Stärkung der Reformtendenzen in der Heimat zu nutzen, die neuen Erfahrungen nicht in Radikalismus verströmen zu lassen. Von der Einsicht und Fähigkeit der Verantwortlichen in den Heimatländern wird es abhängen, ob Versäumnisse von Jahrzehnten ausgeglichen werden können.

Wir wissen wenig über das, was bisher schon die Wanderung der Südländer in die Industriegebiete des Nordens ausgelöst hat. Wie wirken die Briefe, die nach Haus geschickt werden, die Berichte der Urlauber, die Erzählungen der Heimkehrer über ein Land, in dem es keine Arbeitslosigkeit, keine sichtbare Armut, keine korrupte Verwaltung gibt, in dem auch der kleine Mann sein Recht findet, in dem Arbeiter Autos fahren, weite Reisen machen, sich anständig kleiden und ernähren können? Was geht in den Köpfen der Männer aus autoritären Staaten vor, die bei uns zum ersten Male freie Gewerkschaften, konkurrierende Parteien, eine manchmal kritische Presse und demokratische Wahlen erleben? (Vergessen wir hier einmal unsere inneren Skrupel bei solcher Aufzählung, sehen wir die Dinge in den Kontrasten, die sich den Fremden darbieten.) Wie werden sich die Ausländer verhalten, wenn sie eines Tages mit ihren Ersparnissen nach Hause zurückkehren? Werden sie sich in den engen Verhältnissen ihrer Dörfer und Kleinstädte zurechtfinden? Werden sie Lebensgewohnheiten des Industrielandes in die Heimat übertragen? Und was ergäbe sich daraus? Werden sie Grundstücke kaufen, Häuser bauen, Möbel anschaffen, ihren Frauen Kleider, Pelze und Schmuckstücke schenken? Werden sie sich und ihre Familien besser ernähren und kleiden? Oder werden sie bemüht sein, in eine höhere soziale Schicht aufzusteigen, ein Geschäft eröffnen, eine Pension für Fremde, ein Taxi kaufen, als selbständige Handwerker arbeiten? Werden sie sich bessere Beschäftigungen suchen, aber wo übrigens? Werden die Kinder eine bessere Schulausbildung erhalten, als Grundlage für den Aufstieg?

II. Die Eingeladenen: »Gastarbeiter«

Werden sich Einzelne oder ganze Gruppen, unzufrieden mit den Verhältnissen daheim, schließlich radikalisieren, sich politisch betätigen? Oder werden viele so rasch wie möglich wieder nach draußen streben, in eine freiere Welt, die sie nun kennengelernt haben? Und was geschieht mit den Dörfern, aus denen die Männer abgewandert sind, weil sie nur so ihre Familien ernähren können? Wie wirkt dies auf die Struktur der Landwirtschaft, der Dorfgemeinschaften, der Familien? Es gibt tausend Fragen, die heute nicht beantwortet werden können. Aber es ist sicher, daß die Berührung mit der industriellen Arbeitswelt die gesellschaftlichen Verhältnisse der Heimatländer auf vielfältige Weise beeinflussen und verändern wird, die innere Situation der Agrargebiete, die Familien- und Sippengemeinschaft und auch die Politik.

In Deutschland aber wird alles, was mit den Ausländern zusammenhängt, weiter auf der Tagesordnung bleiben. Die Arbeitskräfte werden knapp bleiben und noch knapper werden. Die Wirtschaft geht soeben in einen neuen Boom hinein, der Export ist größer als je zuvor, neue Bauprogramme liegen vor uns. Wir werden auch im nächsten Jahr weitere Auslandsarbeiter hereinholen müssen, sollten uns freilich auf die bisherigen Anwerbeländer beschränken, in denen es noch genügend Möglichkeiten gibt. Deutschland ist für ein Völkergemisch nicht geeignet. Die Wirtschaft wird sich sehr um die Anlernung und Berufsfortbildung bemühen müssen, auch um die Verbreitung von Sprachkenntnissen, die meist noch unzureichend sind. Dies ist aber die Voraussetzung dafür, daß der Kontakt zur deutschen Bevölkerung verbessert, die Distanz allmählich verringert wird. Eine Aufklärung ist nach beiden Seiten hin notwendig, bessere Information unserer Landsleute über die Lage und Mentalität der Ausländer, über Anpassungsschwierigkeiten und besondere Sorgen, Information der Ausländer über Deutschland und die Deutschen. Vorurteile müssen abgebaut, Mißverständnisse aufgeklärt, die Wirkungen schlechter Erfahrungen neutralisiert werden. Wir brauchen eine bessere Koordinierung der vielen Maßnahmen und Hilfen, die von Betrieben, Organisationen und Behörden geleistet werden, auch die Entwicklung einer Konzeption der Ausländerpolitik, die klarlegt, welche Linie verfolgt, welche Ziele angesteuert, was erstrebt und was vermieden werden muß. Ausländerpolitik und innere Beschäftigungspolitik müssen aufeinander abgestimmt werden, wobei alle Fakten in Rechnung zu stellen sind, von der künftigen Größe des Arbeitspotentials bis zur Frage der Arbeitszeit und den Wirkungen des technischen Fortschritts im Übergang zu automatischen Produktionsverfahren. Es geht darum, die Stabilität der Beschäftigungsverhältnisse zu sichern, Gefahren abzuwenden, die bei so plötzlich auftretenden und wechselnden Bedarfssituationen leicht entstehen können. Man muß auf lange Sicht disponieren, die Probleme der Ausländerarbeit in dem größeren Rahmen unserer gesellschaftlichen und wirtschaftlichen Entwicklung sehen. Und wir müssen, dies vor allem, die Männer und Frauen, die wir als Arbeitskräfte ins Land gerufen haben, auch als Menschen annehmen, in allen ihren Lebensbeziehungen. Sie sollen, weder assimiliert noch isoliert, den Platz in der Gesellschaft haben, der ihnen gebührt. [FH 8|1964]

Ansgar Skriver
Rechtssicherheit auch für Ausländer

Von den 61,5 Millionen Einwohnern der Bundesrepublik waren 1971 nach Angaben des Statistischen Bundesamtes 3,4 Millionen Ausländer. Ende September 1971 gab es 2,24 Millionen Gastarbeiter, d. h. jeder zehnte Arbeitnehmer war ein Ausländer. In Ballungsgebieten, z. B. im Arbeitsamtsbezirk Stuttgart, war sogar fast jeder vierte, in Frankfurt jeder fünfte Arbeitnehmer ein Ausländer. Seit ihrem Freiburger Parteitag im Oktober nimmt jetzt auch die FDP Ausländer als Mitglieder auf; die Parteisatzung der SPD erlaubt dies schon seit Jahren. In zunehmendem Maße werden Sonntagsreden über die Notwendigkeit der Integration ausländischer Mitbürger in unsere Gesellschaft gehalten, nachdem immer mehr ausländische Arbeitskräfte mitsamt ihren Familien z. T. zehn Jahre und länger in der Bundesrepublik leben, am Sozialprodukt wesentlich beteiligt sind, Beiträge zu Sozial- und Arbeitslosenversicherung leisten und vor allem auch Steuern zahlen. Auf dem 9. DGB-Bundeskongreß in Berlin (Juni 1972) sagte das DGB-Vorstandsmitglied Franz Woschech in seinem Geschäftsbericht: »Ein großes Hemmnis dieser Integration ist das bestehende Ausländerrecht. Im Sinne einer freiheitlichen, rechtsstaatlichen und demokratischen Ordnung muß das Ausländerrecht reformiert werden.«

II. Die Eingeladenen: »Gastarbeiter«

Die Aussichten für eine Reform des Ausländergesetzes von 1965 im Sinne von mehr Rechtsstaatlichkeit sind leider gleich Null, auch wenn man Verständnis für die Wahlkampfsituation hat, in der Bundeskanzler Brandt auf dem Dortmunder Wahlparteitag der SPD nach den entsetzlichen Erfahrungen der Terrorakte in München gesagt hat: »Wir als große Partei dürfen nicht an dem vorbeidenken, was das Volk denkt« und in diesem Zusammenhang eine Liberalisierung des Ausländergesetzes als weltfremd bezeichnete. Daß das geltende Ausländerrecht ein Prüfstein der Rechtsstaatlichkeit (vgl. »Die Neue Gesellschaft« 6/70) ähnlich wie das konsequente Vorbeidenken am Volksempfinden in Sachen Todesstrafe ist (bemerkenswert die eindeutige Absage an ihren Befürworter Richard Jaeger durch Alfred Dregger namens CDU und CSU), muß von den Verantwortlichen erst noch verstanden werden.

Bisher sind alle Appelle von Gewerkschaften, Jungsozialisten, evangelischen und katholischen kirchlichen Kreisen, Amnesty International, Humanistischer Union, Westdeutscher Rektorenkonferenz, Juristen und Journalisten an den Gesetzgeber vergeblich gewesen. Weiterhin kann z. B. das Oberverwaltungsgericht Berlin aufgrund geltender Rechtslage »das innere Gefüge des deutschen Staatsvolkes« für gefährdet halten, falls einem Nigerianer vom Stamme der Bini gestattet würde, mit seiner deutschen Ehefrau in der Bundesrepublik die Ehe zu führen. Nach den Vorfällen behördlicher Rechtsbrüche im September/Oktober bei Abschiebungen von Arabern aus der Bundesrepublik hat z. B. der Vorstand der »Katholischen Deutschen Studenten-Einigung« festgestellt: »In den letzten Wochen sind zahlreiche arabische Studenten unter entwürdigenden Begleitumständen zurückgewiesen, abgeschoben oder verhaftet worden. Die Art und Weise des Vorgehens der zuständigen Behörden stellt nach Ansicht des Vorstandes der KDSE die Rechtsstaatlichkeit der Bundesrepublik in Frage.« Wer geneigt ist, Studenten nicht für voll zu nehmen, sei daran erinnert, daß der besonnene katholische Bischof von Münster, Heinrich Tenhumberg, Anlaß zu einem Brief an den Bundeskanzler mit der Bitte hatte, »einen genügenden Rechtsschutz« für die palästinensischen Studenten zu sichern und »für die Verwirklichung der im Grundgesetz und in der Europäischen Menschenrechtskonvention verbrieften Grundrechte zu sorgen«.

Inzwischen liegen erste Gerichtsentscheidungen vor, die – für viele Betroffene zu spät – in Einzelfällen die Rechtsstaatlichkeit wiederherstellen.

So urteilte das Verwaltungsgericht Würzburg, die Mitgliedschaft in einer radikalen ausländischen Studentengruppe sei allein noch kein schlüssiger Beweis für ein spezielles Sicherheitsrisiko. Das war wenige Tage vor dem unter Berufung auf das Vereinsgesetz durch den Bundesminister des Inneren verfügten Verbot der Generalunion palästinensischer Studenten (GUPS) und der Generalunion palästinensischer Arbeiter (GUPA) »wegen Gefährdung der inneren Sicherheit und sonstiger erheblicher Belange der Bundesrepublik Deutschland«. Das Verwaltungsgericht in Mainz lehnte in fünf Fällen die sofortige Vollziehung von Ausweisung und Abschiebung ab mit der Begründung, das Beweismaterial der Polizei reiche nicht aus.

In Frankfurt hat sich eine »Interessengemeinschaft der mit Ausländern verheirateten deutschen Frauen (IAF)« gebildet, die dem Bundespräsidenten einen Hilferuf geschickt haben. Sie schreiben, obwohl ihre Männer in keiner Weise Terroristen unterstützt oder mit ihnen sympathisiert hätten, seien in mehreren Fällen durch polizeiliche Blitzaktionen Familien auseinandergerissen worden. »Von den Behörden wurde uns nur zynisch erklärt, daß wir uns ja scheiden lassen könnten.«

Ein noch nicht rechtskräftig gewordenes Urteil des Oberverwaltungsgerichts Berlin gegen das Land Berlin mag diesen Frauen als schwacher Hoffnungsschimmer erscheinen: in den Gründen heißt es, wenn unser Staatsverständnis den Staat als Zweckverband seiner eigenen Angehörigen begreife (und perfekter Ausdruck dieser Maxime ist unser geltendes Ausländerrecht, d. Verf.), dann seien wohl auch die deutsche Ehefrau eines Ausländers und deren Kinder »in die vorrangig zu schützenden nationalen Interessen einbezogen«. Die These von der Folgepflicht der deutschen Ehefrau ins Ausland sei überholt, denn der Gleichberechtigungssatz gehe nicht zu Lasten der Ehefrau, die als Deutsche ein Bleiberecht in der Bundesrepublik habe, und da die Freiheit der Eheschließung zu den wesentlichen Menschenrechten gehöre, könne der deutschen Ehefrau eines Ausländers grundsätzlich nicht versagt werden, »mit dem Partner ihrer Wahl und im Einvernehmen mit diesem die Ehe in West-Berlin zu führen« (II. Senat OVG Berlin, 14. 7. 1972, OVG II B 33.71) – fürwahr, ein richterlicher Durchbruch zum Geist des Grundgesetzes, dem allerdings das Land Berlin noch Widerstand leistet.

Die beschämenden Einzelfälle der Abschiebe-Polizeiaktion vom 4. Oktober 1972 kann man in der Presse nachlesen. Anwälte, die Ausländern zu ihrem Recht verhelfen wollten, sind von Beamten getäuscht worden, die vollendete Tatsachen schufen. Beispielhaft ist der Bescheid eines Beamten im gehobenen Dienst des Hamburger Einwohnerzentralamts gegen die Jordanierin Hellen Abu Hadid: »Bei der geschilderten Sachlage ist im Hinblick auf das von Ihnen gezeigte Verhalten die Anordnung der sofortigen Vollziehung dringend geboten, um auszuschließen, daß Sie durch die Einlegung von Rechtsmitteln und den damit verbundenen Suspensiveffekt Ihre sofortige Entfernung vereiteln ...« Dieser aktenkundige vorsätzliche Gesetzesverstoß ist vom zuständigen Senator in der Hamburger Bürgerschaft nicht aufgeklärt worden. Hans Schueler hat dazu in der *Zeit* geschrieben, diese Begründung für den sofortigen Vollzug von Ausweisungsbescheiden könne »eine pannenhafte Offenbarung von Intentionen sein, über die man normalerweise nicht spricht«.

Jeder neue Terrorakt ausländischer Organisationen auf deutschem Boden wirft jede sachlich begründete Kritik am geltenden Ausländerrecht zurück. Niemand bestreitet, daß wirksame Schutzmaßnahmen getroffen werden müssen. Aber es ist kurzschlüssig gedacht und unsachgemäß, dies auf Kosten der ohnehin schon in Frage gestellten Rechtsstaatlichkeit durch weitere Verschärfung des Ausländergesetzes von 1965 erreichen zu wollen. Diemut Majer, eine sachverständige Kritikerin des geltenden Ausländerrechts, meint richtig: »Bei aller Notwendigkeit gezielter Schutzmaßnahmen darf indessen nicht übersehen werden, daß diese Maßnahmen mit dem Ausländergesetz ebenso viel und ebenso wenig zu tun haben wie etwa das Strafgesetzbuch mit der Diebstahlshäufigkeit. Terrorakte lassen sich absolut sicher weder durch das Ausländergesetz noch durch seine schärfere Anwendung verhindern. Sie sind für die in der BRD lebenden Ausländer nicht symptomatisch. Auch die hier lebenden Araber, insgesamt etwa 57.000, davon ca. 36.000 Palästinenser, sind nicht schon deshalb potentielle Attentäter, weil sie Araber sind.«

Solche Überlegungen sind dem bayerischen Staatssekretär Erich Kiesl (CSU) fremd. Er kritisierte Anfang November, das liberale Ausländerrecht gebe der Polizei zu wenig Handhaben zum Eingreifen, er forderte ein praktikables Ausländerrecht, das von konkreten und einfachen Tatbeständen ausgehe. Begründeter Verdacht auf verfassungswidrige und terroristische Tätigkeit soll für Abschiebung genügen. Ministerpräsident Gerhard Stoltenberg (CDU) ist für Verschärfung und Präzisierung des Ausländerrechts eingetreten. Gerhard Löwenthal vom ZDF hält das

Ausländergesetz für »zu liberal«, es müsse verschärft werden. Derartige Stimmen wurden nach der Münchener Katastrophe bereits so laut, daß Außenminister Scheel vor Pauschalurteilen gegen Araber warnte und Innenminister Genscher sich gegen eine Verschärfung des Ausländergesetzes aussprach. Er plädierte stattdessen für eine exaktere Anwendung der bestehenden Gesetze – und diese ermöglichen es in der Tat, im Wege von Ermessensentscheidungen jede Auslegung dessen, was Polizeichefs oder Landesinnenminister für »Belange der Bundesrepublik« halten, gegen Ausländer auf deutschem Boden durchzusetzen.

Die These, wir hätten »das liberalste Ausländergesetz der Welt«, ist eine Legende, die durch ständige Wiederholung nicht wahrer wird. Beispiel: In der Bundesrepublik kann zur Vorbereitung des Ausweisungsbefehls Haft bis zu sechs Wochen und zur Durchführung der Abschiebung bis zur Dauer eines Jahres verhängt werden. Frankreich, Italien und die Schweiz lassen die »Ausschaffung«, nicht aber langfristigen Freiheitsentzug zu. Österreich begrenzt die Dauer der Schubhaft auf zwei Monate, Schweden, Belgien und die Niederlande auf einen Monat. Die DDR erlaubt nicht mehr als zehn Tage für Abschiebungshaft. Demgegenüber soll Haftmöglichkeit bis zu einem Jahr »liberal bis zum Exzeß« sein? Es ist nachgewiesen, daß in Einzelpunkten die reichsdeutsche Ausländerpolizeiverordnung von 1938 (also aus der Nazizeit!) liberaler war als das bundesdeutsche Ausländergesetz von 1965 – das hindert verantwortliche Politiker aber nicht zu rühmen, wie »liberal« unser Ausländerrecht sei, als ob liberal gleichbedeutend mit Restriktion und Kleinlichkeit ist – denn das sind die Unterscheidungskriterien, zu denen Rechtsvergleiche mit Bestimmungen in anderen Ländern kommen.

Tatsächlich haben die Terrorakte von Ausländern auf deutschem Boden aber bereits die klimatischen Voraussetzungen für einschneidende Änderungen der Rechtslage geschaffen. Ein Anschlag gegen eine Maschine der israelischen Fluggesellschaft EL AL im Februar 1970 in München-Riem gab den Anstoß für den »Entwurf eines Gesetzes zur Änderung des Gesetzes über die Zusammenarbeit des Bundes und der Länder in Angelegenheiten des Verfassungsschutzes«. Eine Grundgesetzänderung war erforderlich, um den Verfassungsschutz zu ermächtigen für »die Sammlung und Auswertung von Auskünften, Nachrichten und sonstigen Unterlagen über ... Bestrebungen im Bundesgebiet, die durch Anwendung von Gewalt oder darauf gerichtete Vorbereitungshandlungen

II. Die Eingeladenen: »Gastarbeiter«

auswärtige Belange der Bundesrepublik Deutschland gefährden«. Nach einigen Schwierigkeiten in den Ausschüssen und unter dem Eindruck weiterer Terroranschläge einigten sich alle Bundestagsfraktionen auf diese am 22. Juni 1972 vom Bundestag verabschiedete Fassung.

Sozialdemokratischen Abgeordneten ist inzwischen nicht mehr wohl wegen dieses »Kautschukparagraphen«, zumal derzeit die parlamentarische Kontrolle der Geheimdienste »völlig unwirksam« sei. Wenn man bedenkt, daß Staatssekretär Paul Frank vom Auswärtigen Amt schriftlich die Identität von Exportinteressen deutscher Industrieunternehmungen mit außenpolitischen Interessen der Bundesrepublik in Griechenland bestätigt hat, kann man sich unschwer vorstellen, wohin eine entsprechende Interpretation »auswärtiger Belange« führt. In einem Land, in dem das Grundrecht der Meinungsfreiheit bisher (noch) von Ausländern in Anspruch genommen werden kann, darf man wohl auch nach den politischen Konsequenzen fragen, die sich aus der Tatsache ergeben, daß die Staatsschutzbehörden »einen internationalen Austausch von einschlägigen Erkenntnissen« betreiben, wenn man an die in unserem Lande lebenden und arbeitenden Spanier und Griechen oder die immer mehr bespitzelten Türken denkt.

Wie die *Frankfurter Allgemeine* am 7. September 1972 zu berichten wußte, schlummert im Bundesinnenministerium ein Entwurf zur Änderung des Ausländergesetzes, des Vereinsgesetzes und des Versammlungsgesetzes, »der nicht viel mehr enthält als eine Verdeutlichung der Absichten des geltenden Ausländerrechts gegen gelegentlich allzu freizügige Handhabung«. Die auswärtigen Beziehungen (die doch nun wirklich eine Sache politischer Gestaltung sind und kein Maßstab für Versagung von Grundrechten sein können) sollen darin zu »erheblichen Belangen« der Bundesrepublik erklärt werden. Wie zu hören ist, soll nach diesem Entwurf eine Gefährdung »auswärtiger Belange« u. a. sein: »Beleidigung und Verunglimpfung ausländischer Staatsoberhäupter und Regierungschefs«. Man kann sich denken, wie sehr die publizistische Lobby deutsch-persischer Wirtschaftsinteressen jubeln würde, wenn dies endlich erreicht wäre. Bundeskanzler Brandt müßte sich überlegen, ob er nach Verabschiedung eines solchen Gesetzes noch die Meinungsfreiheit hätte zu sagen, Ugandas Präsident Idi Amin sei mit seiner Ausweisungspolitik gegen die in seinem Land lebenden Asiaten wohl nicht ganz richtig im Kopf – was Willy Brandt nach meinen Feststellungen bei vielen Afrikanern große Sympathie eingetragen hat, was aber von Herrn Amin sicher als Verunglimpfung empfunden worden ist.

Alle bisherigen Erfahrungen der Kritik am bestehenden Ausländergesetz zeigen, daß auf diesem Feld die Interessen der Polizeipraktiker unendlich viel stärker sind als rechtsstaatliche Konsequenz. Wenn die verständliche Empörung über Terrorakte durch Ausländer auf deutschem Boden nun also manche verfassungsrechtliche Sicherungen durchschlägt, so sollten sich die Politiker dieses Thema vielleicht einmal unter dem Gesichtspunkt überlegen, ob sie nicht den 3,5 Millionen tüchtigen und unentbehrlichen Ausländern in der Bundesrepublik aus politischen Gründen mehr als die bisher so schäbige Gastfreundschaft schuldig sind, nämlich die im Wahlkampf außenpolitisch geforderte gute Nachbarschaft auch innerhalb der eigenen Grenzen, und das heißt: Rechtssicherheit. [NG 1|1973]

Ursula Mehrländer
Soziale Probleme der ausländischen Arbeitnehmer
Untersuchung auf dem Wohn- und Schulsektor

Begünstigt durch die Wirtschaftsentwicklung, die sich entsprechend auf dem Arbeitsmarkt niederschlug, sowie durch die Freizügigkeitsregelung für Arbeitskräfte innerhalb der Europäischen Gemeinschaft und durch die Anwerbevereinbarungen mit einer Reihe von Staaten stieg die Zahl der in der BRD beschäftigten ausländischen Arbeitnehmer bis auf 2,3 Millionen. Dazu kommen noch die nachgeholten Familienangehörigen, so daß etwa 4 Millionen Ausländer in der BRD leben dürften. Diese Entwicklung macht deutlich, daß die Ausländerbeschäftigung in der BRD nicht als temporäres Phänomen anzusehen ist. Trotz der Maßnahmen der Bundesregierung zur Beschränkung des Zustroms ausländischer Arbeitnehmer kann davon ausgegangen werden, daß in den kommenden Jahren mit einer Ausländerbeschäftigung von mindestens der jetzigen Größenordnung zu rechnen sein wird. Diese Perspektive macht deutlich, daß es immer dringlicher wird, sich mit den sozialen Problemen der ausländischen Arbeitnehmer und ihrer Familien in der BRD zu befassen.

Das Forschungsinstitut der Friedrich-Ebert-Stiftung hat daher im Auftrag des Bundesministeriums für Arbeit und Sozialordnung eine Untersuchung durchgeführt, um genauere Kenntnis über Art und Ursache der sozialen Konflikte der ausländischen Arbeitnehmer bei ihrem Aufenthalt in der BRD zu erhalten und Maßnahmen zum Abbau der schwerwiegenden Probleme vorschlagen zu können. Die Ergebnisse dieser Untersuchung stützen sich auf eine Repräsentativbefragung von 1.700 ausländischen Arbeitnehmern aus Italien, Jugoslawien, Spanien, Griechenland und der Türkei. Mit der Veröffentlichung dieser Studie ist für den Herbst des Jahres zu rechnen. Einige Aussagen meiner Untersuchung seien jedoch an dieser Stelle herausgegriffen.

Wohnverhältnisse

Aus ihrer Wohnsituation in der Bundesrepublik Deutschland ergeben sich für die ausländischen Arbeitnehmer ebenfalls Umstellungs- und Anpassungsprobleme. 20 % der Ausländer sind in Wohnheimen untergebracht. Von den unter einem Jahr in der BRD beschäftigten Ausländern wohnen jedoch mehr als 40 % in Wohnheimen. Sie müssen zumeist zum ersten Mal in ihrem Leben mit fremden Menschen in einer Haus- und Wohngemeinschaft leben. Aus der Trennung von der Familie ergibt sich sowohl für Verheiratete als auch für Ledige, die meist im elterlichen Haushalt gelebt haben, eine Umstellung in der Haushaltsführung.

Die neue berufliche Tätigkeit in der BRD mit ihren besonderen Arbeitsanforderungen und der festgelegten Arbeitseinteilung beeinflußt ebenfalls Haushaltsführung und Wohnbedürfnisse der Ausländer. Für die ausländischen Arbeitnehmer in den Wohnheimen bekommt die Frage der Größe bzw. der Belegdichte der Zimmer besondere Bedeutung. Denn diese beiden Merkmale der materiellen bzw. sozial-räumlichen Umwelt haben einen direkten Einfluß auf bestimmte Reaktionsweisen. Von diesen ausländischen Arbeitnehmern sind 64 % mit 1–3 Personen, 11 % mit 4–6 Personen und 1 % mit 7–9 Personen in einem Zimmer untergebracht. 10 % von ihnen haben auf die entsprechende Frage keine Antwort gegeben.

Während diejenigen ausländischen Arbeitnehmer, die private Zimmer oder Wohnungen besitzen, zum größten Teil mit ihren Ehegatten und/oder Kindern oder mit sonstigen Familienangehörigen zusammenwohnen, ist die Mehrzahl der Ausländer in den Wohnheimen mit Arbeitskollegen in einem Raum untergebracht. Es erstaunt daher nicht, daß bei diesen ausländischen Arbeitnehmern der Wunsch besteht, einen eigenen privaten Bereich zu haben und aus den Sammelunterkünften auszuziehen. Bei den Ausländern, die ein bis unter drei Jahre in der BRD tätig sind, ist besonders der Übergang von den Wohnheimen in Privatzimmer zu beobachten. Der Anteil derjenigen, die in Wohnungen leben, bleibt dagegen fast unverändert. Bei einer Aufenthaltsdauer von drei Jahren und länger richtet sich jedoch das Wohnbedürfnis der ausländischen Arbeitnehmer in großem Maße auf eine Wohnung. Die Zahl der Ausländer, die jetzt noch in Wohnheimen untergebracht sind, nimmt stark ab. Weniger verringert sich aber der Prozentsatz der ausländischen Arbeitnehmer, die in Privatzimmern leben. Von den fünf bis unter sieben Jahren in der BRD beschäftigten Ausländern besitzt bereits mehr als die Hälfte eine Wohnung. Von den Ausländern, die länger als sieben Jahre in der BRD tätig sind, haben mehr als 60 % eine Wohnung. Diese Entwicklung wird mit der weiterhin beabsichtigten Aufenthaltsdauer in der BRD sowie mit dem Wunsch nach Familiennachholung in Verbindung stehen. Denn diejenigen Ausländer, die ihre Familienangehörigen in die BRD nachziehen lassen wollen, müssen dafür eine private Unterkunft/Wohnung nachweisen.

Bei der Suche nach privaten Zimmern oder Wohnungen treten jedoch für die Mehrzahl der ausländischen Arbeitnehmer große Schwierigkeiten auf. Davon sind besonders viele Griechen und Türken betroffen. Die Ursache dieser Schwierigkeiten liegt vor allem in den Vorurteilen der deutschen Bevölkerung begründet. Von den Deutschen werden meist Stereotype hinsichtlich des Wohnverhaltens der ausländischen Arbeitnehmer geltend gemacht. Von dieser befragten Gruppe klagen daher 40 % über Diskriminierungen und Diffamierungen bei ihrer Zimmer- bzw. Wohnungssuche. Zu dieser Gruppe gehören von den Türken sogar 71 %.

Als weiteres Problem wird von einem großen Teil der ausländischen Arbeitnehmer die lange Zeit der Suche nach einer geeigneten Unterkunft hervorgehoben. Weitere Schwierigkeiten, ein Zimmer oder eine

II. Die Eingeladenen: »Gastarbeiter«

Wohnung zu finden, ergeben sich, da bei den Vermietern Kinder häufig unerwünscht sind. Hinter diese drei Ursachen treten die anderen Nennungen wie »nur teure Unterkunft gefunden«, »Unterkunft entspricht nicht den Wünschen« und »Unterkunft nur durch Makler gefunden« zurück.

Interessante Ergebnisse zeigen sich bei der Gegenüberstellung von Miethöhe und Art der Unterkunft. Fast ein Drittel der ausländischen Arbeitnehmer, die in privaten möblierten Zimmern wohnen, zahlt eine Miete von 120,– DM und mehr. Von den Ausländern, die ein Leerzimmer besitzen, gehört ein Fünftel zu dieser Gruppe. Etwa 60 % der ausländischen Arbeitnehmer, die private Wohnungen haben, zahlen eine Miete von 120,– DM und mehr. Dagegen liegen die Mieten von Firmenwohnungen und von Sozialwohnungen erheblich niedriger. Die ausländischen Arbeitnehmer sind nach ihrer Meinung über die Angemessenheit der Miete gefragt worden. Bei dieser Beurteilung werden qualitative Merkmale der Unterkunft/Wohnung eine Rolle gespielt haben. Die Mehrzahl der ausländischen Arbeitnehmer, die in privaten möblierten Zimmern wohnen, findet die Miete recht teuer und viel zu hoch. Von den Ausländern, die in privaten Leerzimmern einquartiert sind, macht fast die Hälfte diese Aussage. Dagegen wird die Miete der Privatwohnungen nur von einem Drittel der Ausländer als recht teuer und viel zu hoch eingestuft. Bei den ausländischen Arbeitnehmern, die in Firmenwohnungen oder Sozialwohnungen wohnen, ist dieser Anteil erwartungsgemäß sehr viel geringer. Er beträgt jeweils etwa 15 %

Zusammenfassend läßt sich sagen, daß fast ein Drittel der ausländischen Arbeitnehmer mit ihrer Unterkunft/Wohnung unzufrieden ist. Während von den Spaniern und Jugoslawen nur rund ein Fünftel diese Angaben macht, gehören von den Griechen mehr als 40 % zu dieser Gruppe. Bei der Unterscheidung nach Art der Unterkunft ergibt sich ein differenzierteres Bild. Es zeigt sich, daß die Ausländer, die in Baracken, möblierten Zimmern und Leerzimmern wohnen, am unzufriedensten sind. Dagegen äußert nur ein Viertel derjenigen, die Privatwohnungen besitzen, diese Unzufriedenheit. Von den ausländischen Arbeitnehmern, die in firmeneigenen Wohnheimen leben, ist ein Drittel mit dieser Unterbringung unzufrieden. Hinsichtlich des Grades der Wohnzufriedenheit bzw. -unzufriedenheit gibt es kaum Unterschiede nach Geschlechtern. Bei der Aufgliederung nach Einreisejahr zeigt sich, daß die Unzufriedenheit mit der Unterbringung bei steigender Aufenthaltsdauer nur geringfügig abnimmt. Diese Aussage der ausländischen Arbeitnehmer wird einmal durch die objektiven Merkmale der Wohnsituation, andererseits aber auch durch die Änderung in ihren Wohnbedürfnissen beeinflußt. Sie ist jedoch ebenfalls ein Indiz für die Schwere der Probleme, die sich für die ausländischen Arbeitnehmer hinsichtlich der Wohnverhältnisse stellen. Mehr als ein Viertel der Ausländer, die mit ihrer Unterkunft/ Wohnung unzufrieden sind, resignierten daher. Sie erklären, daß sie selbst nichts zur Verbesserung ihrer Wohnsituation unternehmen können. Zu dieser Gruppe gehört jeweils die Hälfte der Griechen und Jugoslawen. Weitere 10 % der ausländischen Arbeitnehmer sind ratlos und wissen nicht, was sie zur Verbesserung ihrer Wohnverhältnisse tun können. Die Suche nach einer neuen Unterkunft/Wohnung sieht nur etwa die Hälfte der ausländischen Arbeitnehmer als Ausweg aus ihrer Lage an. Diese Ausländer bringen damit zum Ausdruck, daß sie noch hoffen, durch Aktivität ihrerseits die Wohnsituation verbessern zu können.

Aus den Angaben der ausländischen Arbeitnehmer ergibt sich die Forderung, daß von deutscher Seite verstärkte Bemühungen zur Verbesserung der Wohnverhältnisse der Ausländer ergriffen, angemessene und menschenwürdige Unterkünfte bzw. Wohnungen zur Verfügung gestellt werden müssen. Dabei ist insbesondere auf Größe und Belegdichte der Zimmer abzustellen. Für die Bewohner der Wohnheime ist insbesondere die Einhaltung der Richtlinien des Bundesministers für Arbeit und Sozialordnung über die Unterkünfte als Mindestvoraussetzung ständig zu überprüfen.

Die Mehrzahl der ausländischen Arbeitnehmer möchte jedoch in privaten Zimmern oder Wohnungen leben. Da ein sehr großer Teil der ausländischen Arbeitnehmer, die in Privatzimmern wohnen, mit ihrer Unterkunft unzufrieden ist, scheinen hier große Mißstände zu bestehen. Es muß daher überlegt werden, wie sichergestellt werden kann, daß auch bei dieser Gruppe der Ausländer eine menschenwürdige Unterbringung erreicht und daß keine überhöhte Miete verlangt wird.

Mit steigender Aufenthaltsdauer in der BRD richtet sich das Wohnbedürfnis der ausländischen Arbeitnehmer jedoch zunehmend auf eine Wohnung. Daher erhebt sich die Forderung, den Wohnbedarf der Ausländer in verstärktem Maße beim deutschen Wohnungsbau zu berücksichtigen. Es ist jedoch darauf zu achten, daß keine Ghettos gebildet werden. Die ausländischen Familien sollen auch bei der Vergabe von Sozialwohnungen mehr als bisher berücksichtigt werden. Aus dem Ergebnis der Untersuchung, daß bisher mit wachsender Aufenthaltsdauer die Unterkunfts- und Wohnungsprobleme nur geringfügig abnehmen, ergibt sich die Dringlichkeit von Maßnahmen auf dem Wohnungssektor für Ausländer.

Getrennte Familien – Familienzusammenführung

Infolge der Arbeitsaufnahme in der BRD muß sich der verheiratete ausländische Arbeitnehmer in der Regel vom Ehegatten und von den Kindern trennen. Er gerät damit in eine neuartige und menschlich schwierige Situation. Aus dieser Trennung von der Familie werden sich nachteilige Folgen ergeben, die z. B. in der Vereinsamung des Ehepartners, in der Erschwerung der Anpassung in der BRD, in der Zersetzung der Familienbindungen und in der Überbelastung des zurückgebliebenen Ehegatten besonders hinsichtlich der Erziehung der Kinder bestehen. Vor diesem Hintergrund ist der bereits vollzogene Nachzug des Ehegatten und/ oder der Kinder bzw. der Wunsch der ausländischen Arbeitnehmer, den Ehegatten und/oder die Kinder in die Bundesrepublik Deutschland nachkommen zu lassen, zu verstehen.

Der Anteil der Verheirateten an der Gesamtzahl der ausländischen Arbeitnehmer ist sehr hoch. Von den verheirateten Männern leben rund 40 % ohne ihre Ehefrau in der BRD. 13 % von ihnen möchten ihre Ehefrau in die BRD nachholen. Dagegen sind etwa 20 % dieser Männer entschlossen, die Ehefrau im Heimatland zu lassen und die oben genannten nachteiligen Auswirkungen zu ertragen. Als Gründe für die Haltung werden angegeben: Frau muß wegen der Ausbildung der Kinder im Heimatland bleiben, die Rückkehr ins Entsendeland steht kurz bevor, keine Unterkunft/Wohnung in der BRD gefunden. 6 % der Ausländer sind sich über einen Nachzug der Ehefrau unschlüssig. Bei den verheirateten Ausländerinnen ergibt sich ein anderes Bild, da 90 % bereits mit ihrem Ehemann in der BRD leben. Mehr als 60 % der ausländischen Arbeitnehmer geben an, daß sie Kinder haben. Von dieser Gruppe hat aber weniger als die Hälfte ihre Kinder in die BRD nachgeholt. Dieser Anteil ist bei den Türken und Jugoslawen besonders gering.

Die überwiegende Zahl derjenigen Ausländer, die von ihrer Familie getrennt leben müssen, ist jedoch der Meinung, daß der Familiennachzug in die BRD erleichtert werden sollte. Diese Forderung ist zu befürworten, denn dem ausländischen Arbeitnehmer können die Nachteile aus der Trennung der Familie auf die Dauer nicht zugemutet werden. Auf den engen Zusammenhang zwischen Familiennachzug und Wohnungsproblem in der BRD ist bereits hingewiesen worden. An dieser Stelle sollen noch einmal die positiven Effekte des Nachzugs der Familie hervorgehoben werden. Dadurch können Frustrationen und Fehlanpassungen der ausländischen Arbeitnehmer eingedämmt werden. Die Anwesenheit der Familie ist für die verschiedensten Lebensbereiche der ausländischen Arbeitnehmer von Bedeutung, dabei ist z. B. an die Wohnsituation, an die Freizeitgestaltung und an die sozialen Kontakte zu denken. Der Nachzug des Ehepartners und der Kinder dürfte daher eine positive Wirkung auf den Integrationsprozeß der ausländischen Arbeitnehmer haben.

Schulbesuch der nachgeholten Kinder

Ein Fünftel der ausländischen Eltern mit Kindern im Alter von sechs bis unter 15 Jahren entzieht die Kinder der Schulpflicht in der BRD. Hier besteht offenbar ein Mangel in der Erfassung dieser Kinder durch die deutschen Schulbehörden. Um die Einhaltung der Schulpflicht der ausländischen Kinder zu gewährleisten, sollten die Einwohnermeldeämter schulpflichtige ausländische Kinder den Schulämtern melden. Außerdem sollen die ausländischen Eltern auf Bestehen und Dauer der Schulpflicht ihrer Kinder in der BRD hingewiesen werden.

Von den ausländischen Eltern, deren Kinder in der BRD zur Schule gehen, nennt die Mehrzahl als Schulart die deutsche Grund- bzw. Hauptschule. Nur 8 % von ihnen geben an, daß ihre Kinder eine deutsche Mittelschule besuchen. 1 % der Eltern berichtet, daß ihre Kinder, zur Oberschule gehen. Fast 30 % der ausländischen Eltern erklären, daß ihr Kind an Zusatz- bzw. Ergänzungsunterricht in der Muttersprache teilnimmt. Dieser Anteil ist bei den Spaniern und bei den Griechen wesentlich höher als bei den übrigen Ausländern. Ebenfalls 30 % der ausländischen Eltern sagen, daß ihr Kind in besonderen Klassen auf die Teilnahme am Unterricht in den deutschen Klassen vorbereitet wird.

II. Die Eingeladenen: »Gastarbeiter«

Mehr als die Hälfte von ihnen verneint jedoch diese Frage, während fast ein Fünftel darüber keine Auskunft geben kann. Bei den Angaben der ausländischen Eltern ist jedoch der Eindruck entstanden, als ob einige von ihnen den Ergänzungs- oder Zusatzunterricht bzw. die Übergangsklassen als »Ausländerschule« ansehen. Die ausländischen Eltern sollten daher von deutscher Seite darauf aufmerksam gemacht werden, daß auch der Zusatz- bzw. Ergänzungsunterricht sowie die Übergangsklassen der deutschen Schulaufsicht unterliegen.

Nur ein Drittel der ausländischen Eltern erklärt, daß sich aus dem Schulbesuch ihrer Kinder in der BRD keine Probleme ergeben. Zu dieser Gruppe gehörten mehr als die Hälfte der Jugoslawen, aber weniger als ein Viertel der Türken. Als Hauptprobleme der Kinder werden die Sprachschwierigkeiten (35 %) und die fehlende Hilfe bei den Hausaufgaben (33 %) genannt. Fast ein Fünftel der Ausländer hält den Unterricht für zu schwer und glaubt, daß zu viele verschiedene Unterrichtsfächer die Kinder belasten. Einige ausländische Eltern berichten ebenfalls von Schwierigkeiten ihrer Kinder mit Lehrern bzw. mit Klassenkameraden. 18 % der ausländischen Arbeitnehmer befürchten, daß ihre Kinder nach der Rückkehr keinen Anschluß an den Unterricht im Heimatland finden werden. Bei dieser Frage waren Mehrfachnennungen zugelassen; so daß sich mehr als 100 % ergeben.

Aus diesen Angaben der ausländischen Eltern lassen sich die folgenden Forderungen ableiten: Das Ziel sollte sein, die ausländischen Kinder möglichst in die ihrem Alter entsprechenden deutschen Klassen zu integrieren. Dazu sollten in verstärktem Maße Einführungsklassen eingerichtet werden, in denen aber den ausländischen Kindern hauptsächlich Kenntnisse der deutschen Sprache vermittelt werden. Diese Einführungsklassen sollen von den Ausländerkindern nicht länger als ein Jahr besucht werden. Inzwischen können sie jedoch bereits in einigen Fächern am Unterricht der deutschen Klassen teilnehmen. Es muß jedoch unbedingt vermieden werden, daß sich die Einführungsklassen zu »Zwerg-Heimatschulen« entwickeln, in denen weder Deutsch gelehrt noch der Übergang in die deutschen Klassen erstrebt und erreicht wird. Es besteht die Gefahr, daß die ausländischen Kinder durch die Teilnahme am Zusatzunterricht in ihrer Heimatsprache sowie in einigen anderen Fächern überfordert werden. Denn zwei Drittel der Eltern erklären ohnehin, daß ihre Kinder beim Besuch der deutschen Schule Schwierigkeiten haben. Es ist daher zu überlegen, ob der Zusatzunterricht beibehalten werden soll. Denn die Gefahr besteht, daß die Ausländerkinder zu »zweisprachigen Analphabeten« heranwachsen.

Die ausländischen Kinder müssen durch außerschulische Maßnahmen gefördert werden. Dabei ist vor allem an Hausaufgabenhilfe zu denken. Hier sollten noch mehr private Gruppen, Verbände und Organisationen Initiativen entwickeln. Bei den Fördermaßnahmen für die Ausländerkinder ist auf den Schulerfolg abzustellen. Denn neue Probleme z. B. in bezug auf die Berufsausbildung werden hervorgerufen, wenn die ausländischen Kinder die Grund- bzw. Hauptschule ohne Abschluß verlassen oder den Schulbesuch vorzeitig abbrechen. Die ausländischen Eltern sollten eingehend über das Schulsystem in der BRD, insbesondere auch über weiterführende Schulen informiert werden. Denn bisher erklären nur 14 % von ihnen, daß ihre Kinder in der Altersgruppe von 15 Jahren und mehr weiterhin eine Schule besuchen. [NG 8|1973]

Michael Selbmann

Die zweite Generation der Gastarbeiter in der Bundesrepublik

Seit den frühen sechziger Jahren leben in großer Zahl sogenannte Gastarbeiter in der Bundesrepublik, in der sie bis vor kurzem noch als Arbeitskräfte willkommen, doch als Gäste von Anfang an mehr schlecht als recht gelitten waren. Inzwischen leben und arbeiten circa zwei Millionen von ihnen bei uns; mit ihren Familienangehörigen sind es noch einmal so viele. Auch wenn es – wie zu vermuten ist – weiterhin gelingen sollte, einen großen Teil von ihnen nun, da sie weniger begehrt sind, hinauszukomplimentieren, so kann doch kein Zweifel daran bestehen, daß Gastarbeiter auf unabsehbar lange Zeit ein fester Bestandteil unserer Gesellschaft bleiben werden. Denn de facto ist die Bundesrepublik längst zu einem Einwanderungsland geworden, auch wenn das von führenden Politikern bisher geflissentlich ignoriert wurde.

Vor allem auf diese beharrliche Ignoranz ist es zurückzuführen, daß sich hinsichtlich der Kinder und Jugendlichen aus Gastarbeiterfamilien

II. Die Eingeladenen: »Gastarbeiter«

Probleme von immer deutlicher werdender Brisanz abzeichnen, auf die unsere Gesellschaft nicht vorbereitet ist.

Nicht allein durch den verstärkten Familiennachzug seit dem Anwerbestopp von 1973 und die neue Kindergeldregelung für Gastarbeiterfamilien seit 1975, sondern ganz besonders durch einen beträchtlichen Anstieg der Ausländergeburtenrate in der Bundesrepublik ist die Zahl dieser Kinder in den letzten Jahren rapide gestiegen: Angesichts des kontinuierlichen Absinkens der Geburtenrate in der bundesdeutschen Bevölkerung seit 1972 hatte bereits 1973 jedes sechste in der BRD geborene Kind eine fremde Staatsangehörigkeit; nach Angaben des Bundesarbeitsministeriums galt das 1975 bereits für jedes fünfte. Dort geht man auch davon aus, »daß sich diese Entwicklung weiter verstärken wird. Selbst wenn man keine Steigerung der Geburtenhäufigkeit unterstellt, sondern annimmt, daß künftig jährlich durchschnittlich 130.000 Ausländerkinder geboren werden, müssen wir in einem 10-Jahres-Zeitraum mit weit über 1 Million zusätzlicher Ausländergeburten in der Bundesrepublik rechnen.«

Schon jetzt gleichen die Verlautbarungen der betroffenen Landes- und Kommunalbehörden, die der neuen Situation völlig verblüfft gegenüberstehen, Katastrophenmeldungen: Nach Berechnungen des Stuttgarter Kultusministeriums wird 1980 »jedes dritte Kind ein Ausländer sein«, in Berlin war bereits 1975 »jeder 10. Grundschüler ein Ausländer. 1979 wird es nach einer Prognose des Schulsenators jeder dritte sein.« »Jedes dritte Münchner Kindl ein Ausländer.« Wo in diesem Jahr (1975) mit dreißig Schulanfängern gerechnet wurde, stünden plötzlich hundert vor der Tür, wurde aus Nordrhein-Westfalen gemeldet.

Diesem Ansturm ausländischer Schüler sind die deutschen Schulen nicht im Geringsten gewachsen. Sie scheiterten bereits an ihren bisherigen ausländischen Absolventen, von denen über sechzig Prozent keinen Hauptschulabschluß erlangten. Wächst damit in der Bundesrepublik ein gewaltiges Heer jugendlicher Arbeitsloser heran, für das – weder hier noch in den Herkunftsländern – nicht einmal genügend Hilfsarbeiterjobs vorhanden sein werden? Kann sich die Bildungspolitik dieser dringlichen Herausforderung stellen?

Gewiß, die Bildungsmisere der Gastarbeiterkinder liegt vor allem in der sozialen Misère der Gastarbeiter in der Bundesrepublik begründet. Ihre soziale Diskriminierung, ihre permanente Aufenthaltsunsicherheit oder ihre ungünstigen Wohnverhältnisse allein bilden bereits extrem schwere Hindernisse für ihren Schulerfolg. Diese werden noch vergrößert durch Strukturmängel unseres Bildungssystems. In Schulen, wo ein nur auf das Zeugnis (anstatt auf den Inhalt) fixiertes Lernen stattfindet, weil Notendurchschnitte über Lebensschicksale entscheiden, wo nicht gelernt wird, mit anderen zusammenzuarbeiten, sich sozial zu verhalten und auch die Fähigkeit bewertet wird, Konflikte zu lösen, wo selbst pädagogisch engagierte Lehrer nur noch als Lehrplanvollstrecker und Dompteure von fünfundzwanzig bis vierzig Kindern fungieren können, oder wo der Unterrichtsausfall aufgrund eines verordneten Lehrermangels alltäglich geworden ist, – in solchen Schulen müssen die Gastarbeiterkinder allemal als erste auf der Strecke bleiben.

Hier schlagen sich gesellschaftliche Mißstände im Bildungssystem nieder, von dem nicht erwartet werden kann, daß es allein zu lösen imstande wäre, was gesamtgesellschaftlich als Prinzip angelegt ist.

Daneben müssen aber ausländische wie einheimische Kinder auf ihrem Bildungsweg auch Barrieren überwinden, die wohl weniger als Reflex der sozialen Verhältnisse gelten können, sondern eher als Resultat einer Innovationsphobie oder auch nur eines mangelnden pädagogischen Verständnisses in der Bildungsbürokratie zu betrachten sind. Zum Beispiel fordern Sprachwissenschaftler wie Bernhard Weisgerber seit Jahren offenbar vergeblich, endlich den Beschluß der Kultusministerkonferenz vom 25. Mai 1973 zu verwirklichen, in der Bundesrepublik die »eingeschränkte« Kleinschreibung und eine »verbesserte« Rechtschreibung einzuführen: »Ich möchte nicht für die ungezählten Kinder verantwortlich sein, die an unserer komplizierten Rechtschreibung gescheitert sind und denen dadurch Studium oder Berufschancen verbaut wurden«. Ähnliches gilt auch für die überlasteten Lehrpläne, die oft schwerverständlich geschriebenen Schulbücher oder die auf lange Sicht schließlich auch für unsere Wirtschaft sträfliche Vernachlässigung von Haupt-, Sonder- und Berufsschulen.

Doch abgesehen davon, daß eine allgemeine Verbesserung des sozialen Status der ausländischen Arbeitnehmer ebenso wie die Durchführung längst überfälliger Reformen im Bildungsbereich auch die Bildungssituation der Gastarbeiterkinder erheblich verbessern würde, so darf dabei nicht übersehen werden, daß für sie darüber hinaus noch ganz spezifische Bildungsbedürfnisse bestehen: Bei der »Beschulung«

II. Die Eingeladenen: »Gastarbeiter«

von Gastarbeiterkindern darf nicht von deren genereller Assimilationsbereitschaft ausgegangen werden. Im Gegenteil, – ihrer bilingualen und bikulturellen Lebenssituation muß auch und besonders im Schulbereich entsprochen werden durch ein zweisprachiges und bi- beziehungsweise multikulturelles Lernangebot. Die Bewahrung und Förderung ihrer ethnischen Identität entspricht zugleich einer für die Bundesrepublik zu erstrebenden kulturpluralistischen Integrationspolitik, die sich ohnehin nur noch in europäischen Dimensionen definieren läßt.

Eine »soziale Eingliederung der ausländischen Schüler für die Dauer ihres Aufenthaltes in der Bundesrepublik Deutschland« bei gleichzeitiger »Erhaltung ihrer sprachlichen und kulturellen Identität« war zwar auch immer schon das Leitmotiv der Kultusministerkonferenz, doch ist man diesem Anspruch weder in den entsprechenden Beschlüssen und Ländererlassen noch gar in deren Durchführung auch nur annähernd gerecht geworden.

Tatsächlich begnügte man sich seit nunmehr fünfzehn Jahren mit einer mehr schlecht als recht gelungenen Eingliederung der ausländischen Kinder und einem mit weiteren besonderen Belastungen verbundenen, inhaltlich und organisatorisch beziehungslos angehängten Zusatzangebot für den muttersprachlichen Ergänzungsunterricht. So konstatiert Hermann Müller: »Das deutsche Schul- und Erziehungssystem behandelt die ausländischen Kinder im Gegensatz ... (zur) allgemeinen Übereinstimmung in der Ablehnung einer kulturellen Integration« (das heißt in der Ablehnung einer völligen Assimilation) »gleichwohl so, als ob die kulturelle Integration das Ziel schulischer und erzieherischer Förderung ausländischer Kinder wäre. Da diese schulische Praxis aber nicht einer anderen und besseren Einsicht und der Überzeugung von der Möglichkeit kultureller Integration entspringt, sondern der weitgehenden Unfähigkeit der deutschen Schule als Institution und Erziehungssystem, anders wirksam und tätig zu werden als auf eine kulturelle Integration hin, auch wenn sie bei ausländischen Kindern weder erwünscht noch möglich ist, dann bedeutet dieses Verhalten der Schule eine rigide Abwehr der Bedürfnisse ausländischer Kinder und ihre Diffamierung. Die angesonnene und im Ernst nicht einzulösende kulturelle Integration muß sich dann als permanente Diskriminierung und Einübung in die Inferiorität auswirken.«

Diese Assimilation, die die ausländischen Kinder von der Sprache und Kultur ihres Herkunftslandes und damit auch weitgehend von ihren Eltern entfremdet, kann schon allein deshalb nicht gelingen, weil eine außerschulische Integration kaum stattfindet. Zudem muß man sich angesichts der Zusammensetzung vieler Schulklassen in Ausländerballungsgebieten in der Tat »auf den ersten Blick fragen, in welche Nation denn die Kinder einzugliedern seien«.

Dem hält das Land Bayern seit 1973 ein (zum Teil auch von Baden-Württemberg übernommenes) Modell mit nationalen Grund- und Hauptschulklassen entgegen, dessen Durchführung jedoch nicht nur eine verhängnisvolle Vernachlässigung des (mit acht Wochenstunden ohnehin sehr knapp bemessenen) Deutschunterrichts vorzuwerfen ist, sondern auch ein völlig unzulänglicher Unterricht in den muttersprachlichen Fächern.

In Nordrhein-Westfalen hat man schließlich mit Beginn des Schuljahres 1976/77 den deutschen Schulen »Vorbereitungsklassen in Langform« angegliedert, in denen ausländische Schüler die Möglichkeit haben sollen, vom ersten Schuljahr bis zum Hauptschulabschluß zu etwa gleichen Teilen Unterricht in der deutschen und der jeweiligen Muttersprache zu erhalten. Allerdings dürfte die Regelung, daß im ersten Schuljahr mindestens fünfundzwanzig Schüler einer Nation vorhanden sein müssen, damit eine solche Klasse überhaupt gebildet werden kann, ihr Zustandekommen an vielen Orten verhindern und den besonderen didaktischen Anforderungen eines zweisprachigen Unterrichts kaum gerecht werden. Ebenfalls zu bedauern ist an diesem Modell, daß es bikulturelle Unterrichtsprogramme vermissen läßt und damit die Heimatkultur dieser Schüler (beziehungsweise deren Eltern) arrogant vernachlässigt.

Der Anspruch auf Bewahrung der kulturellen Identität der Gastarbeiterkinder und die Ermöglichung ihrer erfolgreichen Reintegration in das Herkunftsland kann konsequent nur erfüllt werden durch die Einrichtung nicht nur bilingualer, sondern auch bikultureller Unterrichtsangebote. Das darf natürlich nicht heißen, daß der Besuch einer deutschen Normalklasse künftig für Kinder aus Gastarbeiterfamilien mit größerer Assimilationsneigung verschlossen bleiben sollte, sondern daß – zumindest in den Ausländerballungsgebieten – für jedes Kind die Möglichkeit bestehen muß, wenigstens einen Grund- und Hauptschul-

II. Die Eingeladenen: »Gastarbeiter«

unterricht zu erhalten, in dem die Heimatsprache neben der deutschen Sprache sowie beide Kulturen gleichermaßen berücksichtigt und in ein einheitliches Unterrichtsprogramm integriert werden. Solche Klassen sollten selbstverständlich auch für deutsche Kinder offen sein.

In den mit Gastarbeitern weniger dicht besiedelten Regionen, vor allem auf dem Lande, werden sich solche Einrichtungen dagegen kaum errichten lassen. Die ausländischen Schüler dürften hier aber aufgrund ihrer geringen Zahl ohnehin besser von den deutschen Schulklassen »absorbiert« werden, ihre schulische Integration wird also noch weitgehend so verlaufen, wie es bis Anfang der siebziger Jahre noch für die meisten Gastarbeiterkinder galt.

Auch die oben für die Ausländerballungsgebiete geforderten bikulturellen Schulen oder Sonderklassen dürfen nicht zu nationalen Enklaven werden, deren vornehmliche Funktion es ist, Ausländerfamilien auf direkte oder indirekte Weise leichter abschieben zu können. Es müssen hier nicht nur Sprache und Kultur des Herkunfts- und Aufnahmelandes äquivalent repräsentiert sein, auch die hier zu erlangenden Schulabschlüsse müssen für beide Länder gelten. Es gibt allerdings auch zahlreiche kritische Einwände gegen dieses konsequent bikulturelle Schulmodell, die vor allem auf der Befürchtung beruhen, daß die ausländischen Kinder hier in ein nationales Ghetto gedrängt werden könnten. Dieser Einwand kann zwar nicht ernst genug genommen werden, doch wird er stets nur von Autoren erhoben, die zwischen reinen (nur oder vorwiegend muttersprachlichen) Nationalschulen und konsequent bilingual-bikulturellen Schulformen nicht klar unterscheiden. Nach Peter Kühne werden außerdem »... diejenigen ›Ausländer‹ in der Bundesrepublik bleiben müssen und wollen, die hier aufgewachsen, ja zum Teil bereits hier geboren sind. Gerade ihnen wird – mehr noch als ihren Eltern – die Rückkehr in Länder der südeuropäischen Peripherie auch aus objektiv-wirtschaftlichen Gründen versperrt sein.«

Aber ist es denn nicht auch und ganz besonders auf das bisherige Bildungsangebot für Gastarbeiterkinder zurückzuführen, daß ihnen – bei denen Kulturkonflikte nicht selten noch stärker ausgeprägt sind als bei der ersten Immigrantengeneration – die Bewahrung ihrer ethnischen Identität so schwergemacht wurde, daß viele von ihnen schließlich in der Bundesrepublik bleiben müssen, gewollt oder ungewollt? Auch ein fehlender qualifizierter Schulabschluß oder die Verweigerung seiner

Anerkennung im Herkunftsland bieten schon genug Grund für ein geringes Heimkehrbedürfnis. Umso erstaunlicher ist es aber, daß jene Gastarbeiterkinder, die dennoch zurückwollen, ebenfalls sehr zahlreich, nach einigen Untersuchungen sogar in der Mehrheit sind.

Man mag zwar einwenden, daß auf solche kindlichen Äußerungen ebenso wenig zu geben ist wie auf die erklärte Rückkehrabsicht vieler ausländischer Eltern (diese Absicht dürfte auch heute noch bei dreißig bis fünfzig Prozent von ihnen bestehen). Doch bei einem nachträglichen Entschluß zum endgültigen Verbleib in der Bundesrepublik wäre – falls er überhaupt ermöglicht wird – mit der bikulturellen Schulausbildung nicht »nur« der ethnischen Identität dieser Kinder entsprochen worden, es entstünden daraus auch keine Probleme, wenn diese Schulausbildung, wie oben gefordert, mit einem auch hier geltenden qualifizierten Schulabschluß beendet wurde beziehungsweise die Übergangsmöglichkeit in deutsche Regelklassen (für Grund- und alle weiterführenden Schulen) stets gewährleistet bleibt.

Deshalb sind auch alle Reformen zur schulischen Versorgung der Gastarbeiterkinder sinnlos, wenn nicht zugleich entschieden dafür gesorgt wird, die Mißerfolgsquote ausländischer Schulabsolventen – sei es in deutschen Regelklassen oder in bikulturellen Bildungseinrichtungen – gewaltig zu senken und wenigstens an die der deutschen Hauptschüler anzunähern. (Die bei gegenwärtig über zwanzig Prozent selbst noch als skandalös bezeichnet werden muß!)

Solche Anstrengungen werden nicht zuletzt auch deshalb immer unumgänglicher, weil das Bildungsdebakel der ausländischen Kinder und Jugendlichen für die Bundesrepublik zunehmend zum sozialen Zündstoff wird, der leicht zur Explosion kommen kann: nicht nur, weil die Zahl der Gastarbeiterkinder in deutschen Schulen in den letzten Jahren sprunghaft gestiegen ist und – bei gleichzeitigem Rückgang der deutschen Schülerquote – auch weiterhin spektakulär zunimmt, sondern ganz besonders auch deshalb, weil in den nächsten Jahren immer mehr ausländische Schüler ihre Sozialisation hauptsächlich oder gar vollständig in der Bundesrepublik erfahren und damit auch ihre Lebensansprüche stärker an den hiesigen kulturellen Verhältnissen orientieren werden, weshalb von ihnen auch wesentlich anspruchsvollere Berufswünsche zu erwarten sind, als es bei den hier lebenden Gastarbeiterkindern bislang üblich war. Im Zusammenhang mit dem verbreiteten Ausbildungsnotstand und der

II. Die Eingeladenen: »Gastarbeiter«

voraussichtlich bis in die neunziger Jahre andauernden massenhaften Jugendarbeitslosigkeit in der Bundesrepublik zeichnet sich deshalb vor allem bei den Grund-, Haupt- und Berufsschulen der Ausländerballungsgebiete eine beträchtliche Interessenkollision zwischen deutschen Unterschichtenkindern und Gastarbeiterkindern ab, die sich dann wahrscheinlich in Form von ethnischen Auseinandersetzungen entladen dürfte.

Bei Fortbestand der gegebenen schulischen Verhältnisse werden sich vermutlich auch bald deutsche Eltern veranlaßt fühlen, gegen den Niveauverlust anzugehen, dem »deutsche« Regelklassen mit umfangreicher internationaler Besetzung bei einem nur für deutsche Kinder konzipierten Lernprogramm zwangsläufig erliegen müssen. An einer derartig erbitterten Konkurrenzsituation werden dann auch die besten inner- und außerschulischen Propaganda- oder Aufklärungsprogramme zum Vorurteilsabbau und zur politischen Solidarisierung nur wenig ändern können.

Angesichts der gegenwärtigen Situation der Gastarbeiter in der Bundesrepublik ist ebenfalls zu befürchten, daß auch künftig die ausländischen Jugendlichen, selbst wenn sie hier geboren sein sollten, auf unserem Arbeitsmarkt das Nachsehen haben werden. Auch wenn eine solche Diskriminierung keinesfalls als selbstverständlich hingenommen werden darf – Sprecher karitativer und (falls nicht gerade Wahlen bevorstehen) politischer Verbände werden es gewiß nicht an entsprechenden Appellen fehlen lassen –, so wäre es dennoch verantwortungslos, wenn die mit Gastarbeitern zusammenarbeitenden deutschen Vertrauenspersonen (zum Beispiel Lehrer, Sozialarbeiter, Geistliche) bei diesen die Illusion einer völligen Chancengleichheit von ausländischen und deutschen Jugendlichen aufkommen ließen.

Doch wie auch immer die Arbeitsmarktlage in der Bundesrepublik aussehen wird, eine qualifizierte Berufsausbildung wird für Gastarbeiterkinder – nicht nur, weil viele von ihnen keine dankbaren Hilfsarbeiter mehr sein werden – unerläßlich sein. Sie allein eröffnet ihnen (besonders in Verbindung mit einer bikulturell-bilingualen Schulausbildung) auch eine Berufsperspektive im Herkunftsland. Eine schlechte Ausbildung dagegen bildet eine Barriere für die Rückkehr: In allen Herkunftsländern der großen Gastarbeitergruppen ist nicht nur der Bedarf an ausgebildeten Facharbeitern weitaus größer als in der Bundesrepublik, sondern auch das Heer der Arbeitslosen.

Auch das müssen wir uns einmal vorstellen: daß die unzähligen, heute noch kleinen und niedlichen Ausländerkinder dereinst als ein Heer von schlecht ausgebildeten und deshalb arbeitslosen und verbitterten ausländischen beziehungsweise heimatlosen Jugendlichen das Straßenbild (vor allem in den Ballungsgebieten) unserer Städte bestimmen könnten. Für sie wäre selbst das Angebot an unqualifizierten, von Deutschen verschmähten Arbeitsplätzen nicht unerschöpflich. (Es bleiben bis in die achtziger Jahre circa 400.000, von denen der größte Teil von den älteren ausländischen Arbeitnehmern besetzt gehalten wird.) Und weder im Aufnahme- noch im Herkunftsland böte sich ihnen eine auch nur halbwegs erträgliche Perspektive für ihr weiteres Leben. Die aus ihrer Enttäuschung und Empörung resultierende Aggressivität würde der bundesdeutschen Gesellschaft dann gewiß erheblich mehr zu schaffen machen, als es selbst bei der besten sozialen und bildungsmäßigen Versorgung aller Gastarbeiterkinder der Fall wäre.

Nicht allein, um das Schlimmste abzuwenden, sollte man in der Bundesrepublik mit einer schleunigen und gründlichen Revision der Bildungsversorgung für Gastarbeiterkinder beginnen. Darüber hinaus bestehen dafür auch noch Gründe, die im eigenen wirtschaftspolitischen Interesse der Bundesrepublik liegen.

Zur Darlegung dieses Gedankens muß ich allerdings etwas weiter ausholen: In der Bundesrepublik, der zweitgrößten Handelsnation der Welt, ist die Wirtschaft in einem außerordentlichen Maße (jeder vierte Arbeitsplatz) abhängig vom Export. Doch seit einiger Zeit überbrücken viele der bisher weniger industrialisierten Länder mehr und mehr die technologische Lücke zu den bisherigen Industrienationen und decken – vor allem im Bereich technologisch relativ einfach zu produzierender Massenerzeugnisse der Konsumgüterindustrie – nicht nur in beschleunigt zunehmendem Maße ihren eigenen Bedarf, sondern treten auch selbst auf den internationalen Märkten als Anbieter auf. Nach Fritz W. Scharpf wird »... diese allgemeine Tendenz ... noch verstärkt durch die Entwicklung neuer und sehr leistungsfähiger Verfahren der Produktionsplanung und der automatischen Produktionssteuerung und Produktionskontrolle, die auch in so anspruchsvollen Produktionszweigen wie der Herstellung feinmechanischer, optischer oder elektronischer Geräte den Einsatz wenig qualifizierter Arbeitskräfte erlauben. Dafür spricht nicht nur der hohe Gastarbeiteranteil in unserer heimischen Industrie, sondern ebenso die beliebig aufzählbaren Beispiele einer erfolgreichen Verlagerung ›deutscher Wertarbeit‹ in die weniger entwickelten Länder ...« Die seit dem europäischen Gastarbeiter-Anwerbestopp vorangetriebene Remigration von Arbeitsemigranten dürfte diese Tendenz noch zusätzlich stärken.

Da der Anteil der Industrie am Bruttosozialprodukt nach Scharpf mit 46 Prozent in der Bundesrepublik wesentlich höher liegt als in anderen »klassischen« Industrieländern, wird, »... wenn es in den kommenden Jahren aufgrund von Veränderungen im internationalen Wirtschaftssystem zu industriellen Strukturkrisen in den entwickelten Ländern kommen sollte, ... die Bundesrepublik wegen ihres ungewöhnlich hohen Industrieanteils davon viel härter betroffen sein als andere Industrieländer«.

Bereits heute haben in der Bundesrepublik ganze Industriezweige, wie die Textilindustrie, die optische Industrie oder die Schuhbranche, ihr Produktionspotential unter dem Druck des Weltmarktes erheblich verringert. Die bundesdeutsche Industrie muß sich deshalb, wenn sie weiterhin exportieren und Arbeitsplätze erhalten will, umstellen auf den Bedarf anderer Länder.

Ähnlich sieht es auch Minister Hans Matthöfer: »Steigen wird auch der Bedarf an Infrastruktursystemen, Ingenieurleistungen und anderen know how-intensiven Dienstleistungen. Bei dem hohen Lohn-, aber auch hohen Qualifikationsniveau der Beschäftigten in unserem Lande und hervorragendem industriellen Wissensstand wird unsere Industrie gerade in solchen Bereichen ihre Wettbewerbsfähigkeit erhalten und womöglich ausbauen können ... Die deutsche Wirtschaft wird sich daher zunehmend auf anspruchsvolle technologieintensive Bereiche hin entwickeln und stärker spezialisieren müssen. Das sind vor allem Erzeugnisse

- der Investitionsindustrie und Produktionshilfsmittel, für die aufgrund der weltweiten Industrialisierung ein steigender Bedarf zu erwarten ist,
- mit denen durch die Anwendung fortschrittlicher Technologie und der hierzu erforderlichen Qualifikation der Arbeitskräfte eine starke qualitativ bedingte Wettbewerbsposition erreicht werden kann,
- die dem Kunden in aller Welt mit den Produkten ein hohes Maß an Systemwissen und technologischen Kenntnissen und Fähigkeiten anbieten und damit auch einen Entwicklungsbeitrag leisten.«

Auch dieser Entwicklungsbeitrag wird nicht nur aus purer Philanthropie angestrebt, sondern »durch Entwicklungspolitik schaffen wir uns Partner für morgen. Und neue Märkte für unsere Wirtschaft.« (Zeitungsanzeige der Bundesregierung vom 4. Juni 1976.) In diesem Zusammenhang weiß die Bundesregierung auch die Vermittlerfunktion von remigrationswilligen, handwerklich-technisch geschulten Gastarbeitern zu schätzen:

»Ein vorrangiges Ziel der Ausländerpolitik der Bundesregierung ist es, daß die Rückkehr ausländischer Arbeitnehmer in ihre Heimatländer auch von den Rückkehrern selbst als Chance für sie und für die wirtschaftliche und soziale Entwicklung ihrer Heimatländer verstanden wird. Diese Chance besteht in der planvollen Nutzung ihrer in der Bundesrepublik Deutschland erworbenen Kenntnisse und Fertigkeiten. Die Bundesregierung mißt der beruflichen und sozialen Wiedereingliederung rückkehrwilliger und zurückgekehrter Arbeitnehmer große Bedeutung bei und weist seit Jahren auf die entwicklungspolitischen Nutzungsmöglichkeiten der Rückwanderung hin. Sie wird hierzu, wie schon in der Vergangenheit, Kontakte mit den Herkunftsländern pflegen, Denkanstöße geben und Modelle entwickeln.«

Erste zaghafte Vorstöße in diesem Sinne werden bereits unternommen. So bildete das Bundesministerium für wirtschaftliche Zusammenarbeit – allerdings aufgrund einer Initiative, die von den Türken selbst ausging – 1976 einen Fonds zur Vergabe zinsgünstiger Kredite an türkische Gastarbeiter, die in ihre Heimat zurückkehren und dort ihre Ersparnisse in kleineren und mittleren Betrieben investieren wollen.

Erstaunlicherweise aber hat man bei den »Partnern von morgen« die Gastarbeiterkinder in der Bundesrepublik, von denen viele zu den Remigranten von morgen gehören werden, bisher offenbar völlig übersehen.

Ausländische Studenten hingegen wurden seit jeher nicht allein aus kosmopolitischer Gastfreundschaft zu einem Studium in der Bundesrepublik eingeladen, sondern auch und vor allem aus außen- und wirtschaftspolitischem Kalkül. So erklärte Hans Georg v. Studnitz bereits 1959: »Es ist in Deutschland noch viel zu wenig Allgemeingut, daß jeder bei uns studierende ausländische Student, zumal aus den unterentwickelten Ländern, von der deutschen Wirtschaft aus gesehen ein höchst interessantes Investitionsobjekt darstellt. Die Erfahrung lehrt, daß in diesen Staaten zu Ansehen, Würden, Reichtum und Macht gelangte Männer dem Land, in dem sie ihre Hochschulbildung genossen, eine lebenslängliche Anhänglichkeit bewahren, die sich in vielfacher Hinsicht niederschlägt ... Die lebensnotwendige Sicherung der Kontinuität des deutschen Exports gebietet es, daß wir so viele ausländische Studenten wie möglich in die Bundesrepublik ziehen.«

Zwar wird es vielleicht nicht vielen der in der Bundesrepublik ausgebildeten ausländischen Jugendlichen gelingen, »an die Spitze eines heimischen Industrieunternehmens« zu gelangen, für dieses selbst Aufträge zu vergeben und gleichermaßen »zu Ansehen, Würden, Reichtum und Macht« zu gelangen wie die heimgekehrten Akademiker. Es ist auch zu befürchten, daß nicht sehr viele von ihnen für die Bundesrepublik »eine lebenslängliche Anhänglichkeit bewahren« werden. Doch darf man ziemlich sicher sein, daß viele von ihnen, die hier eine gute bikulturelle Schulausbildung in Verbindung mit einer soliden handwerklich-technischen Berufsausbildung, die ihnen auch in ihrer Heimat von Nutzen ist, absolviert haben, damit dort einen technischen know how-Transfer leisten werden, der diesen Ländern ebenso zugutekommen kann wie der Bundesrepublik, an deren Investitionsgütern schließlich die Berufsqualifikationen erworben wurden. Es genügt eben nicht nur, Maschinen zu exportieren: Es sind auch am Ankunftsort Leute nötig, die damit umgehen können.

Damit gewinnt die Bundesregierung auf lange Sicht eine nicht zu unterschätzende Chance zur Stabilisierung, wahrscheinlich sogar zur Ausdehnung ihres Investitionsgüterexports. Und auch die in den Herkunftsländern begonnene industrielle Entwicklung, die angesichts der dort in einem für uns kaum noch vorstellbaren Maße verbreiteten Arbeitslosigkeit schnell vorangetrieben werden muß, ist auf diese Vermittlung angewiesen.

Eine in einem hochindustrialisierten Land wie der Bundesrepublik erworbene Berufsausbildung kann aber auch – in Ländern mit völlig anderen kulturellen und industriellen Gegebenheiten – zu einem totalen Fehlschlag werden.

Das läßt sich am Beispiel des von v. Studnitz unter anderem erwähnten Arztes verdeutlichen, der »an unseren Hochschulen ... in die Geheimnisse der ärztlichen Kunst eingeweiht wurde«, mit der er aber nicht selten in seinem Heimatland am Ende ist: Nach einer Erklärung des Hartmannbundes (die im Einklang mit dem Bonner Entwicklungsministerium abgegeben wurde) »... stammen von den in der Bundesrepublik tätigen

8.560 ausländischen Ärzten über 6.000 aus Entwicklungsländern. Die Ursachen für das Verbleiben im Ausland liegen einmal in der zwischenzeitlichen Entfremdung von den Heimatländern, in erster Linie aber in der für einen Einsatz im Heimatland nicht bedarfsbezogenen Ausbildung ... Die in den Industrieländern erworbenen Spezialkenntnisse können im Heimatland häufig garnicht angewendet werden. Die ärztliche Betreuung in Entwicklungsländern setzt nämlich in besonderem Maße Kenntnisse in der Allgemeinmedizin voraus ...«

Es wird also bei der Remigration von Gastarbeitern und/oder ihren heranwachsenden Kindern nicht nur durch eine mangelhafte Berufsqualifikation, sondern auch durch eine Fehlqualifikation Arbeitslosigkeit exportiert. (Oder aber die Remigration wird dadurch von vornherein verhindert.)

Außerdem kann ein verheerender Zuwachs an Arbeitslosigkeit in den Herkunftsländern auch dadurch bewirkt werden, daß sie mit Produktionsmitteln beliefert werden, die eine große Zahl von Arbeitskräften einsparen: Nach einem von Jan Tinbergen und anderen für die Weltbeschäftigungskonferenz der »International Labour Organization« vom 4. Juni 1976 verfaßten Bericht hat das mit dem Aufbau moderner Industrien in den Entwicklungsländern zu verzeichnende Wirtschaftswachstum die dort verbreitete Armut nicht nur nicht verringert, sondern in vielen Fällen eher noch verstärkt. »Bei einem Ansteigen des durchschnittlichen Pro-Kopf-Einkommens eines Landes auf 500 Dollar pro Jahr stiegen parallel dazu Ungleichheit und Massenarmut.« Und C. Plant, Mitglied des Verwaltungsrates des Internationalen Arbeitsamtes, erklärte auf derselben Konferenz, daß das gegenwärtige internationale soziale und wirtschaftliche Dilemma besonders darauf zurückzuführen sei, daß nach den bisherigen vorherrschenden Wirtschaftstheorien »die städtische Industrialisierung bevorzugt und das arbeitsintensive Potential der ländlichen Entwicklung vernachlässigt wurde«, wobei »bei der bisherigen Entwicklungspolitik zwei Grundziele der menschlichen Gesellschaft – soziale Gerechtigkeit und Gleichheit – den falschen Göttern eines ungezügelten Wachstums und Konsums geopfert wurden«.

Zwar wird es die Bundesrepublik nicht wagen können, in diesem Sinne unmittelbar in die politische Entwicklung anderer Nationen einzugreifen. Doch eine Berufsbildungspolitik für ausländische Jugendliche, die auch konsequent entwicklungspolitisch sein will, müßte es nicht

II. Die Eingeladenen: »Gastarbeiter«

nur vermeiden, diese potentiellen Fachkräfte für die Herkunftsländer auf eine blinde Fixierung gegenüber Produkten »made in Germany« abzurichten, sie müßte darüber hinaus für sie auch verschiedenartige Ausbildungsangebote bereithalten, die – über den (für die Bundesrepublik vielleicht einträglichsten) industriellen Sektor hinaus – auch den zusätzlichen spezifischen Bedürfnissen dieser Länder (zum Beispiel in den Bereichen der Landwirtschaft, der Fischerei undsoweiter) gerechtwerden. Für ein solches Berufsbildungsangebot müßte wohl besonders geworben werden.

Selbstverständlich sollte man auch hier realistisch bleiben und nicht vergessen, daß mit einer solchen Schul- und Berufsausbildung noch längst nicht alle Bedingungen hinreichend erfüllt sind, die eine Remigration handwerklich-technisch versierter Ausländer von nennenswertem Ausmaß und ihren qualifizierten Arbeitseinsatz im Herkunftsland bewirken, doch sie gehört zu den unbedingt notwendigen Voraussetzungen. Gut ausgebildete Facharbeiter werden außerdem spätestens in den achtziger Jahren auch hier benötigt.

Ohnehin darf es an der grundsätzlichen Integrationsbereitschaft der Bundesrepublik auch bei diesem schulischen Angebot nicht die geringsten Zweifel geben. Der Besuch einer bikulturellen Klasse darf deutsche Behörden nicht zu einer »vorrangigen« Abschiebung der Familien dieser Schüler animieren.

Ein breites Angebot der hier geforderten bikulturellen Schul- und Berufsausbildung für ausländische Kinder und Jugendliche ist zweifellos nicht billig zu haben. Doch eine gute Schul- und Berufsausbildung – das gilt für ausländische Kinder ebenso wie für einheimische – stellt keine Sozialleistung dar, sondern ist eine unverzichtbare und durch nichts zu ersetzende Investition für die wirtschaftliche Zukunft der Bundesrepublik (beziehungsweise der Herkunftsländer). Dabei sollte auch nicht vergessen werden, daß die notwendigen Kosten der längst überfälligen Infrastrukturmaßnahmen für unsere ausländische Bevölkerung von dieser durch ihren jahrzehntelangen, beträchtlichen Beitrag zum Sozialprodukt und zum Steueraufkommen der Bundesrepublik längst vielfach bezahlt wurden. [FH 10|1978]

Marianello Marianelli (Pisa)/Ilse Staff (Frankfurt a. Main)
»und es kamen Menschen«
Fragen eines Italieners zur bundesdeutschen Ausländerpolitik

Liebe Ilse,
ich weiß nicht mehr, wie oft, wie lange – lange Jahre – ich in Deutschland war, – so lange, daß ich das Gefühl habe, ich habe etwas – eine Hand, ein Bein – dort vergessen, das mich, wie manchen Amputierten, ab und zu schmerzt. Nur dieser vertraute Schmerz erlaubt mir, Fragen an Dich zu richten über Dein Land, die zwar kein Urteil sein wollen und dürfen; dazu habe ich weder die Kompetenz noch die Autorität, vor allem kein Recht; zu viel schmutzige Wäsche gibt es in meinem Land, als daß mir erlaubt sein könnte, vor fremden, obwohl nicht ganz fremden, Türen zu kehren (das wußte schon Goethe in Venedig).

Als ich Frankfurt vor wenigen Monaten verließ, hatte die Polizei den Bahnhof gesperrt: es brandete in der Stadt; damals hätte ich geschworen, mir täten die hunderttausend Bäume weh, die an der Startbahn West gefällt wurden, denn:»Wie viele bäume werden – gefällt, wie viele wurzeln – gerodet – in uns« (Reiner Kunze). Denke ich heute an Dein Land, so schmerzen in mir nicht so sehr seine verletzten Wälder (wie oft, übrigens – von den *Holzwegen* Heideggers zum *Waldgang* Ernst Jüngers –, sind die Wälder Zuflucht und Metapher der ramponierten »deutschen Seele« in den Sonnenfinsternissen der Geschichte) als die etwa fünf Millionen Menschen, die aus allen Gottes- beziehungsweise Allahländern nach Deutschland verpflanzt worden sind.

Jeder Ausländer, der von »rassistischen Nachklängen« im »Heidelberger Manifest« (*Die Zeit* vom 5. Februar 1982) liest, fällt in die üblich-üble Versuchung, sich zu fragen, ob in Deutschland tatsächlich, sogar akademischerweise,»der Handschlag mit Gespenstern« (um mit Martin Walser zu sprechen) vorexerziert wird. Ich weiß, daß die Sache so einfach nicht ist, daß es um eine Frage geht, die viel Vor- und Einsicht verlangt und daß Roland H. Wiegenstein Recht hat, wenn er mich warnt, man solle nicht, nicht in diesem Fall, vor dem falschen Baum, nämlich vor dem des Rassismus, zu laut bellen.

II. Die Eingeladenen: »Gastarbeiter«

Um zu verstehen, wie bitter ernst die Ausländerfrage bei Euch geworden ist, wie unvergleichbar ernster als bei uns (wo sie doch, selbst in Sizilien, auch wegen der nordafrikanischen Schwarzarbeiter, schon ziemlich giftig wird), braucht man nur die Kasbah des Marktplatzes Köln-Nippes zu sehen, wo selbst die Vöglein im grünenden Akazienviereck türkisch zwitschern; deutsche Freunde erzählen, sie fühlten sich weniger fremd in Pisa als dort, wo sie geboren wurden. Die Statistiken und Belege einer schleichenden Selbstverfremdung der deutschen Nation, die Bernhard Barkholdt in seinem Buch *Ausländerproblem, eine Zeitbombe?* herausstellt, stimmen nachdenklich; nachdenklicher aber, weil schon politisch gezielt, stimmt seine Argumentation, das deutsche Volk (könnte man nicht à la Brecht einfach »Bevölkerung« sagen?) sei nicht hinreichend über die Tragweite der Operation »Gastarbeiter« aufgeklärt, eher überlistet, betrogen worden, habe fast einen Dolchstoß erfahren. Was ist des Deutschen »Volk«? Gehören die deutschen Inhaber von Geschäften, Hotels, Betrieben, in denen Gastarbeiter beschäftigt sind, nicht zum deutschen Volk? Wußten sie nicht, wußten die großen und mittleren Unternehmer, die Kommunalverwaltungen nicht, was sie taten, als sie ausländische Arbeitskräfte anwarben? Gehören die Gewerkschaften, die doch wohl über die nationale Zusammensetzung der Arbeitnehmerschaft informiert sind, nicht zum deutschen Volk? Hat der (wissende) Teil dieses Volkes den anderen (angeblich unwissenden) Teil »betrogen«?

Demoskopische Untersuchungen beweisen, daß die Zahl der Jasager zur Beschäftigung von Ausländern in der Bundesrepublik kleiner ist und wird als die der Gegner, – was nichts an der Tatsache ändert, daß ein Teil der deutschen Wirtschaft den Beitrag der Ausländer zur Produktion nicht, noch nicht entbehren kann. Nur so läßt sich wohl auch erklären, warum die Politiker es bis heute vermieden haben, das Problem frontal anzugehen. Das wird erst dann geschehen, wenn es – und in dem Maß, in dem es – für die Wirtschaft opportun oder notwendig werden sollte. In diesem Moment dann könnte die Gastarbeiterfrage einen politischen Umschlag nach rechts beschleunigen, und eine neue Regierung könnte sie zum Anlaß nehmen, linksgesinnte ausländische Arbeitskräfte – »Die Guten ins Töpfchen, die Schlechten ins Kröpfchen« – zu diskriminieren, um rechtzeitig die »soziale Explosion« jener Zeitbombe zu verhindern, die für das Jahr 1995 prophezeit wurde. Kein Zweifel, daß die CDU/CSU bereit und fähig ist, diese Rolle zu spielen. Wie stellen sich aber

SPD und FDP dazu, und, last not least, die Grünen? Wie weit betrifft der Umweltschutz auch den Schutz vor »Überfremdung«?

Sage mir nicht, ich hätte zu lange unter dem Baum der modernen Erkenntnis – der Wirtschaft – geweilt, sähe deswegen den Wald der anderen Aspekte: das Menschliche, das Juristische der deutschen Ausländerpolitik nicht mehr. Du weißt – ich als Italiener weiß es noch besser –, wie sich in jedem Land die Wurzeln der Wirtschaft unterirdisch mit dem Wurzelwerk des Gesetzes verflechten. Du weißt aber auch, daß der deutsche Gesetzgeber sich bemüht hat, den Gastarbeitern besser, als es in anderen Ländern geschah, im Einklang mit Eurer Verfassung Rechtsschutz zu gewähren, ihnen sozusagen einen anständigen juristischen »Anzug« anzupassen. Heute aber läuft dieses Verdienst Gefahr, billige Münze zu werden; die Tugend hört auf (um Lessing zu variieren), patriotisch zu sein. Gerade in einer Zeit, da die Arbeitnehmerschutzgesetze durch die Praxis ausgehöhlt sind und »die freie Verfügungsbefugnis der Unternehmer über die Ware Arbeitskraft, eine Ware, die keinen anderen Behälter hat als menschliches Fleisch und Blut«, in der Bundesrepublik wiederhergestellt ist (so Bernd Klees im März 1982 in den *Frankfurter Heften*), kommt der juristische Anzug der ausländischen Arbeitnehmer einigen (wenigen) zu eng (daher der Ruf nach einer Verbesserung der Rechtsstellung der Ausländer), den meisten aber zu weit vor (daher wohl die staatlichen Maßnahmen zur Begrenzung des Familiennachzugs in Deinem Land). Aber ist es – wie man bei Euch so trefflich sagt – rechtens, Ausländern Rechte zu nehmen, die man ihnen einräumte, als die Sterne am Wirtschaftshimmel der Bundesrepublik günstiger standen?

Über Menschlichkeit, Mitmenschlichkeit sollte man sich ohnehin nicht zuviel Illusionen machen. Es scheint schwierig zu sein für die Deutschen, durch die »moderne Völkerwanderung« neue Grenzziehungen zu wagen zwischen »innerem« und »äußerem« Leben, zwischen deutschem Alltag und türkischen, italienischen, griechischen, jugoslawischen Ferien. Es ist sehr viel leichter, neapolitanische Wäscheleinen mit der flatternden Habe ihrer Besitzer auf Farbphotos zu bannen, als mit dieser Beflaggung fremder Armut auf deutschem Boden konfrontiert zu werden; eine solche Konfrontation wirkt provozierend, zwingt, Stellung zu nehmen. Selbst eines der menschlichsten Dinge erweckt – so will es mir scheinen – nur Bedauern, ja Abwehr in den meisten Deiner Landsleute: die Tatsache, daß Eros das Konzept des Merkur (»Gott des Handels und der Diebe«)

durchkreuzt hat. Gott Merkur hat nicht bedacht, daß so viele Deutsche Ausländer lieben und heiraten würden, daß so viele Kinder geboren würden. Ein Sieg des Lebens – möchte man sagen – über und durch die Wirtschaft, – und doch in der Realität nichts als ein Pyrrhus-Sieg. Als ich die Mitarbeiter der IAF (»Interessengemeinschaft der mit Ausländern verheirateten deutschen Frauen«) in Deiner Stadt besuchte, erfuhr ich, wie teuer eine neue Generation den Preis des Wirtschaftswunders bezahlt, wie schwer der Weg in ihre Zukunft ist, wie leicht es ist, über Griechen und Türken zu reden, wie schwer, mit Türken und Griechen zu sprechen, wie schwer, den Helfern zu helfen. Wie weit helfen die Vertreter der Gewerkschaften und der Politik – und die Juristen?

Und doch, – meinst Du nicht, daß wenigstens für einen Teil dieser jungen Ausländergeneration eine neue Zukunft bereits begonnen hat? Ein, freilich indirektes, Zeichen der sogenannten Integration könnte die Wandlung des Bildes vom italienischen Gastarbeiter in der deutschen Literatur sein, wie Liborio Rubino ihn skizziert hat (in *Quaderno 14* der Universität Palermo, 1981). Das folkloristisch-verspottende Bild des italienischen Gastarbeiters ist längst vergessen; auch der Typ des politisierten, oft wegbereitenden Südländers (wie ihn Max von der Grün, Peter Chotjewitz, Günter Wallraff, Friedrich E. Kahler, Peter Schneider variiert haben) ist nicht mehr aktuell. Der Kalabrese Riccardo, übrigens keine fingierte Person, im *Leben im Gelobten Land* von Max von der Grün, ist schon ein Prototyp des integrierten »Deutsch-Italieners von morgen, wenn es ihn überhaupt geben wird« (Rubino). Wenn! Dein Volk, das bisher seine Identität weder in seinem Wohlstand noch in der (damit unmittelbar zusammenhängenden) Rationalisierung seines Lebens gefunden hat, konnte in dreißig Jahren die Gegenwart von Ausländern nicht bewältigen. Das hat allerdings der Riese Amerika auch in drei Jahrhunderten nicht vermocht; es von den Deutschen ad hoc zu verlangen, wäre absurd. Was ich aber uns, Dir und mir, wünschen möchte, ist viel weniger und zugleich viel mehr; im folgenden klingt es an: Vor zwölf Jahren (1970) wurde auf dem Bundeskongreß der Jungsozialisten behauptet: »Diese diskriminierten angeworbenen ausländischen Arbeiter haben aber eine wichtige Stellung im Kampf der Arbeiterklasse. Sie können mit ihrer Wanderung zur Internationalisierung des Klassenkampfes beitragen.« (Vergleiche das Schwarzbuch *Ausländische Arbeiter*, Frankfurt 1972.)

Wie die Zeit vergeht: Heute droht die Ausländerfrage zur Involution der deutschen Politik beizutragen. Ich wünsche Dir und mir, daß die objektiv komplizierte, ziemlich ungeheure Frage der Gastarbeiter – besonders der Türken – nicht aus politisch-internen Gründen auf die Polarität Deutsche/Ausländer versimpelt wird. Denn Du weißt – wir haben es nicht vergessen –, was es bedeuten könnte, wenn das Sternbild des »Sündenbocks«, des Volksfeindes, wieder am deutschen Himmel aufsteigen sollte.

Ciao! Marianello

Lieber Marianello,
Dein Brief, Deine Reaktionen auf die Ausländerpolitik in meinem Land (denn mag man noch so sehr gegen diese oder jene Politik seines Landes opponieren, man gehört »dazu«, wird mit ihr identifiziert, ja identifiziert sich selbst mit ihr, ist täglich neu betroffen) sind wie ein Seismograph, der mit behutsamer Schärfe die politischen Strömungen in der Bundesrepublik registriert. Wäre ich mit dem nötigen Nationalstolz erfüllt, mit den klebrigen Eierschalen des wilhelminischen Reiches behaftet, so würde ich Dir ein gaukelndes, buntschillerndes Bild vom internationalen Flair meines Landes, meiner Stadt malen. Ich würde Dir erzählen von einem Sommerfest in Frankfurt-Höchst mit den Türken, auf dem unter den giftigen Schwaden der Schornsteine der Höchst-AG die Feuer glühten, auf denen Lammfleisch brutzelte, wo es nach Minze und Schafskäse duftete. Ich könnte Dir von der Commedia dell'arte des »Teatro Siciliano«, ihrer traurig-heiteren, auch bissigen Selbstironie berichten und vom Ausklang des Abends in einer der griechischen Weinstuben meiner Stadt.

Und weißt Du noch, wie wir gemeinsam durch die Markthalle schlenderten, die Lammkeule bei den Marokkanern, die Oliven bei den Spaniern, den Käse bei den Italienern und schließlich das Honiggebäck bei den Türken kauften? Vieles hast Du noch garnicht gesehen, nicht miterlebt: zum Beispiel das Haus der »Internationalen Begegnung«, die Berufsbildungszentren für Ausländer und Deutsche des Internationalen Bundes für Sozialarbeit, die Ausländer-Beratungsstellen und vieles mehr. Ist das nicht alles beeindruckend, kennzeichnet es nicht unsere sprichwörtliche Tüchtigkeit auch in Sachen Ausländerpolitik, sind wir

II. Die Eingeladenen: »Gastarbeiter«

nicht – vielleicht – entgegen allen pessimistischen Prognosen auf dem Weg, parallel zu den großen Bewegungen internationaler Verflechtung in Wirtschaft und Politik unsere Identität in einer Multi-Nationalität zu finden? Wo sind die Risse im Gemäuer, durch die das Gespenst des von Dir apostrophierten »Volksfeindes« in unser politisches Leben zu gleiten droht?

Es sind nicht nur Risse; die emotionale Abwehr gegen die ausländischen Mitbürger – insbesondere gegen die Türken –, ja die Ausländerfeindlichkeit ist wie eine Flut, der die Dämme des Gesetzes und des menschlichen Anstandes nur mühsam standhalten. Die Tatsache, daß zum Beispiel 12 Prozent der berliner, etwa 25 Prozent der frankfurter Einwohner Ausländer sind, daß sich (wegen der hohen Mieten in den »besseren« Wohnvierteln) Ausländer-Ghettos gebildet haben, es in Berlin-Kreuzberg Straßen gibt, die zu 100 Prozent von Ausländern bewohnt werden, hat zu einer sozialen Konfliktlage geführt, die typisch ist für das – relativ unvorbereitete und deshalb rational kaum verarbeitete – Aufeinanderprallen von Gruppen unterschiedlicher Sozialstruktur.

Typisch ist allerdings auch, daß ein denkbarer Rationalisierungsfaktor der emotionalen Abwehr von Ausländern ganz offensichtlich verdrängt wird, die Einsicht nämlich, daß – um Dir ein Beispiel aus meiner Stadt zu geben – 60 Prozent der Toilettenreiniger, 52 Prozent der Mülltonnenschlepper, 93 Prozent der Straßenkehrer beim Frankfurter Stadtreinigungsamt Ausländer sind, ganz zu schweigen von den vielen Ausländern im Dienstleistungsgewerbe, in der gewerblichen Wirtschaft, der Industrie, daß wir also ohne sie buchstäblich im Dreck ersticken würden. Daß diese Einsicht verdrängt wird, tritt deutlich dadurch zutage, daß hinsichtlich der Beschäftigung von Ausländern in Berufen mit niedrigem Sozialprestige kein »Brotneid« entsteht; dies zeigt sich auch an der vehementen Gegenwehr deutscher Arbeitnehmer gegen die neue Regelung, durch die Arbeitslose verpflichtet werden, auch niedriger qualifizierte Arbeit zu tun.

Aber dies alles ist gleichsam nur eine Hintergrundskizze, um die drängende, bedrängende Problematik Deiner Sorgen um mein Land zu unterstreichen. Du fragst, was unsere Politiker, unsere Gewerkschafter, was wir Juristen gegen die sich zuspitzende sozialpolitische Lage in unserem Land tun? Darf ich Deine Frage variieren? Zu fragen wäre – in meiner Sicht –, was haben sie, was haben wir alle in den vergangenen Jahren zu tun versäumt? Denn es geht ja nicht in erster Linie um die Verhinderung des Zuzugs von sogenannten Wirtschaftsasylanten oder um neue Anwerbemaßnahmen von Ausländern; es geht vordringlich – auch in Deinem Brief – um eine humane Bewältigung der Situation der ausländischen Arbeitnehmer und ihrer Familien, die wir selbst durch eine sehr bewußte, gezielte Wirtschaftspolitik in unser Land geholt haben, ohne die Folgekosten zureichender sozialpolitischer Maßnahmen zu übernehmen. Max Frisch hat bereits 1967 die klaffende Diskrepanz zwischen bundesdeutscher Wirtschaftspolitik einerseits und der Arbeits- und Sozialpolitik anderseits mit Prägnanz umschrieben: »Man rief Arbeitskräfte und es kamen Menschen«.

Es war 1955, als der auch durch den Koreakrieg bedingte Wirtschaftsaufschwung in der Bundesrepublik auf dem westdeutschen Arbeitsmarkt zu zunehmenden Spannungen und zur Forderung der Arbeitgeber führte, ausländische Arbeitskräfte anzuwerben. Um Deine Landsleute ging es zuerst: Am 20. Dezember 1955 trat eine Anwerbevereinbarung mit Italien in Kraft, in deren Artikel 16 I unter bestimmten Voraussetzungen ein Familiennachzug explizit vorgesehen war. Am 29. März 1960 folgte ein deutsch-spanischer, am 30. März 1960 ein deutsch-griechischer Vertrag über die Anwerbung von Dauerarbeitskräften; am 30. Oktober 1961 wurde eine Anwerbevereinbarung mit der Türkei abgeschlossen; am 17. März 1964 wurde die deutsch-portugiesische, am 12. Oktober 1968 die deutsch-jugoslawische Anwerbevereinbarung wirksam.

Kennzeichnend für die Anwerbung ausländischer Arbeitskräfte war, daß die Verteilung ausländischer Arbeitnehmer auf freie Arbeitsplätze nicht zentral von der Bundesanstalt für Arbeit vorgenommen wurde, daß die Arbeitsvermittlung vielmehr unmittelbar aufgrund der von den Arbeitgebern erteilten konkreten Aufträge und nach deren Überprüfung durch die zuständigen Stellen der Arbeitsverwaltung erfolgte. – Du hast also recht: Arbeitgeber und staatliche Verwaltung wußten, was sie taten.

Die Modalitäten der Aufenthalts- und Arbeitserlaubnis für Ausländer, wie sie von den zuständigen Stellen der Bundesrepublik geregelt wurden, erfuhren aufgrund des »Vertrags zur Gründung der Europäischen Wirtschaftsgemeinschaft« vom 25. März 1957 eine relativ großzügige Ausweitung zur Herstellung der Freizügigkeit der Arbeitnehmer in der

II. Die Eingeladenen: »Gastarbeiter«

Gemeinschaft, die sich besonders für Deine Landsleute positiv auswirkte. Die wachsende Zahl ausländischer Arbeitnehmer war schließlich Anlaß für den wohl einschneidendsten Schritt in der bundesdeutschen Ausländerpolitik: die Verabschiedung des Ausländergesetzes vom 1. Oktober 1965 (Bundesgesetzblatt I, Seite 353).

In der amtlichen Begründung zum Entwurf des Ausländergesetzes klingen bereits die Grundakkorde an, die – je nach wirtschaftlicher und politischer Wetterlage – in Dur oder Moll die Ausländerpolitik in Form einer unterschiedlichen Interpretation der ausländergesetzlichen Regelungen begleiten sollten: Man bekennt sich in der amtlichen Begründung des Gesetzentwurfs zu einer »liberalen und weltoffenen Fremdenpolitik«, verdeutlicht aber – mit einem Rückfall in den polizeistaatlichen Jargon –, daß Ausländer zum Aufenthaltsstaat Bundesrepublik »nicht in einem Treue- und Rechtsverhältnis mit eigenen Rechten und Pflichten« stehen; »ihnen gegenüber handelt der Staat nach Zweckmäßigkeitserwägungen, die nach politischen Zielen ausgerichtet sind«. In der Tat, – politische Zweckmäßigkeitserwägungen und nicht die so gern zitierten »Grundwerte« unserer Verfassung, deren unmittelbarer Bezug zu den Menschenrechten nachdrücklich unterstrichen wird, haben die Ausländerpolitik der Bundesrepublik bestimmt und bestimmen sie noch.

Die ausländerrechtlichen Regelungen über Aufenthalts- und Arbeitserlaubnis sind zwar grundsätzlich durchaus liberal; so kann zum Beispiel Ausländern, die seit mindestens fünf Jahren rechtmäßig in der Bundesrepublik leben und die »sich in das wirtschaftliche und soziale Leben der Bundesrepublik Deutschland eingefügt haben«, eine räumlich und zeitlich unbeschränkte Aufenthaltsberechtigung eingeräumt werden (Paragraph 8 Ausländergesetz); Ausländer unter sechzehn Jahren bedürfen keiner Aufenthaltserlaubnis. Allerdings: Abgesehen von mehreren anderen Ausweisungsmöglichkeiten, so zum Beispiel bei Gefährdung der freiheitlich demokratischen Grundordnung oder der Sicherheit der Bundesrepublik, ist die Ausweisung eines Ausländers gemäß Paragraph 10 I 11 dann vorgesehen, wenn seine Anwesenheit »erhebliche Belange der Bundesrepublik Deutschland« beeinträchtigt. Diese Bestimmung, die nach den zum Ausländergesetz erlassenen Verwaltungsvorschriften »der Natur der Sache nach« (Du mußt wissen, daß Juristen stets dann mit der »Natur der Sache« argumentieren, wenn ihnen eine schlüssige rationale Begründung fehlt) »weit« auszulegen ist, wobei nicht nur »in der Person des Ausländers« liegende Gründe, sondern »auch Gründe politischer oder wirtschaftlicher Art sowie Belange des Arbeitsmarktes zu beachten« sind, sollte zum Instrumentarium der Exekutive werden, je nach politischer oder wirtschaftlicher Situation die Rechte der Ausländer zu steuern.

Zu welch teilweise grotesken Widersprüchen es bei Anwendung des Ausländergesetzes zulasten der ausländischen Arbeitnehmer gekommen ist, wird für Dich deutlich, wenn Du bedenkst, daß zum Beispiel gemäß Paragraph 120 Bundessozialhilfegesetz auch Ausländer ein Recht auf Sozialhilfe haben, daß aber nach Paragraph 10 I 10 Ausländergesetz gerade die Inanspruchnahme von Sozialhilfe Grund zur Ausweisung eines Ausländers sein kann, – ein nahezu auswegloses Dilemma für ausländische Arbeitnehmer in einer sozialen Notlage. Immerhin: Die Maßnahmen der Ausländerbehörde, der Exekutive also, fanden ein Korrektiv in der bundesdeutschen Rechtsprechung, die erst zögernd, dann aber mit durchaus eindeutiger verfassungsrechtlicher Präzision den Ausländern das zukommen ließ, was Du als »anständigen juristischen Anzug« bezeichnest: Ausländern wurde im Hinblick auf ihre eigene Aufenthaltserlaubnis und diejenige ihrer Familie der Schutz von Ehe und Familie (Artikel 6 I GG) zugesprochen; die Anwendung der Rechtsstaatsprinzipien, nämlich des Verhältnismäßigkeitsgrundsatzes, des Übermaßverbotes und des Vertrauensschutzes, wurde zur Regel.

Das war und das ist die verfassungsrechtliche Situation, die dem entspricht, was als »freiheitlich demokratische Grundordnung« bezeichnet wird, der wir – so die Präambel des Grundgesetzes – in »Verantwortung vor Gott und den Menschen« verpflichtet sind. Dies alles ist inzwischen in einen Strudel exekutiver Maßnahmen geraten. Nachdem mit Erlaß des berliner Innensenators vom 20. November 1981 eine Einschränkung des Familiennachzugs der Ausländer beschlossen worden war, dem entsprechende Richtlinien in Schleswig-Holstein und Baden-Württemberg folgten, nachdem sich der frankfurter Oberbürgermeister Wallmann entschieden für einen Zuzugsstopp von Ausländern ausgesprochen hatte, ergingen die »Beschlüsse des Bundeskabinetts am 2. Dezember 1981 zur sozialverantwortlichen Steuerung des Familiennachzugs von Ausländern aus Nicht-EG-Staaten«, die inhaltlich von allen Bundesländern übernommen wurden. Inwieweit diese Steuerung »sozialverantwortlich« erfolgen soll, wird nicht gesagt, wohl aber werden mit aller Deutlichkeit bestimmte Personengruppen vom Nachzug in die Bundesrepublik ausgeschlossen, so zum Beispiel unter anderem sechzehn- bis siebzehnjährige Jugendliche und alle Angehörigen von Ausländern, die sich »in der Bundesrepublik zur Aus- und Fortbildung sowie als Werkvertragsarbeitnehmer aufhalten«.

Diese Beschlüsse widersprechen nicht nur unserer Verfassung (Artikel 6 I), sondern gleichfalls den für uns bindenden Verpflichtungen der Europäischen Sozialcharta (Artikel 19 VI) und der KSZE-Schlußakte vom 1. August 1975. Dennoch hat sie der Deutsche Gewerkschaftsbund am 17. Dezember 1981 ausdrücklich begrüßt, desgleichen mit einer Entschließung vom 26. Januar 1982 der Deutsche Städtetag. Alle, die politischen Gremien, die Parteien, die Gewerkschaften sprechen von der Notwendigkeit »aktiver Integrationshilfe«, die die restriktive Ausländerpolitik flankieren soll.

Die Frage ist nur, wie der soziale Zündstoff, der sich durch den Mangel an einer gezielten Sozial- und Bildungspolitik während einer nahezu dreißigjährigen ausschließlich wirtschaftspolitisch gesteuerten Ausländerpolitik angesammelt hat, entschärft werden soll. Es ist – wie Du es ausdrückst – eine »ziemlich ungeheure« Frage; in mir persönlich ist der entschiedene Widerstand gegen eine Politik, die die Ausländer zum »Sündenbock« abstempelt und sie – zumindest teilweise – rechtlos stellt, genauso groß wie die Angst vor einem Fremdenhaß, dessen Konturen sich in der Bundesrepublik immer schärfer abzeichnen. Was es neuerdings zu betonen gilt: Es geht um die Bewältigung einer der dringlichsten Probleme bundesdeutscher *Innen*politik, nicht aber um eine außenpolitische oder deutsch-deutsche Frage. Inzwischen ist nämlich eine – angesichts der westlichen und östlichen Nachrüstungspolitik – besonders pikante Variante einer Begründung der Ausländerstopp-Politik aufgetaucht: Als Teil »eines gespaltenen Landes« sei die Bundesrepublik verfassungsrechtlich verpflichtet, sich nicht »vom anderen Deutschland« fortzuentwickeln; insofern sei es ein Gebot des Grundgesetzes, »den gefährlichen Tendenzen einer Verschmelzung« mit fremden Minderheiten entgegenzuwirken (so der Generalsekretär des Deutschen Roten Kreuzes Dr. Hans-Jürgen Schilling in *Die Zeit* vom 21. November 1980; inhaltlich ähnlich ein Entschließungsantrag der Bundestagsfraktion der CDU/CSU, Pressedienst der Fraktion der CDU/CSU vom 20. Januar 1982). Aber diese sehr spezielle Variante deutschen Denkens ist wohl selbst für einen Ausländer wie Dich, der so lange in Deutschland gelebt hat, kaum nachvollziehbar.

Herzlichst! Ilse
[FH 6|1982]

Klaus Rave
Deichbruch durch die Welle des Ausländerhasses

Wenn auf Plakaten das Recht auf Heimat für jeden gefordert wird, dann hört und liest man das und erinnert sich vielleicht an die 50er Jahre. Sieht man dann genauer hin und erkennt, daß es heißt »jedem seine Heimat« – wobei das Wort »seine« andersfarbig gedruckt und unterstrichen ist – das Ganze gehalten in schwarz-weiß-rot, da wird man schon stutzig.

Wenn im Land zwischen den Meeren in der Fördestadt Kiel auf Flugblättern und Handzetteln mit dem Symbol der Welle geworben wird, dann ist das mehr als der Bezug auf das nasse Element vor der Tür, sondern weist hin auf die Gefahren der See, gegen die es Deiche zu errichten gilt, will man nicht ertrinken. Wenn die Welle dann die »Ausländerflut« versinnbildlichen soll, dann wird schon klarer, wo es längsgeht: Eine politische Gruppierung will auf einer Woge mitschwimmen, die aus einem braunen Gefühlsbrei von Ausländerhaß und Ausbildungsplatzangst genährt wird.

Die schleswig-holsteinische Kommunalwahl vom 7. Januar 1982 brachte für die Sozialdemokraten nicht nur eine bittere Niederlage, sondern manifestierte bundesdeutsche Ausländerfeindlichkeit auch erstmals wahloffiziell mit einem Ergebnis von 3,8 % Stimmen für eine »Kieler Liste für Ausländerbegrenzung« (KLA). In allen 27 Kieler Wahlbezirken waren sie angetreten, Pensionäre und Hausfrauen, Rentner, Freiberufler, eine Studentin, die Jahrgänge 1900 bis 1962. Personen und Programme, Plakate und Parolen mit einer Botschaft: Deutsche wehrt Euch, Ausländer raus! In der Satzung – laut Beschluß der Mitgliederversammlung vom 25. September und 5. November 1981 – liest sich das dann so: *§ 1 – Ziel und Name*

II. Die Eingeladenen: »Gastarbeiter«

1. Die Wählergruppe Kieler Liste für Ausländerbegrenzung ist eine Schutzgemeinschaft der einheimischen deutschen Bürger Kiels.
2. Die Wählergruppe Kieler Liste für Ausländerbegrenzung will die Interessen der einheimischen deutschen Bürger Kiels in Zusammenhang mit dem »Ausländerproblem« wahrnehmen.
3. Die Wählergruppe Kieler Liste für Ausländerbegrenzung will insbesondere zur Abwendung von Folgeproblemen, Folgebelastungen und Folgekosten für die einheimischen deutschen Bürger Kiels tätig werden.

Dann werden Mitglieder geworben:

»Sehr geehrter deutscher Bürger! Meinungsforschungsinstitute stellen seit Jahren bis heute immer wieder fest, daß die Mehrzahl der Deutschen nicht hinter der herrschenden Ausländerpolitik steht. Die Politiker der drei Bundestagsparteien sind offenbar auch nicht bereit, über diese das Sein oder nicht Sein des Deutschen Volkes entscheidenden Schicksalsfrage ernsthaft zu sprechen, zu der das Ausländerproblem in der Bundesrepublik Deutschland geworden ist. Wir gehen davon aus, daß auch Sie zu dem Kreis verantwortungsbewußter Deutscher zählen, die sich, angesichts dieser verhängnisvollen Fehlentwicklung in Westdeutschland zu einem Vielvölkerstaat – trotz jüngster Äußerungen der Bundesregierung – aufgerufen fühlen und bereit sind, Mitglied der Kieler Liste für Ausländerbegrenzung zu werden.«

Und natürlich mußten Spenden her: »Da wir davon ausgehen, daß auch Ihnen als alteingesessenes Kieler Unternehmen die Geschicke der Stadt Kiel am Herzen liegen, wenden wir uns heute an Sie ...«

Schließlich gibt man sich ein Programm: »In der Erkenntnis, daß seit Kriegsende der größte Teil unseres Volkes in der Bundesrepublik Deutschland zusammengedrängt ist und der Platz für die Aufnahme von Flüchtlingen anderer Kontinente fehlt, daß die Bundesrepublik mit einer Wohndichte von 247 Einwohnern je km^2 zu den dichtbesiedelsten Gebieten der Erde gehört (...), daß unser gesamtes Staatswesen schon heute an den Folgen dieser Überbevölkerung und der damit verbundenen Überindustrialisierung sowie Landschaftszerstörung krankt, daß unsere heimische Landwirtschaft unser Volk schon jetzt nicht mehr in Krisenzeiten ernähren kann, daß ein immer höherer Einsatz von chemischen Mitteln zur Ertragssteigerung in der Landwirtschaft Raubbau am Erbe unserer Kinder und an ihrer Gesundheit bedeutet, daß unsere Umweltbelastung längst ihre Grenze überschritten hat, in dem Flüsse stinkende Abwässer geworden, Industriezentren vom Smog bedroht sind, der Grundwasserspiegel sinkt und chemische wie atomare Verseuchung ebenfalls nicht mehr auszuschließen ist, daß die Probleme des Massenverkehrs längst die Planungsbehörden überfordern und ein Ausgleich mit den Interessen der Landeskultur nicht mehr möglich erscheint, daß menschenfeindliche Betonhochhäuser und Trabantenstädte die neurotischen Massenkrankheiten, Drogensucht und die Neigung zu Gewalttaten sprunghaft vermehrt haben, daß die zunehmende Durchdringung unseres Volkes mit Zuwanderern aus aller Welt Rassenunruhen wie in Amerika, England und Holland heraufbeschwört, daß die Integration jedes einzelnen Ausländers DM 270.000 kosten würde, Bund, Länder und Gemeinden jedoch überschuldet sind und ihre Leistungsfähigkeit erschöpft ist, ebenso wie die jedes einzelnen, daß ein weiterer Zuzug von Menschen anderer Kontinente daher lebensbedrohend wäre und unserem gesamten Volk wie auch jedem einzelnen nicht wiedergutzumachenden Schaden zufügen würde, daß die drei Bundestagsparteien diesen Gefahren gegenüber versagt haben, hat sich die Wählergruppe Kieler Liste für Ausländerbegrenzung als eine Schutzgemeinschaft der einheimischen deutschen Bürger Kiels gebildet.«

Volk ohne Raum, Umweltschutz durch »Ausländerstop«.

Forderungen werden aufgestellt »im Gastarbeiterbereich«, im »Asylantenbereich«, »für beide Ausländergruppen«. Der Aufenthalt soll auf drei Jahre begrenzt werden, Familienzuzug kommt nicht in Frage, »da eine Einwanderung als unerwünscht gilt und dadurch unnötige Härten für die Kinder vermieden werden können«; getrennte Schulen oder Schulklassen sind für eine Übergangszeit einzurichten: Apartheid in Kiel. Sozialhilfe soll bei Asylanten nur noch an »nachweislich politisch Verfolgte« gezahlt werden und ist auch bei entsprechender Anerkennung auf ein halbes Jahr zu beschränken. Die deutsche Volksgemeinschaft bleibt sozial-solidarisch unter sich. Und für alle Ausländer soll gelten »keine Gewährung von bevölkerungspolitisch wirksamen Leistungen wie Kindergeld, Wohngeld und Ausbildungsbeihilfen …; sofortige Abschiebung jedes straffällig gewordenen Ausländers«: Gleiches Recht für alle Deutschen.

II. Die Eingeladenen: »Gastarbeiter«

Die industrielle Reservearmee soll arbeiten, wenn und solange sie gebraucht wird, mehr nicht. Daß der Umgang mit unseren ausländischen Kolleginnen und Kollegen mit der Frage des politischen Asyls in einen Topf geworfen wird, kann nicht verwundern. Schließlich haben sie alle eines gemein: nicht deutsch zu sein, vielleicht gar eine dunkle Hautfarbe zu besitzen.

Denn daß man in »gute« und »schlechte« Ausländer differenziert, mußte zum Beispiel Klaus Matthiesen, Oppositionsführer im Kieler Landtag, erfahren, als er auf einer Informationsveranstaltung zum Thema »Asylanten – unsere lästigen Mitbürger« massiv von Anhängern der KLA gestört wurde. Die Argumente waren unüberhörbar nationalistisch-rassistisch: Polen hätten wenigstens eine weiße Hautfarbe.

Erschreckend die große Zahl Jugendlicher, die sich um den Sprecher der KLA, Regierungsdirektor Fritjof Berg, scharte.

Zu weiteren Störungen auf Veranstaltungen der SPD durch Vertreter der KLA kam es nicht. Auch eigene Versammlungen wurden nicht durchgeführt. Die KLA beschränkte sich stattdessen auf eine flächendeckende Plakataktion – möglichst hoch an den Laternenpfahl gehängt, oft genug waren die »jedem seine Heimat-Parolen« am nächsten Morgen verschwunden, nur um in der folgenden Nacht erneuert zu werden, ein heimlicher Kleinkrieg. Und vor allem wurde von Stimmbezirk zu Stimmbezirk nach und nach ganz Kiel mit den Faltblättern der KLA beliefert:

»Die Bundesrepublik Deutschland ist Heimat und Wohnstatt der Deutschen wie die DDR, aber kein Einwanderungsland! Und wie sieht die Praxis in Kiel aus?« Fazit nach Zitat einiger Pressestimmen:

»Wie lange noch? So darf es nicht weitergehen! Und das will die KLA: Keine Ausländerfeindlichkeit, aber Ausländerbegrenzung. Die KLA lehnt jede Entwurzelung fremder Völkerschaften und den Versuch ihrer Germanisierung ab.«

So ist das also. Doch, wer nun erwarten würde, daß eine kräftige polemische Keule gegen Ausländer geschwungen würde, der sieht sich getäuscht. Die Flugblattexte der KLA sind geschickter: Einerseits wird der »Kostenfaktor Ausländer« in den Vordergrund gestellt, andererseits auf die »Inhumanität der Integration« hingewiesen, die doch den Türken gleichsam mit Gewalt seiner nationalen Identität berauben wolle und schließlich und vor allem beherrscht man die Kunst des Zitierens. Von der *WELT* bis zur *FAZ* und den lokalen *Kieler Nachrichten* werden Auszüge aus Berichten zum Thema Ausländer wiedergegeben. Und wo der passende Bericht fehlt, bezieht man sich auf einen geeigneten Leserbrief; den findet man immer: »Des Volkes Stimme«. So wird vermieden, eine eigene Stellungnahme abzugeben, mit der man sich politisch auseinandersetzen könnte, deren völkerverhetzender Gehalt auf die KLA zu beziehen und für die volle presserechtliche Verantwortung zu übernehmen wäre.

Und auch die NDR-Berichterstattung in »Binnenland und Waterkant« ließ die KLA nicht aus. Ihr Sprecher Berg ließ sich die Chance nicht entgehen, für die Ziele der KLA im Rahmen eines Interviews zu werben, »... daß Schaden vom deutschen Volk ferngehalten wird, so wie es die oberste verfassungsrechtliche Pflicht aller regierenden Politiker in der Bundesrepublik ist.« Und abschließend auf die Frage: »Ähnliche Argumente wurden auch schon ins Feld geführt, damals, als von Thadden die NPD gründete. Wollen sie sich so ein bißchen an die Tradition dort anschließen?« Antwort Berg: »Wir haben weder mit der NPD, noch mit einer anderen Partei, noch politischen Gruppierungen etwas zu tun. Wir sind völlig eigenständig. Unser Mitgliederpotential und auch das zu erwartende Wählerreservoir liegen in allen Bevölkerungskreisen und bei allen politischen Orientierungen, insbesondere offenbar auch im Bereich der SPD.«

Tatsache ist, daß die NPD landesweit zur schleswig-holsteinischen Kommunalwahl nicht antrat (und daß die zur Hamburger Senatswahl kandidierende HLA zweifelsohne ein Stoßtrupp der NPD ist). Die SPD verfolgte gegenüber der KLA eine Doppelstrategie von Totschweigen und Draufhauen. Totschweigen, um den Bekanntheitsgrad dieser Liste nicht zu erhöhen: Draufhauen als Reaktion auf die Flugblattverteilung der KLA mit einem SPD-Blatt unter der Überschrift »Vorsicht Rattengift«: »Alte Nazis kommen wieder aus ihren Löchern, neue Nazis wittern Morgenluft. Sie haben ein neues Thema entdeckt: die Ausländer ... Mitbürgerinnen und Mitbürger! Macht Euch nicht zu Mittätern von Ausländerhaß! Vergeßt nicht die bitteren Lehren unserer deutschen Geschichte! Wählt demokratische Parteien!«

Beide Wege dieser Doppelstrategie waren darauf gerichtet, vor allem die Stammwähler der SPD nicht auf den Leim der KLA kriechen zu lassen. Dieses Vorhaben schlug fehl. Wäre es allein auf die Stammwähler der SPD angekommen, wie sie auf dem Kieler Ostufer im Einzugsbereich der großen Werft massiert anzutreffen sind, der KLA wäre auf Anhieb der Einzug ins Rathaus gelungen. Runde 5,5 % der Stimmen erhielt diese Liste im Durchschnitt der sieben Ostufer-Arbeiter-Wahlkreise. In einigen Stimmbezirken lag ihr Anteil bei über 9 %. Insgesamt 4.633 Kieler Wahlberechtigte stimmten in die rassistisch-nationalistischen Töne der KLA ein, wie sie so verräterisch eindeutig auf Plakaten und Flugblättern sichtbar geworden waren. Pro Wahlkreis waren dies im Schnitt 172 Bürger oder Bürgerinnen; in den sieben Ostuferwahlbezirken ca. 260 Stimmberechtigte. Kennzeichen des Ostufers: hoher Anteil türkischer Arbeitnehmer, z. T. sanierungsbedürftige Wohnverhältnisse, schulische Probleme, drohende Massenentlassungen auf HDW: Die Proteststimme für die KLA. Selbst im roten Gaarden konnte die DKP z. B. auf nicht mehr als 1 % = 46 Stimmen in einem Wahlkreis kommen, sank z. T. bis auf 0,3 % (= 11 Stimmen) in die völlige Bedeutungslosigkeit ab. Auch der Anteil der »Grünen« als der »eigentlichen neuen Protestpartei«, lag auf dem Ostufer um 1,5–2 % unter dem Stadtdurchschnitt. Wo der Anteil von KLA-Stimmen besonders hoch war, war der Anteil der »Grünen« besonders niedrig – und umgekehrt. Zusammen brachten es beide auf 6,7 bis zu 11,3 %: Die SPD in der Schere der Wählerbewegung, die das Bündnis für sozialen Konsens und Reformpolitik zerschneidet.

Auffällig noch, daß in Kiel-Friedrichsort, einem weiteren Stadtbezirk mit hohem Ausländeranteil, die KLA-Gewinne sich im Stadtdurchschnitt hielten. Als Gründe lassen sich vermuten: längerer Aufenthalt dieser ausländischen Arbeitnehmer in der Bundesrepublik mit entsprechender Qualifikationsmöglichkeit zum Facharbeiter, bessere schulische und Wohnversorgung. Gründe also, die auch den Weg einer erfolgreichen Politik in diesem Bereich kennzeichnen.

Bleibt nachzutragen die Beurteilung der KLA durch den Kieler Innenminister Barschel, die mit Vorlage des Verfassungsschutzberichtes 1982 – bezeichnenderweise vier Tage nach der Kommunalwahl – erfolgte: »Das Thema Ausländerüberflutung wird benutzt, um mit bekannten Rechtsextremisten, meinetwegen auch Neonazis, Tarnorganisationen zu bilden, die interessant sind für alle Teile der Bevölkerung.« Wir müssen jetzt die Deiche bauen, die ein Überschwappen der braunen Welle verhindern. [NG 6|1982]

III.
Asylrecht und Asylpolitik

Herbert Leuninger

Die Erosion des Grundgesetzes: Asylrecht

Ein vorläufiger oder sogar absoluter Tiefpunkt der verfassungsethischen Diskussion dürfte erreicht sein. Der ehemalige Bundesinnenminister Friedrich Zimmermann prägt die Formel vom »Grundgesetz« als »Zwangsjacke«. Dies bezieht sich zwar direkt nur auf den Artikel 16 Grundgesetz, könnte aber in der moralischen und politischen Konsequenz für unsere Verfassung von weittragender Bedeutung sein.

»Politisch Verfolgte genießen Asylrecht«, so lautet lapidar Artikel 16, Absatz 2, Satz 2 Grundgesetz und räumt damit dem staatlichen Schutz des Flüchtlings Verfassungsrang ein und zwar im Sinne eines individuellen, gerichtlich einklagbaren Grundrechts. Dies ist nach einhelliger Auffassung eine historische Errungenschaft. Artikel 16 wurde ohne Einschränkung und ohne gesetzlichen Vorbehalt in unsere Verfassung aufgenommen und zwar in den zentralen, über jede tagespolitische Veränderung erhabenen Grundrechtsteil. Die Eltern des Grundgesetzes haben gerade mit diesem Artikel eine moralische Konsequenz aus der nationalsozialistischen Diktatur ziehen wollen. Es war einerseits eine Art Dank an die Völkergemeinschaft für die Aufnahme hunderttausender Flüchtlinge aus dem Hitlerdeutschland, andererseits die eindeutige und als endgültig verstandene Absage an Diktatur, Diskriminierung, Folter, Verfolgung, Vertreibung und Vernichtung von Menschen in Deutschland, schließlich auch ein nachhaltiger Protest gegen jedwede Gewaltherrschaft, wo in der Welt sie künftig auch ausgeübt werden sollte. Vielleicht könnte man sogar sagen, die Bundesrepublik habe mit diesem Artikel über alle geltenden Menschenrechtskonventionen hinaus einen neuen Standard gesetzt, indem sie einzelne Menschen nicht nur als Flüchtlinge aufnimmt und schützt, sondern ihre Aufnahme zu einem Recht ausgestaltet, das mit allen Rechtsweggarantien, die ein heutiger Rechtsstaat seinen Bürgern gewährt, versehen ist. Es wäre sicher eine der großen moralischen Aufgaben der Bundesrepublik, aus ihrer Geschichte heraus in der internationalen Völkergemeinschaft auf ähnliche Regelungen Einfluß zu nehmen. Dies bedeutete einen großen Fortschritt im Jahrhundert des Flüchtlings.

In Wirklichkeit erleben wir aber seit einem Jahrzehnt den kontinuierlichen Abbau des grundgesetzlichen Anspruchs. Mit ihm einher geht eine moralische Erosion, die sich Schritt für Schritt daran gewöhnt, daß nicht nur Grundrechte geschmälert werden dürfen, sondern auch die Menschenwürde – wie etwa im fünfjährigen Arbeitsverbot für Asylsuchende – mißachtet werden kann.

Der Abbau des Grundgesetzes und die Mißachtung der Menschenwürde setzten bereits in der sozial-liberalen Koalition im Zusammenhang mit steigenden Zahlen von Asylbewerbern ein. Deutliche Korrekturen der bisherigen Rechtslage brachte das Asylverfahrensgesetz vom 16. Juli 1982, das durch das Gesetz vom 11. Juli 1984 und durch ein weiteres Gesetz vom 15. Januar 1987 weitere Änderungen erfuhr. Was dies bei der Anerkennung der Flüchtlinge für einschneidende Folgen hatte, sei am Beispiel der Eritreer in Fakten, die auch für den juristischen Laien nachvollziehbar sind, verdeutlicht. Infolge der Rechtsverschlechterung sank die Anerkennungsquote für eritreische Flüchtlinge aus Äthiopien von nahezu 90 % im Jahre 1983 auf 10 % im Jahre 1987. An der Situation in Äthiopien, wo seit mehr als 25 Jahren Befreiungsbewegungen um die Unabhängigkeit kämpfen, hat sich nichts geändert, wohl aber an der Anerkennungspraxis des Bundesamtes für die Anerkennung ausländischer Flüchtlinge und der Gerichte. So heißt es in einem Urteil des Verwaltungsgerichtes Köln vom 15. Juli 1988, das sich mit der rechtlichen Lage eines Flüchtlings aus Äthiopien befaßt, etwa: Der Kläger sei wegen Tätigkeiten für die EPLF (eritreische Freiheitsbewegung) inhaftiert und mißhandelt worden. Auch eine Wiederholung von Haft und Folter seien hinreichend wahrscheinlich. Dennoch könne mangels politischer Verfolgung kein Asyl gewährt werden. Denn die EPLF sei in Äthiopien Bürgerkriegspartei. Und Bürgerkrieg scheide als Voraussetzung für eine Anerkennung als politischer Flüchtling von vornherein aus. Im Urteilstext heißt es dann weiter: »Anhaltspunkte dafür, daß die gegen den Kläger getroffenen Maßnahmen und ihre möglichen Wiederholungen ausnahmsweise nicht Bürgerkriegshandlungen, sondern politisch motivierte Verfolgungstaten sind, liegen nicht vor.« Allerdings komme »Abschiebungsschutz in Betracht«. Hier greift – noch – Artikel 2 Grundgesetz, der jedem Menschen das Recht auf Leben und körperliche Unversehrtheit zugesteht und damit einen Flüchtling in Verbindung mit § 14 Ausländergesetz davor bewahrt, in ein Land zurückgeschickt zu werden, wo beides möglicherweise bedroht ist.

1988 wurden nach offizieller Statistik nur noch knapp 9 % aller Asylbewerber anerkannt, wobei die neue Situation, daß nämlich die Hälfte aller Asylbewerber des Jahres 1988 aus Polen und Jugoslawien kam, sich wegen der Dauer der Verfahren noch nicht niederschlagen konnte. Die Ablehnung betraf bis jetzt in großem Umfang Menschen aus Kriegs- und Bürgerkriegsgebieten. Das läßt sich auch daran erkennen, daß nahezu 60 % der bisher abgelehnten Asylbewerber aus rechtlichen, politischen und humanitären Gründen in der Bundesrepublik bleiben dürfen. Dennoch werden sie vom Bundesinnenminister angefangen bis in den schamlosen Wahlkampf der CDU in Hessen hinein als »Wirtschaftsflüchtlinge« gebrandmarkt.

Wir stehen demnach vor der Situation, daß Artikel 16 des Grundgesetzes ausgehöhlt ist und den Schutz, den er bieten soll, kaum noch gewährt. Daran hat sich die Öffentlichkeit gewöhnt. Vor allem deswegen, weil die Restriktionen in der Weise vorgenommen wurden, daß sie für sich allein genommen keine allgemeine Empörung befürchten ließen.

Wenn der politische Diskurs in der Frage des Asyls so weit fortgeschritten ist wie derzeit in der Bundesrepublik, mag die Berufung auf die Verfassung notwendiger denn je sein, sie ist aber mittlerweile eine Rede ohne breite Resonanz, zumal es auch gelungen ist, der Öffentlichkeit zu vermitteln, eigentlich wolle man das Grundgesetz nicht ändern, sondern es nur vor dem Mißbrauch schützen. Das wird weiterhin als plausibel und als durchaus legitim angesehen. Selbst ein aufmerksamer Medien-Bürger ist kaum mehr in der Lage, das Gespinst von Wahrheit, Halbwahrheit und bewußter Täuschung zu durchschauen, das sich auf die Asylbewerber bezieht.

Rechtlich und politisch ist der Kampf um Artikel 16 Grundgesetz fürs erste verloren. Die Diskussion um seine Änderung im Rahmen einer europäischen »Harmonisierung« ist der Versuch ihn vollends zur Fassade zu machen. Es geht nur noch darum, die Bundesrepublik möglichst weitgehend zu entpflichten, überhaupt Asylanträge annehmen zu müssen.

Die weitgehende rechtliche Erosion eines Grundrechts stellt die Frage nach dem moralischen Kontext. Dabei könnte man die Behauptung aufstellen, daß rechtliche Veränderungen dieses Ausmaßes nur erklärbar sind im Rahmen einer moralischen Schwäche der Gesellschaft überhaupt. Nichts stärker als das Kommen und die Anwesenheit der Flüchtlinge hat nämlich die Frage nach dem Menschenbild, nach dem, was das Humanum in unserer Gesellschaft ausmacht und wie es sich auf Verhalten und Politik auswirkt, gestellt. Die politische Moral hat mit ihrer Antwort versagt. Dabei hat das in der Flüchtlingspolitik wirksame Menschenbild weitgehend sozialdarwinistische, rassistische und nationalistische Züge angenommen, die von einem umfassenderen Wertewandel zeugen, als dies bisher gesehen wurde. Die politische Bereitschaft zur großzügigen Aufnahme von Menschen aus Osteuropa, die sich auf ihr Deutschtum berufen, kann dieses Defizit nicht ausgleichen, sondern unterstreicht es gerade da, wo chauvinistische Motivationen herausgestellt werden. Auch die von Oskar Lafontaine angeregte, aber mit stärksten nationalen Tabus abgewehrte Diskussion über Prioritäten in der Aufnahmeverpflichtung der Bundesrepublik muß als Beweis für diese Einschätzung angesehen werden.

Das Schwinden politischer Moral in bezug auf die Flüchtlinge hat in bestimmten Kreisen der Gesellschaft eine Reaktion ausgelöst, die in dieser Stärke offensichtlich von niemandem erwartet wurde. Sie beruht auf einem Menschenbild, das in seinen entscheidenden Zügen in Stellungnahmen und Resolutionen verschiedenster Provenienz erkennbar wird. Diesem Menschenbild zufolge wird die mangelnde Anerkennung und die als Abschreckung gedachte Behandlung der Flüchtlinge als ein Unterschreiten des Standards betrachtet, der als der Menschenwürde und der Menschlichkeit entsprechend anzusehen wäre. Die Kriterien für diesen Standard sind nicht genau definiert und definierbar und stehen selbstverständlich in einer Abhängigkeit zu dem Standard, der für die Bundesbürger mittlerweile als selbstverständlich gilt. In seiner Substanz geht es um die Achtung der unverwechselbaren und unverletzlichen Würde des einzelnen Menschen in seiner einmaligen Freiheit und seinem Anspruch auf ein erfülltes Leben. Das Wesentliche an diesem Humanum ist seine universelle Geltung, die es verhindert oder verhindern soll, daß es unterschiedliche Kategorien von Menschen gibt. Die Gleichheit wird gesetzt gegen alle Formen der Fremdenfeindlichkeit, rassistischer und überzogen nationaler Vorstellungen. Der universale Rahmen, in den die Menschenwürde des Flüchtlings eingebettet ist, macht rein, oder vorwiegend nationale Betrachtungen unzulänglich und rührt immer wieder zu der Infragestellung eines auf das Nationale beschränkten Denkens. Damit einher geht dann auch die Überzeugung nicht nur der Zugehörigkeit aller Menschen zu der einen Menschheit, sondern auch die von einer Weltverantwortung, die die Bundesrepublik als solche, aber auch als Teil Europas hat.

Dies hat spürbare Auswirkungen gerade da, wo es um eine verschärfte Ausweisungspraxis rechtskräftig abgelehnter Asylbewerber auch in Kriegs- und Bürgerkriegsgebieten geht. In einem Bericht des Bundesinnenministers vom Juni 1988 wird ein Schreiben des nordrhein-westfälischen Innenministers Herbert Schnoor (SPD) an die Fraktionen des Düsseldorfer Landtags zitiert, in dem es heißt: »Eine Verschärfung (Anm.: der Abschiebungspraxis) setzt grundlegende politische Entscheidungen voraus, die Auswirkungen auf die Darstellung der Ausländerpolitik der Landesregierung überhaupt haben. Eine Konfliktsituation mit den Kirchen, den Gewerkschaften, den Menschenrechtsorganisationen und vielen lokalen Gruppen, die sich mit Fragen der Dritten Welt befassen, wäre dann unausbleiblich.« Das Bundesinnenministerium scheint diese Einschätzung durch die Wiedergabe des Textes zu teilen. Dies stützt die These, daß es in der Bundesrepublik eine neue Form der Solidarität gibt. Sie reicht zwar derzeit nicht aus, um den Artikel 16 Grundgesetz zu reaktivieren, stellt aber eine moralische Kraft dar, mit der vielleicht das Schlimmste verhindert werden kann.

Solidarität mit den Flüchtlingen als Inbegriff der Haltung ihnen gegenüber erweist sich dabei als ein sehr persönliches Engagement, bei dem Organisationen nur eine sekundäre und abgeleitete Funktion haben können. Allerdings ist diese Funktion für eine politische Intervention unabdingbar. Aber auch in diesem Fall – das lehren die bisherigen Erfahrungen – wird die Dynamik aller organisierten Einflußnahme von persönlichster Betroffenheit und radikaler Identifizierung abhängen. Vielleicht kommt es an dieser Stelle zu einer Revitalisierung des Solidaritätsgedankens, der auch auf andere Bereiche unserer Gesellschaft ausstrahlt. [NG|FH 5|1989]

Manfred Nitsch

Armut, Arbeit und Asyl: Plädoyer gegen Einwanderungsquoten

Betrachtet man die Ausländerdebatte der letzten Zeit aus einer schichtspezifischen sozialen Perspektive, dann wird deutlich, daß politische Strömungen, die den Begüterten, und auch solche, die vor allem den Gebildeten nahestehen, sich anders verhalten als eine linke Volkspartei wie die SPD sich zu diesem Problem stellen sollte.

»Das Boot ist voll«?

Unter schichtspezifischem Blickwinkel war das Bild vom Sitzen in einem Boot schon immer suspekt, und so verliert die derzeit so beliebte Metapher vom vollen oder noch aufnahmefähigen Boot auch im Hinblick auf die Ausländerfragen bei genauerer gesellschaftspolitischer Analyse rasch ihre scheinbar deutliche Kontur. Offensichtlich war das Boot nicht voll, wenn in den letzten Jahren Hunderttausende von deutsch-stämmigen Aussiedlern aus Osteuropa und – in Westdeutschland – darüber hinaus Hunderttausende von Übersiedlern aus der DDR aufgenommen werden konnten.

Aus den quantitativ doch sehr erheblichen Zuwanderungen der letzten Jahre läßt sich schließen, daß eine reiche, moderne Gesellschaft kein objektives Kriterium für voll oder leer zur Verfügung hat, hinter dem sich die Politik verstecken könnte. Und für die neuen Bundesländer gilt, daß die Arbeitsmarktlage weithin so desolat ist, daß sich auch in offensichtlich dünn besiedelten Regionen viele Menschen als in einem überfüllten Boot vorkommen müssen. Ein objektives Kriterium gibt es hier noch viel weniger. Es bleibt nur die offene politische Auseinandersetzung.

Einwanderungsquoten und Arbeitsmarkt

Was Einwanderung gesellschaftspolitisch bedeutet, macht man sich am besten klar, wenn man sich in die Situation der schichtspezifisch ganz unterschiedlich betroffenen Bevölkerungskreise hineinversetzt: Der Bauarbeiter und die Kellnerin, die Landarbeiterin und der Mechaniker konkurrieren auf dem Arbeits- und dem Wohnungsmarkt mit Ausländern (und man sollte hinzufügen, auch auf dem Heiratsmarkt, wenn man die vielfältigen und tiefgreifenden Geschlechterbeziehungen einmal auf diese Formel verkürzen darf), während die Begüterteren und Gebildeteren meist Berufe ausüben, die so gute deutsche Sprachkenntnisse voraussetzen, daß sie, zumindest was die erste Generation von Ausländern betrifft, keine Konkurrenz zu befürchten haben. Es ist denn auch kein Wunder, daß Ausländerfeindlichkeit, vor allem bei schlecht situierten deutschen Männern auftritt, – worüber Intellektuelle und andere Schreibtisch-Berufstätige leicht die Nase rümpfen können.

Es sollte alle, die sich sozialen Zielen verpflichtet fühlen, aufhorchen lassen, wenn Politiker und Journalisten von Arbeitsplätzen sprechen, für die »kein EG-Bürger zu kriegen« sei, um dieses Argument dann als Rechtfertigung für eine aktive Einwanderungspolitik heranzuziehen (wie beispielsweise Nikolaus Brender als Pro-Anwalt in der *Pro-und-Contra*-Sendung der ARD zum Thema Einwanderung am 13. September 1991). Diese Arbeitsplätze gilt es zu technisieren, zu humanisieren und besser zu bezahlen, nicht sie künstlich durch den Import billiger Arbeitskräfte zu erhalten!

Sieht man Manifestationen von Ausländerfeindlichkeit ohne Vorurteil nicht nur als rechtsradikale, rassistische Randale, sondern auch als Ausdruck legitimer Interessen in gesellschaftlichen Konflikten, dann läßt sich gerade im Lichte sozialdemokratischer Zielvorstellungen die Ausländerfeindlichkeit von unten und der Ruf nach Einwanderungsquoten von oben folgendermaßen interpretieren: Auch die Nachzügler der Wohlstandsentwicklung würden endlich in den Genuß relativ hoher Löhne und günstiger Mieten kommen, weil die anderen nicht (mehr) bereit sind und es nicht mehr nötig haben, beschwerliche Arbeiten zu erledigen und in wenig komfortablen Häusern zu wohnen; die entsprechenden sozialen Gruppen in der EX-DDR würden wenigstens bei harter Maloche und – derzeit noch – Fernpendeln gutes Geld verdienen können, und aus den Zeiten des real existierenden Sozialismus würde eine der ganz wenigen wirklichen Errungenschaften gerettet, nämlich die Verwirklichung des Prinzips, daß keine Arbeit Schande bringt.

Genau in diesem Moment stellen die herrschenden konservativen Kräfte der Gesellschaft die alte hierarchische Ordnung wieder her, nach welcher die dreckige Arbeit auch schlecht bezahlt werden muß, und sie öffnen die Tore für Einwanderer, weil diese zu den alten Tarifen zu arbeiten bereit sind. Machen wir uns nichts vor, die »herrschenden Kräfte« können bis zum gewerkschaftlich organisierten Inspektor reichen, welcher nicht bereit ist hinzunehmen, daß der Gelegenheitsarbeiter und die Küchenhilfe an sein Gehaltsniveau heranrücken oder darüber hinaus verdienen. Weil auf dem Arbeitsmarkt solche Kräfte einfach nicht mehr zu den alten Bedingungen zu finden sind, unterspült die Lohndrift die tarifliche Lohnstruktur von unten her.

Ein Beitrag zur Bekämpfung der Armut?

In den 60er und frühen 70er Jahren lief die Gastarbeiter-Diskussion angesichts der NPD-Tendenzen in genau derselben Richtung, bis Walter Arendt als Bundesarbeitsminister 1973 auf dem Höhepunkt der ersten Ölkrise den Anwerbestopp durchsetzte. Die darauf folgenden Krisenjahre und die seitdem anhaltende Sockel-Arbeitslosigkeit verhinderten einen erneuten Ruf nach zuwandernden Arbeitskräften, bis der Boom der späten 80er Jahre und die gegenwärtige Hochkonjunktur in Deutschland (West) von Manfred Rommel bis Daniel Cohn-Bendit und Martin Bangemann den Ruf nach Neueinwanderern als Arbeitskräften wieder haben erschallen lassen. Trotz weiterhin massiver Übersiedlungen und trotz Pendeln in großem Stil von den neuen in die alten Bundesländer ist die alte Ordnung mit ihrer Gleichung »Schlechte Arbeit = Schlechte Bezahlung« anscheinend einfach nicht mehr aufrecht zu erhalten; – und anstatt diese unzweifelhafte Annäherung an ihre proklamierten Ziele zu begrüßen, stoßen sogar viele Sozialdemokraten mit in das Horn derjenigen, denen die sich allmählich demokratisierende Gesellschaft der Bundesrepublik anscheinend schon viel zu egalitär ist.

Angesichts dieses Befundes der innergesellschaftlichen Konfliktlage muß das Argument von der Einwanderungsquote als Beitrag zur Verringerung der Armut in Osteuropa und in der Dritten Welt auf große Skepsis stoßen. Müssen und sollen wir uns der Armut in der Welt stellen, dadurch daß wir Einwanderer aus Süd und Ost aufnehmen? Wieder ist das kollektive Wir in dieser Frage gesellschaftspolitisch aufzudröseln. Wohl keiner von den gut bezahlten Angestellten, Beamten, Intellektuellen, Freiberuflern oder Selbständigen, die solche Fragen rhetorisch stellen, ist willens und bereit, wirklich eine Angleichung der globalen wirtschaftlichen Lebensverhältnisse in Richtung Welt-Durchschnitt ins Auge zu fassen, also persönlich eine entsprechende Senkung des Lebensstandards hinzunehmen. Wenn heute freie Einwanderung zugelassen würde, wären selbstverständlich morgen Hunderttausende, ja Hunderte von Millionen aus Süd und Ost auf dem Weg hierher.

Ein Blick in den jährlichen Weltentwicklungsbericht der Weltbank kann jeden davon überzeugen, daß rein quantitativ auch noch so generös erscheinende Einwanderungsquoten in Deutschland oder auch EG-Europa nicht den geringsten Einfluß auf die Massenarmut in der Welt haben können. So leid es auch jedem naiven Linksliberalen, Sozialdemokraten, Christen und Grünen tun mag, er (und sie) muß damit leben, daß wir uns global auf einer unglaublich hoch privilegierten Wohlstandsinsel in einem Meer von Armut befinden und daß der Wohlstand dieser Insel mit allgemeiner Zustimmung auf allen Gebieten zäh gegen jeden Angriff von außen verteidigt wird. Ob bei Schokolade oder Stahl, Textilien oder Zucker, Rindfleisch oder Schiffen, – stets ist die Allgemeinheit damit einverstanden, daß die Rohstoffe zwar möglichst billig eingeführt, die Verarbeitung in der eigenen Produktion aber geschützt wird und die Erzeugnisse der anderen ferngehalten werden.

Ohne faire Kriterien

Deshalb kann und soll man sich zwar für einen Abbau des diesbezüglichen Protektionismus und für eine engagierte Entwicklungshilfe einsetzen, aber es ist völlig unvorstellbar, daß über die Einwanderung ernsthaft gezielt eine Nivellierung nach unten ins Auge gefaßt werden könnte, – eher ist wohl an den sehr begrenzten, wohldosierten Import indischer Dienstmädchen, koreanischer Krankenschwestern und polnischer Bauarbeiter gedacht, welche, wie bereits gesagt, die bedrohte gesellschaftliche Hierarchie vor der Emanzipation »übermütig« werdender deutscher »Proleten« bewahren sollen und den Begüterten wieder den Komfort vergangener Jahrhunderte bescheren mögen. Egalität ist eben nicht nur utopisch, sondern auch, wenn man sich ihr auch nur ein bißchen nähert, ziemlich anstrengend und ungewohnt für die Ober- und Mittelschichten.

Auch für die Emigrationsländer ist im Übrigen die Quote ein Danaergeschenk, denn die Warteschlangen vor den deutschen oder EG-Konsulaten induzieren zwangsläufig Korruption, Willkür oder ein für das

Auswanderungsland schädliches Absahnen der Bestqualifizierten. Es gibt leider einfach kein faires Auswahlkriterium.

Einwanderung für deutschstämmige Aussiedler?

Dies gilt auch für die Deutschstämmigen aus Osteuropa, einschließlich der Sowjetunion; Artikel 116 des Grundgesetzes spricht von den Grenzen des Deutschen Reiches von 1937, nicht von allen heim ins Reich zu holenden Deutschen aus aller Welt. Es darf doch kein Grund zur Diskriminierung zwischen Sowjetbürgern oder Rumänen sein, daß die eine Familie im Ort eine deutsche Großmutter hat und die andere nicht! Zwar ist verständlich, wenn deutsche Diplomaten ihre alten Forderungen nach Ausreisegenehmigungen noch immer vortragen, auch wenn sie nicht mehr sicher sein können, daß sie damit auf taube Ohren stoßen, aber kann es angehen, Hunderttausende vor allem deshalb ins Land zu holen, weil sie vermutlich konservativ-liberal wählen werden? Ein Blick auf die Zahlen zeigt, daß in den letzten Jahren die Masse der Zuwanderer schließlich nicht aus Asylanten und Flüchtlingen bestanden hat, sondern aus deutschstämmigen Aussiedlern. Die Bundesregierung ist mit ihrer Politik, in der Sowjetunion selbst zu helfen, auf dem richtigen Weg.

Einwanderung als Jungbrunnen?

Als Grund für eine aktive Einwanderungspolitik wird zuweilen die Überalterung ins Feld geführt. Zweifellos läßt sich eine zahlenmäßige Verschiebung und eine Vertiefung des Konflikts zwischen Alten und Jungen konstatieren, und ebenso ist klar, daß die Alten jeweils aus dem laufenden Einkommen der erwerbstätigen Bevölkerung unterhalten werden müssen; – daß aber eine ethnisch heterogene Gesellschaft, selbst wenn sie im Durchschnitt jünger ist, besser für ihre Alten sorgt als eine homogenere, erscheint höchst unwahrscheinlich. Die USA, ganz zu schweigen von Lateinamerika, sind diesbezüglich gewiß kein leuchtendes Vorbild. Außerdem sind die Zusammenhänge zwischen technischem Fortschritt, Arbeit, Gesundheit, Alterskosten etc. zu kompliziert, als daß die Überalterungsprobleme mit Hilfe des Instruments »Einwanderung« gelöst werden könnten. Und es soll ja auch nicht ausgeschlossen werden, daß die Fragen sich in 10 bis 20 Jahren, wenn die Überalterung wirklich als Problem akut werden sollte, ganz anders stellen können.

Die Tatsache macht stutzig, daß gerade diejenigen, die sich am meisten über die Zunahme der Weltbevölkerung aufregen, auch diejenigen zu sein scheinen, die es als bedrohlich empfinden, wenn die Bevölkerung in einem der ökologisch am meisten belasteten und – vor allem – die Zukunft der Welt ökologisch besonders belastenden Winkel der Welt, nämlich Europa, allmählich ein wenig abnimmt.

Einwanderung und »multikulturelle Gesellschaft«?

Den neuen Bundesbürgerinnen und Bundesbürgern wird häufig auf unangenehm herablassende Weise von den Besser-Wessis bedeutet, sie hätten sich jetzt eben auf eine multikulturelle Gesellschaft einzustellen, und ich kann mir gut vorstellen, daß auch die hier von mir aufgestellten Prinzipien einigen zu provinziell, spießig, deutschtümelnd oder populistisch vorkommen; – sie müssen sich jedoch fragen lassen, ob sie nicht aus einer Privilegiertenposition heraus auch nur gerade so viel weitere Buntheit in einer multikulturellen Gesellschaft wünschen, wie sie ohne eigene wirtschaftliche Einbußen zusätzlich genießen könnten; ein faires Kriterium für die Höhe einer Gesamteinwanderungszahl und für deren Aufteilung nach Land, Geschlecht, Alter, Beruf, Gesundheitszustand etc. werden auch sie nicht definieren können.

Die Freizügigkeit in der EG der 12 wird auf die Dauer schon so viel Multikultur herstellen, daß es zumindest für die unteren Schichten in den Großstädten und auf dem Land zu erheblichem zusätzlichen Dauerstreß kommen dürfte. Wieder sollte ein Blick über den Atlantik jeden Politiker davon abhalten, mutwillig einer weiteren ethnischen Heterogenisierung der städtischen Unterschichten und einer elenden Saisonarbeit-Migrations-Wirklichkeit auf dem Lande Vorschub zu leisten.

Von außerhalb der EG wird es überdies auch ohne Einwanderungsquoten stets regen Zuzug geben, und zwar über Heiraten, Familienzusammenführung, Duldung aus humanitären Gründen, illegale Einwanderung und insbesondere über Flüchtlingsbewegungen und politisches Asyl. Wenn man im Großen restriktiv verfährt, also im Prinzip keine Einwanderung zuläßt und durch ein effizientes Melde- und Kontrollsystem das Einsickern von Illegalen möglichst verhindert, kann und sollte man im Kleinen großzügig verfahren.

Der Ruf danach, Deutschland zum Einwanderungsland zu erklären und dementsprechend eine »dosierte«, »kontingentierte« oder »quotierte« Einwanderung ins Auge zu fassen, wäre wohl bei der gegenwärtigen Arbeitsmarktlage gar nicht laut geworden, wenn hierdurch nicht ein Ausweg aus der Aussiedler- und der Asylantenproblematik gleichermaßen suggeriert würde.

In der bereits erwähnten ARD-Sendung wurde bei den Pro-Einwanderungs-Vertretern auch ganz deutlich, was sie sich von den Quoten eigentlich in erster Linie versprechen – die bessere Planbarkeit im Hinblick auf die verwaltungsmäßige Bewältigung der Zuwandererprobleme.

Dabei zeigte sich die Alibifunktion einer Einwanderer-Quoten-Regelung im Hinblick auf die Asylanten- und Flüchtlingsfragen. Es scheint der Verwaltung doch letztlich um die Möglichkeit zu gehen, auch eindeutig politisch Verfolgte und sonstige Flüchtlinge unter Berufung auf die Chance, sich auf die Einwandererquote zu bewerben, nicht aufnehmen zu müssen. Wichtig ist in erster Linie, daß die bürokratische Arbeit kontinuierlich und planbar vor sich geht.

Wenn man diesen Vorwand vermeiden und tatsächlich, wie allgemein erklärt, das Grundrecht auf politisches Asyl und auf Aufnahme als Flüchtling nicht antasten will, dann muß man sich auch administrativ darauf einstellen, daß Flüchtlingsströme nun einmal schubweise und in unvorhersehbaren Dimensionen auftreten. Es gilt die administrativen Strukturen an diese Bedingungen anzupassen, nicht umgekehrt! Vorbild können die Strukturen der Katastrophenhilfe sein, und viele bitter arme Länder Afrikas machen uns seit Jahrzehnten vor, daß notfalls auch unter für unsere Verhältnisse unglaublich prekären Bedingungen Millionen von Flüchtlingen in Nachbarländern Zuflucht finden können.

Man kann die Sozialdemokratie nur davor warnen, sich ohne gravierende Gründe nicht nur eine Einschränkung des Rechts auf Asyl für politisch Verfolgte und auf Aufenthaltsduldung für echte Flüchtlinge abhandeln zu lassen, sondern auch noch Einwanderungsquoten zuzustimmen, die auf Arbeitskräftezufuhr und damit zwangsläufig auf Konkurrenz für die weniger begüterten und gebildeten Schichten in Deutschland abzielten.

Damit würde die eigene Gesellschaft mutwillig heterogener und damit potentiell weniger solidarisch gemacht als sie ohnehin bereits ist bzw. in Zukunft mit der europäischen Einigung werden wird; es würde den betroffenen Auswanderungsländern nicht geholfen, sondern geschadet, und last but not least würden die natürlichen Lebensbedingungen unnötig zusätzlich belastet. Mit politischer Standfestigkeit und mit Flexibilität und Phantasie bei der administrativen Bewältigung sowohl der wirklichen Asylfälle als auch der Mißbrauchsfälle sollte es möglich sein, dem Druck in Richtung der scheinbar leichten Lösung Einwanderungsquoten zu widerstehen.

Für die Bekämpfung des Rechtsradikalismus bedeutet dies, den Scharfmachern das Argument zu nehmen, daß sich die Einwanderungswelle nur mit abschreckender Gewalt stoppen läßt. Und den engagierten Streitern für eine friedlich-demokratische multikulturelle Gesellschaft gerade innerhalb der unteren, betroffenen Schichten, aber auch auf der Ebene der Sozialarbeit im weiteren Sinne, muß deutlich gemacht werden, daß ihre Anstrengungen ernst genommen und honoriert werden; zumindest muß ihnen das Gefühl genommen werden, daß die Politiker, die etablierten Tarifparteien und die Inhaber von Mietwohnungen mit unterdurchschnittlichem Standard jeden substantiellen Fortschritt in Richtung soziale Demokratie und Toleranz mit der Öffnung der Schleusen für eine neue Zuzugswelle aus der leider auf Jahrzehnte hinaus unerschöpflichen Quelle billiger Arbeitskräfte und anspruchslosen Mieter aus Ost und Süd beantworten würden. [NG|FH 4|1992]

Paul Collier

Vorschläge für ein erfolgversprechendes System

Asylpolitik neu denken

Bevor ich meinen ökonomischen Blick auf die aktuelle Flucht- und Migrationsthematik werfe, erlauben Sie mir ein paar Worte über meinen Vater Karl Hellenschmidt jr., der mich in zweierlei Hinsicht prägte. Er verließ die Schule mit nicht einmal zwölf Jahren (genauso wie meine Mutter) und entsprechend war ihr beider Leben von großer Frustration und mangelnden Lebenschancen geprägt. In dieser Umgebung wuchs ich auf. Zugleich war mein Vater ein bemerkenswert kluger Mann – von ihm lernte ich das Denken. Mit dieser Fähigkeit genoss ich eine außerordentlich gute Ausbildung und doch waren es insbesondere mein Vater und seine Unterweisung, welche mich nachhaltig beeinflussten.

Mein Lebenswerk fand maßgeblich in Gesellschaften statt, in denen ich meinen Vater und meine Mutter millionenfach wiedersah – Menschen, für die die Chancen der modernen Welt unerreichbar blieben und die somit unnötig frustrierte Leben führten. Nahezu mein gesamtes Berufsleben habe ich damit zugebracht, Chancen zu schaffen, wo Frustration herrscht, doch glaube ich nicht, dass wir im Falle der Zuwanderung den richtigen Weg eingeschlagen haben, und hoffe, Sie von dieser These ein Stück weit überzeugen zu können.

Ich bin (neben Alexander Betts) Autor des Buches *Refuge. Transforming a Broken Refugee System*, welches die existierenden Strukturen der Flucht- und Asylpolitik anklagt – eines maroden, katastrophal gescheiterten Systems. Dieses Scheitern begründet sich in zwei Umständen. Zum einen ist es das Ergebnis einer seit 70 Jahren unverändert bestehenden Struktur, die in ihrer gegenwärtigen Architektur nicht mehr reformierbar ist. Verstärkt durch einen politischen Populismus – Entscheidungen, die kurz und bestenfalls mittelfristig wirksam scheinen, aber beim ersten Auftreten unerwarteter Konsequenzen aufgegeben oder ins Gegenteil verkehrt werden – taumelt dieses System seit Jahren zwischen zwei Welten hin und her: dem herzlosen Kopf, grausam, unachtsam gegenüber dem humanitär Gebotenen, und dem kopflosen Herz, emotional, bar jeglicher Rationalität.

Flucht ist keine Migration

Den entscheidenden Punkt, den ich für die folgende Argumentation und knappe Analyse dieses gescheiterten Systems deutlich machen möchte, ist der folgende: Flüchtende sind keine Migranten. Wir müssen uns vergegenwärtigen, dass eine gewaltige Anzahl von Menschen, nämlich mindestens eine Milliarde weltweit, den mehr oder minder ausgeprägten Wunsch hegen, auszuwandern, also gerne in einem anderen Land als dem eigenen leben würden. Daneben gibt es etwa 20 Millionen Menschen, die sich auf der Flucht (außerhalb ihres Heimatlandes) befinden. Der Versuch, das Verlangen von einer Milliarde Menschen nach Migration zu befriedigen, ist von vornherein zum Scheitern verurteilt; unsere Pflicht den Flüchtenden gegenüber nachzukommen, ist hingegen absolut umsetzbar.

Anders als Migranten verlassen Flüchtende ihre Heimat nicht freiwillig. Sie tun es aus Gründen höherer Gewalt, angetrieben von der Furcht vor Krieg, Unterdrückung oder Hungersnöten. Dagegen gehen Migranten aus freien Stücken, sie werden angetrieben von Hoffnung, nicht von Angst. Der Flüchtende strebt nach der Wiederherstellung der Normalität; der Migrant hofft auf ein neues Leben. Während Flüchtende nach Zufluchtshäfen suchen, also Orten, die sicher sind, suchen die Migranten Honigtöpfe, das heißt Orte, an denen es sich gut leben lässt. Zwischen beiden gibt es keine Überschneidung. Jedes der zehn wichtigsten Zufluchtsländer, darunter die Türkei, Pakistan, der Libanon und der Iran, ist heute ein Land der Auswanderung, in dem Flüchtende eintreffen und aus dem Migranten weggehen.

Unsere Verantwortung gegenüber diesen beiden Gruppen ist also völlig konträr. Die Pflicht gegenüber Flüchtenden besteht darin, sie aus der Gefahr zu retten und ihnen die Möglichkeit zu eröffnen, wieder ein halbwegs normales Leben zu führen. Haben wir auch den Migranten gegenüber eine Pflicht? Ein Recht auf Auswanderung kann und sollte es nicht geben – weder rechtlich noch moralisch. Es gibt allerdings eine Pflicht, gegen die Ursachen von Migrationsbewegungen aus sehr armen Ländern etwas zu unternehmen. Was diese Menschen treibt, ist häufig die totale Hoffnungslosigkeit. Doch besteht die Lösung nicht darin, das Land zu verlassen; vielmehr müssen wir die Hoffnung in diese Gesellschaften zurückbringen.

Aus meiner Arbeit weiß ich, wie schwierig dies ist. Nehmen wir als Beispiel Mali, welches bis zu den Tumulten in Libyen auf einem guten Weg war – bis 800 bewaffnete Männer, beauftragte Söldner Muammar al-Gaddafis, ins Land kamen. Weil die in das Land fließenden Entwicklungshilfeleistungen und Spendengelder nicht für die Rüstung verwendet werden durften, blieb Mali vollkommen schutzlos. Auch die in Stuttgart zum Schutz afrikanischer Staaten und Bürger stationierten US-Soldaten der Einrichtung AFRICOM (Africa Command) schritten nicht ein. Wir versagen in unserer Verpflichtung, Hoffnung in die ärmsten Länder zu bringen, doch müssen wir uns auch klarmachen, dass Auswanderung nicht die Lösung sein kann.

Das Scheitern zweier Institutionen

Wir haben zwei Institutionen, die unseren Umgang mit flüchtenden und asylsuchenden Menschen maßgeblich bestimmen, und ich halte sie beide für hoffnungslos zum Scheitern verurteilt: den Hohen Flüchtlingskommissar der Vereinten Nationen (UNHCR) und die Genfer Flüchtlingskonvention. Der UNHCR ist ein rein humanitäres Amt, jedoch ist die zentrale Herausforderung in der Flucht- und Asylpolitik wirtschaftlich und nicht humanitär. Der UNHCR befindet sich noch heute in einer Welt der späten 40er Jahre, als Schutz und die Versorgung mit Nahrung Priorität hatten.

In meiner Familie gibt es ein Dokument über die deutsche Fluchtbewegung nach Ende des Zweiten Weltkriegs, in dem es um verzweifelte Lebenslagen von Millionen von Deutschen geht – Flüchtende, die aus den östlichen Gebieten geflohen oder von dort vertrieben waren; ihre Hauptsorge waren Essen und ein Dach über dem Kopf. Dies stellt sich heute anders dar: Der durchschnittliche Geflüchtete ist bereits seit vielen Jahren auf der Flucht und strebt in erster Linie nach Wiederherstellung von Autonomie und Würde. Dazu gehört insbesondere die Möglichkeit, sich den eigenen Lebensunterhalt zu verdienen. So gesehen ist der UNHCR für die meisten Flüchtenden aus Syrien völlig irrelevant, denn nur ein geringer Anteil von diesen sucht in den Lagern Zuflucht. Der überwiegende Teil, etwa 80 %, geht direkt in die Städte, um illegal zu arbeiten. Diese Flüchtenden verzichten auf Nahrung und Unterkunft in den Lagern und nutzen stattdessen die Möglichkeit, sich ihren Lebensunterhalt selbst zu verdienen, und vermutlich würden wir alle es ihnen gleichtun.

Als humanitäre Einrichtung hat der UNHCR wie viele große Bürokratien heute unüberschaubare Ausmaße angenommen und operiert vermehrt im Sinne einer Notfall- oder Katastrophenhilfe. Diese kurzfristige humanitäre Notfallversorgung kann den längerfristigen wirtschaftlichen Bedürfnissen der Flüchtenden jedoch nicht gerecht werden; dem UNHCR mangelt es leider an Kapazitäten, um in diesem Sinne strategisch über die Fluchtfrage nachzudenken.

Mit noch größeren Widersprüchen sehen wir uns bei der Genfer Flüchtlingskonvention konfrontiert. Sie ist ein historisches Relikt, eine Reaktion auf die Expansionspolitik der Sowjetunion zu Beginn des Kalten Krieges. Nachdem der Eiserne Vorhang Europa 1948 in zwei Machtsphären geteilt hatte, beschlossen die USA, Geflüchtete aus Osteuropa nicht mehr in diese Länder zurückzuführen, um sie vor Verfolgung und Unterdrückung durch die kommunistischen Machthaber zu schützen. Die Flüchtlingskonvention war also einem ganz spezifischen historischen Kontext geschuldet – es ging um Verfolgung und es ging um Osteuropa. Dies hielt Europa freilich nicht davon ab, das Dokument später für universell gültig zu erklären – ein typischer Akt des Eurozentrismus. Wie wenig universell die Konvention tatsächlich ist, lässt sich allein daran ablesen, dass sie von keinem einzigen der zehn größten Aufnahmeländer unterzeichnet wurde. Damit ist sie für unsere heutige Lage von Flucht und Asyl irrelevant. Nach Inkrafttreten der Konvention haben Juristen ihren Wortlaut immer wieder neu gedehnt und nach den Gegebenheiten der jeweiligen Situation und des jeweiligen Landes interpretiert, bis der heute existierende Flickenteppich daraus geworden ist. Dies kann kaum Grundlage für eine zielführende Flucht- und Asylpolitik sein.

Arbeit, wo Arbeit gebraucht wird

Die Hauptaufgabe liegt in der Schaffung von Arbeitsplätzen, wo diese benötigt werden. Anstatt die Geflüchteten nach Europa zu bringen, sollten sie in näher gelegenen Zufluchtshäfen ihren Lebensunterhalt bestreiten. Dies hat gleich zwei Vorteile: Zunächst sind die Wege dahin kurz und weniger gefährlich. Flucht ist keine Wahl und nur eingeschränkt planbar; es ist ein Fliehen vor unsicheren Orten, Massengewalt und Mangel. Die wenigsten Flüchtenden, unter denen sich auch Alte, Frauen und Kinder befinden, sind in der Lage, lange Strecken zurückzulegen. Sie verbleiben als Binnengeflüchtete innerhalb der Grenzen des Herkunftslandes. Nur die, die es über die Grenze schaffen, nehmen wir überhaupt als Flüchtende wahr. Ihnen müssen wir vor Ort Beschäftigungsmöglichkeiten bieten.

Der zweite Vorteil bezieht sich auf das Bestreben von Geflüchteten, in ihre Heimat zurückzukehren, sobald der Konflikt vorüber ist. Auch wenn es für uns manchmal so scheinen mag, als würden die Konflikte niemals enden, enden sie irgendwann. Deshalb müssen wir uns auf die Zeit nach der Beendigung eines Konflikts vorbereiten. Die Geflüchteten tun dies gewiss – zumindest gedanklich. Sie möchten in ihre Heimat zurückkehren. Und das ist für sie einfacher, wenn ihr Zufluchtsort möglichst nahe bei ihrem Herkunftsland liegt. Doch haben wir gerade diese regionalen Zufluchtshäfen massiv vernachlässigt.

Im syrischen Fall wurden seit 2011 etwa zehn Millionen Menschen – gut die Hälfte der syrischen Bevölkerung – vertrieben. Etwa die Hälfte von ihnen schaffte es in die Türkei, nach Jordanien oder den Libanon und blieb dort. Aufgrund der kriegerischen Auseinandersetzung sind keine genaueren Zahlen vorhanden. Von der internationalen Gemeinschaft wurde dies zunächst weitgehend ignoriert und die drei Staaten mit dem Problem alleingelassen. Jordanien, das mich als Experten konsultiert hatte, befand sich zum Beispiel in einer verzweifelten Situation, weil seine Staatsverschuldung aufgrund der immensen Ausgaben für die Geflüchteten regelrecht explodiert war. Deutschland hatte seine Hilfszahlungen unterdessen halbiert.

Niemand sollte versucht sein, in ein Boot zu steigen und sein Leben aufs Spiel zu setzen. Anstatt Flüchtende zu uns zu bringen, müssen wir die Lage in den Zufluchtshäfen verbessern – dort wo die meisten von ihnen ohnehin längst leben und arbeiten wollen. Es ist viel einfacher, Arbeit für Geflüchtete in den Zufluchtshäfen zu organisieren als in einem hoch entwickelten Industrieland wie Deutschland, dessen Arbeitskräftebedarf von den meist unterdurchschnittlich qualifizierten Geflüchteten nicht abgedeckt werden kann. Die hohe Arbeitsproduktivität in der Bundesrepublik basiert auf einem hohen Qualifikationsniveau und langen Ausbildungszeiten, was an den wirklichen Bedürfnissen eines Geflüchteten vorbeigeht. Diese brauchen sofort einen Job für die nächsten Jahre – bevor sie in ihre Heimatländer zurückgehen – und keine

Deutschkurse und fachspezifische Lehrgänge, die sie auf ein dauerhaftes Leben in der Fremde vorbereiten.

In einer Umfrage wurden die 30 führenden deutschen DAX-Unternehmen im Juni 2016 nach der Zahl der Arbeitsplätze gefragt, die sie in Deutschland für Geflüchtete schaffen könnten. Tatsächlich hatte die Deutsche Post bis dahin 50 und die übrigen 29 Unternehmen zusammen ganze vier Stellen bereitgehalten. Gleichzeitig wurden etwa 2.700 zusätzliche Praktikumsplätze und 300 Ausbildungsplätze geschaffen, die jedoch nur teilweise besetzt werden konnten, wie die *FAZ* berichtete.

Dieselben deutschen Unternehmen haben in den letzten zwei Jahrzehnten Hunderttausende Jobs zuerst nach Polen und später in die Türkei ausgelagert. Wenn sie Arbeitsplätze für türkische Staatsbürger in der Türkei schaffen können, warum ist das nicht auch für syrische Geflüchtete in der Türkei oder in Jordanien möglich? Dafür müssen wir die Politik aus den Gerichtssälen rausholen und in die Vorstandsetagen tragen.

Vorausschauende Strategien für die Zeit nach dem Konflikt

Abschließend ein paar Worte über eine unglückliche Nebenwirkung der aktuellen Flucht- und Asylpolitik. Krisengebiete erholen sich in der Zeit nach dem Konflikt nur langsam, insbesondere, wenn wirtschaftliche Strukturen wie im syrischen Falle nahezu vollständig zerschlagen wurden. Problematisch und langwierig gestaltet sich dabei nicht so sehr der physische Wiederaufbau sondern der Wiederaufbau dieser zerstörten Strukturen. Mit Letzterem können wir jedoch schon vor Ende des Konfliktes beginnen. Wenn wir Arbeitsplätze für Geflüchtete in Zufluchtshäfen schaffen, sollten wir dort ebenso Unternehmen etablieren, die nach Ende des Konflikts nach Syrien weiterziehen. Die Rahmenbedingungen der modernen Privatwirtschaft erlauben, dass ein Unternehmen erfolgreich in Jordanien tätig sein und zu einem späteren Zeitpunkt vollständig oder mit einem Teil seiner Belegschaft nach Syrien umsiedeln kann. Wenn wir mit einer solchen Planung in den Zufluchtshäfen jetzt beginnen, lässt sich dem Risiko einer fortgesetzten politischen und wirtschaftlichen Instabilität vorbeugen. Erfahrungsgemäß ist die Gefahr eines erneuten Ausbruchs der Konflikte in solchen Gesellschaften hoch. Die Erholung der Wirtschaft könnte insofern einen wichtigen Beitrag zur regionalen Friedenssicherung leisten.

Ohne es zu wollen, ist Deutschland für eine sehr ausgewählte Gruppe von Flüchtenden attraktiv geworden. Dadurch hat die Bundesrepublik Geflüchtete, die sich längst in Zufluchtshäfen befanden, faktisch zu Migranten gemacht. Doch wurden sie nicht alle zu Migranten, sondern nur diejenigen, die in der Lage waren, die Reise zu bewältigen, und diejenigen, die am stärksten von einer verheißungsvollen Aussicht auf ein zukünftiges Leben in Deutschland angezogen wurden. Laut einer qualitativen und quantitativen Umfragereihe wurde als wichtigster Grund dabei nicht die wirtschaftliche oder wohlfahrtsstaatliche Situation Deutschlands, sondern die Achtung der Menschenrechte genannt (IAB-Forschungsbericht 9/2016).

Verlässliche und präzise Zahlen sind derzeit nicht verfügbar, aber ein überdurchschnittlich hoher Anteil der syrischen Bevölkerung in Hochschulausbildung oder mit Hochschulabschluss befindet sich derzeit in Deutschland. Das ist potenziell verheerend für eine nachhaltige Wirtschafts- und Friedenssicherung in der Zeit nach dem Konflikt in Syrien, die unter anderem auf den erfolgreichen Wiederaufbau der Verwaltung, der Unternehmensstrukturen und des Steuersystems angewiesen sind. Dafür bedarf es Hochschulabsolventen, an denen es in all diesen Gesellschaften mangelt. Deutschland ist darum bemüht, syrische Geflüchtete in Deutschland zu integrieren, ihnen die Sprache beizubringen, eine Zukunft zu ermöglichen, sie dezentral unterzubringen – kurz, sie zu Deutschen zu machen. Aus einer nationalen Perspektive mag dies erstrebenswert sein. Doch verzögert die Bundesrepublik damit den Wiederaufbau in der Bürgerkriegsregion und gefährdet so ungewollt deren friedliche Entwicklung und Stabilität. Diesen Albtraum müssen wir verhindern. [NG|FH 9|2018]

IV.
Migration und Zuwanderung

Harald Hohmann
Zwischen Aussiedlern und Asylanten

In der Bundesrepublik wird momentan eine beschämende Debatte über das Asylrecht geführt. Selbst die Rechtsweg-Garantie des Art. 19 Abs. 4 GG sollte hierfür gelockert werden – anstatt über neue rechtsstaatliche Lösungen nachzudenken. Soll etwa das menschenverachtende Vorgehen der italienischen Behörden gegenüber albanischen Flüchtlingen zum deutschen Maßstab werden? Dies sollte in der Bundesrepublik aufgrund der historischen Erblast des Nazi-Deutschlands und der sich daraus ergebenden Verpflichtungen für einen demokratischen Rechts- und Sozialstaat nicht geschehen. Es geht um eine Neubesinnung des Umgangs mit Fremden, die mindestens fünf miteinander verwobene Politikbereiche erfassen muß: die Aussiedler- und die Asylpolitik, das Staatsangehörigkeitsrecht, das kommunale Ausländerwahlrecht sowie die Sozial- und Entwicklungspolitik.

Aussiedlerpolitik

Ein Sonderstatus von Aussiedlern bei der Einbürgerung ist ethisch problematisch. Eine Bevorzugung gegenüber Asylbewerbern läßt sich kaum damit rechtfertigen, sie hätten gelitten, weil sie »deutsche Volkszugehörige« sind. Wenn Ausländer leiden, muß uns dies verpflichten, alles Menschenmögliche zu tun, um ihr gesichertes Bleiberecht zu erreichen. Ob sie als »deutsche Volkszugehörige« oder als Polen, Rumänen, Türken gelitten haben, kann keinen Unterschied machen. Rechtlich würde sich nur dann ein Unterschied ergeben, wenn die »deutschen Volkszugehörigen« tatsächlich Deutsche sind. Dies ist bei vielen Mitmenschen, die häufig über 40 Jahre im ehemaligen Ostblock ohne jede Verbindung zu Deutschland und seiner Kultur/Sprache lebten und nun zu uns kommen, strittig, weil meist ein »Bekenntnis zum deutschen Volkstum« ausreicht. Letztlich muß der völkisch-ethnische Ballast über Bord geworfen werden. Die hierfür maßgebliche Verfassungs-Vorschrift Art. 116 GG muß demnach durch Gesetz einschränkend ausgelegt werden. Hierfür reicht die einfache Mehrheit aus, weil Art. 116 GG nur »vorbehaltlich anderweitiger gesetzlicher Regelung« gilt. Die erweiternde Auslegung

IV. Migration und Zuwanderung

durch das Gesetz zur Regelung von Fragen der Staatsangehörigkeit und das Bundesvertriebenengesetz, die an völkische Kriterien anknüpfen, ist dagegen ethisch problematisch und daher zu ändern. Auch die Deutsch-Polnische Gesellschaft hat voriges Jahr die Aufspaltung der polnischen Bevölkerung in Polen und »deutsche Volkszugehörige« als unangemessen bezeichnet. Die »deutschen Volkszugehörigen« sollten – sofern sie nicht unstrittig Deutsche sind – wie andere Asylbewerber behandelt werden. Erst dadurch wird der nötige Spielraum für eine Reform der Asylpolitik gewonnen.

Asylpolitik

Das in Art. 16 GG geschützte Asyl-Grundrecht ist die »Freiheitsstatue unserer Verfassung« (Burkhard Hirsch) und darf nicht geändert werden. Allein die gegenwärtige restriktive Handhabung des Asylrechts ist ethisch fragwürdig. Es ist wenig überzeugend, daß in einem der reichsten Länder der Welt nur 3 % Asylbewerber anerkannt und weitere 3 % als de-facto-Flüchtlinge (als »Flüchtlinge« zweiter Klasse) geduldet werden. Genauso wenig überzeugend ist es, wenn durch Verschärfungen der Gesetzgebung und Rechtsprechung beinahe ganze Flüchtlingskontingente aus der Gruppe der politisch Verfolgten herausdefiniert werden; so ist etwa 1990 die Anerkennungsquote für Eritreer von 87 % auf 4,5 % gefallen, ohne daß sich in diesem Zeitraum die Situation in Eritrea verändert hätte. Ethisch problematisch ist auch die Differenzierung zwischen Folter aus politischen und aus sonstigen Motiven. Völlig abzulehnen ist die Einführung der Visumspflicht für Länder mit politischer Verfolgung, begleitet von der Androhung von Bußgeldzahlungen für die Fluggesellschaften, die politisch Verfolgte ohne Visum nach Frankfurt oder Berlin transportieren.

Es ist bezeichnend, daß der Visumszwang nicht gegen Wirtschaftsflüchtlinge eingesetzt wurde, sondern gezielt gegen solche Herkunftsländer, aus denen mit Asylberechtigten gerechnet werden muß. Es ging also nicht um die Bekämpfung des Mißbrauchs, sondern um eine Einschränkung des Asylrechts. Zwei andere Schikanen für Asylbewerber – das langjährige Arbeits- und Bewegungsverbot – müssen endgültig abgeschafft werden, nachdem sie nun vorläufig aufgehoben worden sind. Schließlich darf auch nicht der Versuchung nachgegeben werden,

Sozialhilfe für Asylbewerber in Sachleistungen umzustellen – solche Methoden wären für die Bewerber entwürdigend und daher unhaltbar.

Ausweitung des Asylrechts

Ich möchte über den Vorschlag hinausgehen, den Stefan Kessler in dieser Zeitschrift vorgelegt hat. Er hat dafür plädiert, die bisherigen Regelungen, die eine Abschiebung ausschließen (Asylrecht und Duldung als de-facto-Flüchtling), unter dem gemeinsamen Dach des Asylrechts zusammenzufassen. Nach dieser Auffassung würden keine neuen Schutztatbestände geschaffen werden; als asylberechtigt soll nach diesem Vorschlag anerkannt werden, wer aus begründeter Furcht vor Verfolgung wegen seiner Rasse, Religion, Nationalität, Zugehörigkeit zu einer bestimmten sozialen Gruppe oder wer wegen seiner politischen Überzeugung nicht in sein Herkunftsland zurückkehren kann, sowie wer vor Krieg oder Bürgerkrieg flieht. Wichtig an diesem Vorschlag ist – neben höherer rechtlicher Klarheit – die Anhebung der Duldung auf das gesicherte Bleiberecht des Asylberechtigten. Der Umstand, daß die Mehrheit in der Innenministerkonferenz dafür plädiert hat, jetzt die generellen Bleiberegelungen für de-facto-Flüchtlinge aus Krisenregionen aufzuheben und die meisten dieser Flüchtlinge abzuschieben, zeigt den ungesicherten Rechtsstatus der Duldung. Über diesen wichtigen Vorschlag Kesslers hinaus möchte ich eine Ausweitung des gesicherten Aufenthaltsstatus – in Form des Asylrechts (oder der Aufenthaltsberechtigung bzw. der unbefristeten Aufenthaltserlaubnis) – erreichen, auch durch eine Erweiterung der Schutztatbestände. Dies schon allein deshalb, weil die exakte Grenzziehung zwischen politischer Verfolgung, Zugehörigkeit zu einer bestimmten sozialen Gruppe einerseits und hoher wirtschaftlicher Bedrängnis andererseits häufig nur schwer zu ziehen ist. Große wirtschaftliche Not vertreibt ebenso aus dem Herkunftsland wie politische Verfolgung. Vorschläge, Länderlisten der Staaten festzulegen, in denen keine politische Verfolgung (sowie keine Verfolgung nach der Genfer Flüchtlingskonvention und keine hohe wirtschaftliche Bedrängnis) stattfindet, sind nur begrenzt hilfreich. Denn vor zwei Jahren hatte bereits eine Expertengruppe des Bundes und der Länder einen solchen Staatenkatalog allein bezüglich der politischen Verfolgung diskutiert und als Länder Österreich, Schweiz, Skandinavien, Kanada und USA benannt. Aus diesen Ländern kommen aber so gut wie keine Asylbewerber. Wer wollte aber seine Hand dafür ins Feuer legen, daß in der Türkei, Jugoslawien, Rumänien, Bulgarien, Afghanistan, Iran, Sri Lanka oder Libanon keine politische Verfolgung stattfindet? Die vom früheren baden-württembergischen Ministerpräsidenten Späth im Oktober 1990 vorgelegte Länderliste ist inakzeptabel, weil sie viele politisch und anders Verfolgte von vornherein ausgrenzt und damit das Asylrecht aushöhlt.

Neues Einwanderungsgesetz

In Anlehnung an einen Vorschlag von Stuttgarts OB Rommel plädiere ich dafür, ein vernünftiges Einwanderungsgesetz zu schaffen und jedes Jahr eine (relativ) bestimmte Anzahl von Ausländern aufzunehmen. In gleiche Richtung zielen jetzt neuere Vorschläge in der SPD, wie sie insbesondere von Oskar Lafontaine, Hans Eichel und Dieter Spöri geäußert wurden. Alles hängt dann aber von den Kriterien einer Aufnahme ab – und hier wäre von den oben genannten Vorschlägen zu unterscheiden: So müßten einige Kriterien zwingend den gesicherten Aufenthaltsstatus rechtfertigen; zu ihnen gehören zusätzlich zur politischen Verfolgung die begründete Furcht vor Lebensgefahr, Folter und anderer grausamer, unmenschlicher Behandlung. Dies bedeutet, daß es Prioritäten unter den Kriterien einer gesicherten Aufnahme geben muß, zumindest in dem Sinne, daß einige zwingend und andere relativ, also einer Abwägung zugänglich sind. Das Vorliegen der zwingenden Kriterien führt dazu, daß die von der Bundesregierung vorzusehende Aufnahmequote überstiegen wird. Nur zu den relativen Kriterien darf das Anknüpfen an vage deutsche Kultur und deutsche Traditionen gehören, sofern gesichert ist, daß es sich nicht um völkisch-rassische Gesichtspunkte handelt. Ob entsprechend einem Vorschlag von Herbert Schnoor besondere Verpflichtungen gegenüber den sowjetischen Juden, den Rußland-Deutschen und den Roma bestehen, wäre zu überdenken. Die von der Bundesregierung festzulegende Aufnahmequote muß jährlich neu festgelegt werden und in einer zu den Nöten der Flüchtlinge realistischen Höhe liegen (nicht unter ein Viertel bis der Hälfte der jetzigen Asylbewerber, z. Z. zwischen 50.000 bis 100.000). Sie sollte zugleich verdeutlichen, daß wir Deutsche bereit sind, aus Solidarität mit den Verfolgten bis an äußerste Kapazitäts-

grenzen zu gehen. Diese Quote ist – wie gesagt – relativ in dem Sinne, daß bei zwingenden Kriterien weiter aufgenommen wird, auch wenn die Quote überschritten ist. Das vereinfachte Verfahren im Rahmen der (relativen) Kontingentierung sollte für politisch und sonstige Verfolgte und für die Armutsflüchtlinge Anwendung finden, weil hierdurch die Begrenzung auf die politische Verfolgung wegfällt, das Verfahren damit an Klarheit und Transparenz gewinnt und das Verfahren angesichts der eindeutigen Kriterien sehr rasch beendet werden kann. Sofern man das vereinfachte Verfahren im Rahmen der (relativen) Kontingentierung allein für die Armutsflüchtlinge gelten lassen will, müßte für eine kürzere Abwicklung des Asylverfahrens gesorgt werden. Vordringlich wäre demnach das Aufstellen von Katalogen mit Prioritäts-Prinzipien. Diese könnten etwa folgendermaßen aussehen:
- *zwingende Kriterien*: politische Verfolgung; begründete Furcht/Flucht vor Lebensgefahr, Folter und anderer grausamer, unmenschlicher Behandlung (Priorität 1);
- *relative Kriterien*: begründete Furcht/Flucht vor Verfolgung wegen der Rasse, Religion, Nationalität, politischen Überzeugung oder wegen der Zugehörigkeit zu einer bestimmten sozialen Gruppe; begründete Furcht/Flucht vor Krieg oder Bürgerkrieg »soweit nicht schon unter 1 erfaßt« (Priorität 2);
- begründete Furcht/Flucht vor Hungersnot und vor großen Umweltkatastrophen (Priorität 3);
- sonstige Fälle von sehr hoher wirtschaftlicher Bedrängnis (Priorität 4);
- sonstige Fälle von wirtschaftlichen Einbußen, insbesondere aus dem ehemaligen Ostblock, wobei hierbei (neben sowjetischen Juden und Roma) diejenigen Vorrang erhalten, die früher Deutsche waren und sich auch heute noch als Deutsche verstehen (Priorität 5 und 6).

Regelungsansätze

Es bedeutet eine Gefährdung des in Art. 6 GG gewährten Schutzes auch ausländischer Familien, wenn die Aufenthaltserlaubnis für in der Bundesrepublik geborene Kinder vom Nachweis hinreichenden Wohnraums abhängig gemacht wird (§ 17 Abs. 2 AuslG). Hierdurch und durch die starren Fristen-Regelungen für den Antrag auf Aufenthaltserlaubnis können viele Familien schnell in die Illegalität gedrängt werden. Durch

IV. Migration und Zuwanderung

das Ausländergesetz vom 9. Juli 1990 wird nicht nur die Überwachung der Ausländer und die Reglementierung ihrer Erwerbstätigkeit verstärkt, sondern es werden vor allem auch die Ausweisungsgründe ausgedehnt: Während bisher eine Verurteilung zur Ausweisung erforderlich war, will man sich heute mit dem bloßen Verstoß begnügen (§ 46 Nr. 2 AuslG); heute reicht weiterhin der Verstoß gegen alle Rechtsvorschriften (u. U. gegen die Norm über regelmäßigen Schulbesuch), während es bisher allein um Straftatbestände gegangen war. Noch drängender ist die Reform des völkisch orientierten und aus dem Jahr 1913 stammenden Reichs- und Staatsangehörigkeitsgesetzes (RuStAG): Der Erwerb der deutschen Staatsangehörigkeit kann allein erfolgen durch die Abstammung von einem deutschen Staatsangehörigen und einer deutschen Staatsangehörigen. Dieses jus-sanguinis-Prinzip gehört nicht zur demokratischen Tradition der deutschen Geschichte. Es entspricht auch nicht mehr dem modernen Staat, der eher durch eine Relativierung der Bedeutung der Staatsangehörigkeit zu kennzeichnen ist. Angesichts einer international verflochtenen Wirtschaft und Gesellschaft folgen die Arbeitskräfte den Arbeitsplätzen und werden Familien über Grenzen hinweg gegründet. Die Geburt im Bundesgebiet und das Hereinwachsen in diese Gesellschaft durch Schule und Beruf muß künftig eine wichtige Rolle für den Erwerb der deutschen Staatsangehörigkeit spielen.

Kommunales Ausländerwahlrecht

Die Bundesrepublik würde sich mit einer Entscheidung gegen das kommunale Ausländerwahlrecht von der Entwicklung des Demokratieverständnisses in den demokratischen Nachbarländern abkoppeln. Ein solcher deutscher Sonderweg kann allein anknüpfen an Carl Schmitts Verständnis der Demokratie als Herrschaft einer homogenen Gruppe über die, die nicht dazugehören. Die Formel, das Wahlvolk sei auch immer das Staatsvolk, ist heute problematisch geworden. Denn faktisch ist die Bundesrepublik zum Einwanderungsland geworden. Von den 4,7 Millionen Ausländern, die inzwischen in der Bundesrepublik leben, sind 60 % länger als 10 Jahre bei uns; und über 67 % der ausländischen Kinder sind bei uns geboren. Aber nur weniger als 1 % dieser Ausländer hat bisher die deutsche Staatsangehörigkeit erwerben können. Das im Grundgesetz verankerte Bekenntnis zur offenen Staatlichkeit und zu

Europa bedeutet eine Abwendung vom Nationalstaatsprinzip. Es ist daher nicht einzusehen, warum nicht auf kommunaler Ebene zumindest den EG-Bürgern das Stimmrecht gegeben werden sollte. Die negative Entscheidung des Bundesverfassungsgerichtes vom 31. Oktober 1990 kann und darf nicht das letzte Wort in dieser Sache bleiben. Die deutschen Politiker sollten die unmittelbar bevorstehende EG-Richtlinie zur EG-weiten Einführung des kommunalen Ausländerwahlrechts dazu benutzen, jetzt bereits das Grundgesetz zu ändern, damit Länder auf dieser Basis schon vor der EG-Richtlinie das kommunale Ausländerwahlrecht einführen können.

Sozial-, Regional- und Entwicklungspolitik

Ohne eine neu konzipierte Sozial-, Regional- und Entwicklungspolitik ist letztlich jede Reform des Ausländerrechts zum Scheitern verurteilt: Einwanderungsprobleme lassen sich nicht durch Reformen des Ausländerrechts, sondern allein durch einen weitgehenden Abbau des Wohlstandsgefälles in Europa und durch eine Bekämpfung der Armut in den Ländern der sogenannten Dritten Welt lösen. Vordringlich sind gezielte Strukturhilfen im Armenhaus Europas und die Herstellung annähernd gleicher Lebensverhältnisse in den fünf neuen Bundesländern, aus denen nach wie vor Deutsche in die westliche Bundesrepublik abwandern. Vor Ort müssen die Probleme beseitigt werden, die dort Menschen aus Verzweiflung zur Flucht nach Deutschland treiben. Das strikte Verbot von Rüstungsexporten in die Dritte Welt und die deutlich höhere Bereitschaft Deutschlands zu Hilfen an die Dritte Welt gehören ebenfalls dazu. Wir müssen deutlich machen, daß wir zu teilen bereit sind. Dies gilt nicht nur gegenüber der »Ex-DDR«, sondern auch gegenüber Osteuropa und der Dritten Welt. Der deutsche Einigungsprozeß darf nicht den Blick dafür versperren, wie sehr unsere Hilfe in Afrika, Lateinamerika, Polen, UdSSR und anderen Ländern erforderlich ist. Eine neukonzipierte Sozial- und Wohnungspolitik in der Bundesrepublik würde ebenfalls einen wichtigen Beitrag zum Abbau von Fremdenfeindlichkeit leisten. Der Bau von genügend Wohnraum, die Sicherung von sozialverträglichen Mieten und alle Maßnahmen zur Förderung einer multikulturellen Gesellschaft müssen zu den prioritären Aufgaben der nächsten Zeit gehören. **[NG|FH 12|1991]**

Klaus J. Bade

Multikulturalismus und Einwanderungssituation: deutsche Probleme und atlantische Perspektiven

Es gibt in Deutschland eine weitgefächerte Diskussion über »Multikulturalismus« mit fließenden Grenzen zwischen politologischen Tiefflügen und sozialromantischer Schwärmerei. Relativ isoliert und nicht selten denunziert, lag lange daneben die kalte Zone der Diskussion um Einwanderungsgesetzgebung und Einwanderungspolitik. Erst langsam wächst die Einsicht, dass beides – Multikulturalismus und Einwanderungspolitik – zwei Seiten der gleichen Medaille sind.

Die »Rede von der multikulturellen Gesellschaft« ging aus von der Frage nach der Übertragbarkeit überseeischer Modelle auf Europa. Sie fragt aber auch schlicht danach, was »Multikulturalismus« überhaupt ist, historisch war oder künftig sein soll. Konsens ist nicht erreicht. Jenseits der Debatten intellektueller Zirkel aber wirkt das Hieb- und Stichwort »Multikulturalismus« in der öffentlichen und politischen Diskussion um Einwanderungsfragen in Deutschland oft sogar kontraproduktiv und bestärkt, was abzubauen seine Botschaft ist – fremdenfeindliche Abwehrhaltungen in der Einwanderungssituation. Das hat hierzulande unter anderem drei Gründe:

Ein Grund für fremdenfeindliche Abwehrhaltungen ist der geschichtsfremde Traum von einer urwüchsigen »kulturellen Homogenität« – obgleich auch die Kulturgeschichte der Deutschen Ergebnis kultureller Synthese war und alles andere als klinisch reine Monokultur; abgesehen davon, dass in der Geschichte weiterhin polyethnische und multikulturelle Strukturen die Regel und ethnisch »reine« Nationalstaaten die Ausnahme waren. Die Wendung gegen den Traum von der »kulturellen Homogenität«, der für die »Fremden« im Lande immer ein Alptraum war und ist, verträgt sich sehr wohl mit der Akzeptanz einer kulturellen Axiomatik, die den einen verfassungspatriotischer Grundkatalog, den anderen fundamentaler Wertekonsens ist und auch in der Diskussion um Multikulturalismus und Einwanderungsgesellschaft nicht zur Disposition stehen kann.

Ein zweiter Grund für fremdenfeindliche Abwehrhaltungen ist die Flucht aus der mentalen Überforderung durch eine fiktive Einwanderungssituation: In der realen Einwanderungssituation ist die Begegnung mit Menschen aus anderen Kulturen und mit den Grenzgängern zwischen alter und neuer Welt längst geläufige Alltagserfahrung geworden. Es gab und gibt, oft krisenbedingt, trotzdem ökonomische, soziale und mentale Ängste – weniger um die »Kultur« als um die Sozialwohnung und den Arbeitsplatz. Dabei siedeln tönende Ideologiekritik, wohlwollende Aufklärung und gesamtwirtschaftliche Überlegungen zu Arbeitskräftebedarf und Generationenvertrag auf durchaus anderen Ebenen als individuelle Konkurrenzerfahrungen im Sozialamt und am Arbeitsmarkt. Reale Ängste aber werden überwuchert durch weniger aus konkretem Erleben als aus dem Hörensagen genährte und durch die grassierende politische Perspektivlosigkeit bestärkte fremdenfeindliche Projektionen. Im Gespensterreich der fiktiven Einwanderungssituation, die auch unter Medieneinsatz in die Köpfe kommt, pervertiert die alltägliche Begegnung mit Nachbarn aus anderen Kulturen zur Begegnung mit Fremden aus fremden Kulturen. Eingesetzt hat nicht eine »Überfremdung« Deutschlands, sondern eine Verfremdung der Begegnungen durch reale Ängste und fiktive Schreckbilder. Das Boot ist nicht voll, aber es läuft aus dem Ruder.

Ein dritter Grund für fremdenfeindliche Abwehrhaltungen liegt im konzeptionellen Versagen von Politik vor den Problembereichen von Migration, Integration und Minderheiten. Ursache war die schon vor einem Jahrzehnt mit Warnung vor den – heute längst eingetretenen – Folgen beklagte defensive Erkenntnisverweigerung gegenüber einer schon damals lange klar erkennbaren, neuen sozialen Frage, die heute zunehmend auch Züge einer ethno-sozialen Frage annimmt. Es war die Flucht aus der politischen Handlungsverantwortung aus Angst vor dem Bürger als Wähler unter der heute schon mehr als ein Jahrzehnt alten parteiübergreifenden Losung: »Die Bundesrepublik ist kein Einwanderungsland.« Damit wurde eines der brisantesten gesellschaftlichen Problemfelder der Gegenwart in seiner Existenz dementiert und als Gestaltungsbereich tabuisiert. Tabu und Dementi haben dafür gesorgt, dass hierzulande mehr als ein Jahrzehnt lang nicht entwickelt werden konnte, was heute zu einem geradezu existentiellen gesellschaftlichen Defizit geworden ist: Konzeptionen für Politik in der Einwanderungssituation. Aus der Geschichte dieses Versagens kommt die gefährliche Ratlosigkeit gegenüber den Problembereichen von Migration, Integration und Minderheiten. Die Geschichte aber kennt nicht die Chance zu rückwirkender Kurskorrektur, sondern bestenfalls die zu Schadensbegrenzung und aktiver Schlussfolgerung aus den Fehlern von gestern.

Angst und Ratlosigkeit im Umgang mit Multikulturalismus und Einwanderungssituation wurden gesteigert durch die Konfrontation mit den Exzessen innerhalb und außerhalb der deutschen Grenzen: Die Spur der Gewalt gegen Fremde und solche, die dafür gehalten oder dazu gemacht wurden, lief im deutschen Pogrom-Herbst 1991 von Hoyerswerda im Osten nach Hünxe im Westen und kehrte ein Jahr später nach Osten zurück: Im Straßenkrieg der Rostocker Nächte vom August 1992 zeigte der Terror eine seit langem vorausgesagte und ebenso lang dementierte beziehungsweise an das karitative Engagement von Sozialarbeitern delegierte neue Qualität – die Gewalt von Fremden im eigenen Land gegen zugewanderte oder zugewiesene Fremde von außen und schließlich gegen das Fremde an der deutschen neuen Welt an sich.

Atlantische Erfahrungen

Während im Lande der Betroffenheit die Freunde des Guten in der Konfrontation mit der Gewalt auf den Straßen zunächst wie vom Schock gelähmt reagierten und sich nach den Morden von Mölln (November 1992) zum stummen Protest in Lichterketten fanden, schlich sich in der ausländischen Diskussion die Rede von »deutschen Verhältnissen« ein. Seit den Morden von Solingen Ende Mai 1993, seit der Eruption kollektiver Gewalt auf den Straßen des Tatorts und seit den Terrorakten der kurdischen PKK vom Juni 1993 wächst die Sorge vor bürgerkriegsartigen Szenarien in der tiefgestaffelten und unübersichtlichen Einwanderungssituation in Deutschland, in der sich viele Spannungslinien überschneiden. Aber die Deutschen stehen in der Konfrontation mit der Gewalt nicht allein.

Im Szenario interethnisch aufgeladener Gewalt spannte sich ein transatlantischer Bogen 1992 von Los Angeles bis Sarajewo, ein kontinentaler vom Balkan bis zum Kaukasus. Auf der westlichen Seite des transatlantischen Bogens lag 1992 die in ihrem Südzentrum explodierende multikulturelle Megastadt in Kalifornien, die von der Nationalgarde und schließlich von regulärem Militär vor sich selbst geschützt werden mußte. Auf der östlichen Seite liegt das blutige Inferno im früheren Jugoslawien, wo der teils gewachsene, teils oktroyierte multikulturelle Konsens in einem polyethnischen Staat mit historischen Sollbruchstellen zuerst spontan, dann systematisch von innen zerstört wurde, von außen begleitet durch eine Tat- und Ratlosigkeit signalisierende Friedfertigkeitsoperette der Völkergemeinschaft.

Verallgemeinerungen sollten unterbleiben, zu groß sind die Unterschiede im Einzelnen. Allen Fällen gemeinsam aber ist ein wachsendes Maß an Gewaltbereitschaft und Gewaltakzeptanz im Spannungsfeld der multikulturellen Begegnung. Bevor noch mancherlei multikulturelle Visionen der letzten Jahre zu Konzeptionen gereift waren, ist schon der Ernstfall eingetreten – wenn man so will der multikulturelle »Verteidigungsfall«. Er hat längst der Geschichte anheimgegebene Gespenster zu neuem Leben erweckt, in der Neuen wie in der Alten Welt, von der Dritten Welt ganz zu schweigen.

In der überseeischen Welt der »klassischen« Einwanderungsländer geht das Zeitalter der identitätsstiftenden sanften Legenden zu Ende – gerade im Land der vermeintlich »unbegrenzten Möglichkeiten«: Beim »amerikanischen Traum« vom zumindest intergenerativen Weg zum Glück war ohnehin nur das Träumen unbegrenzt. Die Verwirklichung des Traums war ethnosozial um so begrenzter. Am vorläufigen Ende des amerikanischen Wegs steht, trotz »Ethno-Pop« und »Come together«, weniger ein multikultureller »melting pot« als eine ethnoplurale »salad bowl« mit ethnosozialen Spannungen. An den extrem unterschiedlich verteilten sozialen Chancenangeboten partizipieren heute »Hispanics« und Asiaten in Kalifornien oft schon besser als die Nachfahren jener Schwarzen, die von den Weißen einst in Ketten in der Neuen Welt empfangen wurden; denn der »Schmelztiegel« war in vieler Hinsicht ein weißer Traum. Auch das gehört zu der schwarzen Wut, die sich, wie so oft in der Ghettosituation, auch gegen andere Minderheiten wendet, gegen Koreaner im brennenden South Central Los Angeles oder gegen Juden in New York – während Rabbi Schindler, der Vizepräsident des Jüdischen Weltkongresses, statt »schwarzem Antisemitismus« nach einer »Allianz von Juden und Schwarzen im Kampf gegen Diskriminierung« ruft.

Derweilen hat an amerikanischen Universitäten schon eine Art akademischer Klassenkampf zwischen Schwarz und Weiß begonnen, hinter dem das lärmende Tauziehen um ethnozentrische Curricula steht. Dem guten alten und nicht selten etwas naiven amerikanischen »Multikulturalismus« ging es zwar um kulturellen Pluralismus, vor allem aber um die bereichernde Integration nichtweißer Kulturen in die angloamerikanische »Common cultures«. Dem hat der neue »partikularistische Multikulturalismus« den Kampf angesagt: Es geht nicht mehr schlicht um »amerikanische« Kultur. Es geht um das Schisma einer fünffach gespaltenen euro-amerikanischen, afro-amerikanischen, hispano-amerikanischen, asiatisch-amerikanischen und schließlich »native«, also indiano-amerikanischen Kultur. Am radikalsten ist dabei die afro-amerikanische bzw. sogar afrozentrische Kampfposition gegen das Christentum als »mental prostitution«, gegen euro-amerikanische Kulturwerte als »mental genocide« und gegen die »DWEMs«, die »Dead White European Male«, also gegen die in der akademischen Lehre dominierenden »toten weißen europäischen Männer« wie Plato oder Cicero, Newton oder Einstein, Dante, Marx oder Freud. Im biologistischen Determinismus des Curriculumforschers Leonard Jeffries vom City College of New York: »Ice-men« contra »Sun-men« – Europäer als kalte, materialistische und individualistische »Eis-Menschen«, Afrikaner als warme, gemeinschaftsorientierte »Sonnen-Menschen«. Tatsächlich haben schon viele Schuldistrikte nicht nur afro-amerikanische, sondern »afrozentrische« Lehrpläne eingeführt, während in zahllosen anderen Chinesisch, Koreanisch oder Griechisch, Spanisch, Kreolisch oder Cherokee zu Unterrichtssprachen geworden sind.

»Vielleicht müssen wir lernen, den Eid auf die Flagge spanisch zu sprechen«, räsoniert der amerikanische Historiker William Sheldon, der das Nürnberger Amerika-Haus leitet, und zitiert den mexikanischen Autor Carlos Fuentes: »Ich glaube an die Latinisierung der Vereinigten Staaten, wir werden einander immer ähnlicher. *The Disuniting of America* hat der Mentor der liberalen amerikanischen Geschichtsschreibung, der Historiker Arthur M. Schlesinger jr., sein jüngstes Buch überschrieben, das vor einer *Enteinigung* der Vereinigten Staaten in partikularistischem Multikulturalismus warnt und vor dem neuen Kult einer Ethnizität, die einer Selbstghettoisierung gleichkomme: Ethnozentrismus als Gefahr für Multikulturalismus dort, wo ethnische Gruppenrechte gegen die fundamentalen Individualrechte ins Feld gestellt werden, von denen eine multikulturelle Gesellschaft lebt. In der einflußreichen sicherheitspolitischen Zeitschrift *The National Interest* warnt unterdessen Graham

Fuller von der Rand Corporation vor einer »Libanisierung« Amerikas durch das Vordrängen eines ethnozentrisch-segregativen auf Kosten eines integrativen Multikulturalismus mit angloamerikanischer Leitidentität. Andere warnen vor einer »Balkanisierung« Amerikas oder gar, im Blick auf das »sowjetische Apartheid-System«, vor einem »sowjetischen Modell« auf amerikanischem Boden mit interethnischen Konfliktzonen.

Das vermeintlich unsinkbare Traumschiff der multikulturellen amerikanischen Identität scheint ins Eisfeld der »Ethnizität« zu geraten. Aber Angst vor dem Titanic-Effekt ist sicher unangebracht; denn vieles ist überzeichnet in der schrillen Diskussion um Multikulturalismus und amerikanischen Konsens. Der »American consensus«, der im Kern nach wie vor ein »male wasp consensus« ist, wird durch die Spannung zwischen Defensive und Öffnung zweifelsohne strapaziert, aber, so der Frankfurter Historiker Hans-Jürgen Puhle: »The ›unity‹ of the United States, it seems, is not really in danger.«

Auch in Kanada mehren sich Sorgen um Einwanderungspolitik, Bilingualismus und Multikulturalismus, bei dem es hier im historischen Kern um franko-anglo-kanadischen Spannungsausgleich auf Verfassungsebene geht. Das zur Eruierung der verfassungspolitischen Erwartungen der Bevölkerung eingesetzte »Bürgerforum für die Zukunft Kanadas« hat in seinem Schlußbericht 1991 festgestellt, dass die Mehrheit der kanadischen Einwanderungsgesellschaft sich zwar nach wie vor mit dem Konzept des aktiven Multikulturalismus identifiziert, zugleich aber auch nach stärkeren Bemühungen um die Integration der Einwanderer verlangt. Anderen Umfragen zufolge meint fast die Hälfte der Kanadier, das Land nehme »zu viele Einwanderer« auf und riskiere damit »gefährliche soziale Spannungen«.

Nicht nur Ethnozentrismus ist eine Gefahr für Multikulturalismus. Schon wo integrativer Multikulturalismus als Eingliederungshilfe zu einer diffusen »multi-ethnischen Sammelidentität« verkommt, kann das Energiezentrum »Ethnizität« zerstörerische Sprengkraft entfalten. »Nichts existiert in den europäischen Kulturen, das sich entweder auf einen ethnischen Pluralismus oder auf eine Schwächung der eigenen Kultur vorbereitet«, so heißt eine amerikanische Warnung an Europa. »Ähnliches könnte auch in Europa geschehen, wenn die Migration nicht eingedämmt wird. Multikulturalität ist eine Illusion und eine gefährliche Ideologie, die diese Gefahr ausblendet«, schreibt in Europa Bassam Tibi, selbst Einwanderer in Deutschland, und fragt: »Kann Europa das leisten, woran Amerikaner scheinbar gescheitert sind?«

Rache der Kolonialgeschichte

Zurück nach Europa: England, das frühere Mutterland auch der nordamerikanischen Kolonien, mag als Beispiel dienen für »Multikulturalismus«, der aus der eigenen Kolonialgeschichte kommt: »The Empire strikes back«, könnte man meinen – die farbige Einwandererbevölkerung aus den ehemaligen Kolonien als Rache der Kolonialgeschichte: »We are here cause you were there.« Der bengalische Schriftsteller Nirad Chaudhuri nennt das Land, das die Trauerarbeit über den Verlust des Empire noch längst nicht abgeschlossen hat, in Umkehrung des berühmten Wortes das »Juwel in der Krone Indiens«. E. P. Thompson wiederum hat England die letzte Kolonie des Empire genannt, während Salman Rushdie, der Autor der verfemten »Satanischen Verse«, im Blick auf den Rassismus in England von einem neuen Empire innerhalb Großbritanniens sprach.

Sie sind im Stadtbild nicht zu übersehen, die knapp 5 % der Bevölkerung umfassenden ethnischen Minderheiten: die afro-karibischen Briten in Londons Nord-Kensington, die Bengalis in Spitalfields und die asiatischen Briten im nördlichen Bradford, das gelegentlich die »Hauptstadt Pakistans« genannt wird. Am Anfang stand, wie Gina Thomas spitz bemerkt hat, der Gedanke, »die farbigen Einwanderer mehr oder minder als Briten zweiter Klasse assimilieren zu können«. Der dann folgende ethnoplurale Traum vom Multikulturalismus der sechziger Jahre hat vorwiegend zum Pluralismus der Speisekarten geführt. Enoch Powells Alptraum vom Ende der sechziger Jahre, die englische Kultur werde in einem ethnischen Bürgerkrieg in »Strömen von Blut« versinken, ist zwar eine demagogische Groteske geblieben; aber die von »fremden Briten« gegen »einheimische Briten« eingeklagten Forderungen nach sozialer Gerechtigkeit ohne ethnische Diskriminierung sind noch Zukunftsaufgaben in der zunehmend multikulturellen Einwanderungsgesellschaft auf jener Insel im Westen Europas, deren Imperium einmal die Welt umspannte.

Andere frühere Kolonialnationen Europas wie Frankreich, die Niederlande oder Portugal haben ihre eigenen Erfahrungen mit der Rückwanderung »einheimischer« und der Einwanderung »fremder« Bevölkerungen aus den ehemaligen Kolonien gemacht. Das unterscheidet sie von der jüngeren Einwanderungsgeschichte jener europäischen Länder, die diese koloniale Dimension der Einwanderung nicht kennen, weil sie keine Kolonien hatten oder sie nur kurz besaßen und früh verloren. Zu dieser Gruppe zählt Deutschland, für das sich, wie für Schweden, im Wanderungsgeschehen der letzten hundert Jahre die Bewegungen und die damit verbundenen Probleme im Wandel vom Aus- zum Einwanderungsland geradewegs umgekehrt haben – in Schweden auch de jure, in Deutschland bislang nur de facto.

Deutsche Perspektiven

In der Konfrontation mit den Problembereichen Migration, Integration und Minderheiten täten die Deutschen gut daran, sich zu erinnern, dass Millionen ihrer Vorfahren einst als Einwanderer ebenso Fremde im Ausland waren wie heute Ausländer in Deutschland: Fast sechs Millionen zählt heute die Ausländerbevölkerung in der Bundesrepublik. Rund ebenso viele Deutsche wanderten vom frühen 19. bis zum frühen 20. Jahrhundert in die Vereinigten Staaten aus. Sie stellten dort 1861–1890 sogar die größte Einwanderergruppe. An der gesamten Einwanderung aus Europa seit 1820 waren sie mit 15 % am stärksten beteiligt. Sie suchten, wie andere Einwanderergruppen auch, zunächst ihresgleichen im Einwanderungsprozeß, siedelten im ländlichen »German belt« des »deutschen« Mittelwestens oder in ihren »ethnic communities« und »Little Germanies« der explodierenden Einwandererstädte: in Chicago, Minneapolis oder St. Louis und besonders in New York, das im späten 19. Jahrhundert ebenso eine der größten »deutschen« Städte nach Berlin war, wie heute Berlin eine der größten »türkischen« Städte nach Istanbul und Ankara ist.

Die Geschichte weiß auch von der Spannung zwischen einheimischen Amerikanern und den in Massen zuwandernden Fremden aus dem fernen »Germany« und von der notwendigen Geduld mit diesen Deutschen. Sie waren in der ersten Generation oft weit weniger »assimilationsfreudig« als ihr Ruf und brauchten zur kompletten Eingliederung, wie die anderen Gruppen auch, in der Regel drei Generationen. Daher im Amerikanischen und heute aus gutem Grunde auch im Deutschen die Rede von der »Ersten«, der »Zweiten« und der »Dritten (Einwanderer-)Generation«.

IV. Migration und Zuwanderung

Solche historischen Erfahrungen können heute Orientierungshilfe leisten in den aktuellen Problemfeldern von Migration, Integration und Minderheiten, deren Ressortfähigkeit von der Politik in der Bundesrepublik noch immer nicht entdeckt worden ist. Dabei geht es hier um Lebens-, wenn nicht sogar um Überlebensfragen für die gesellschaftliche Zukunft in Deutschland und Europa – zumindest dann, wenn diese Ankunft friedvoll bleiben soll.

Zur Erinnerung: Legislative und politische Antworten auf Einwanderungsfragen heißen nicht »Ausländerrecht« und »Ausländerpolitik«, sondern »Einwanderungsgesetzgebung« und »Einwanderungspolitik«. Aversionen dagegen hatten ihren Grund lange 1. in der einseitigen Orientierung am europäischen Massenexodus in die überseeischen Einwanderungsländer des 19. Jahrhunderts, 2. in einer Verwechslung von »Einwanderungspolitik« mit bloßer Einwanderungsförderung und 3. in der Sorge der Tabu-Front, eine legislative Beschäftigung mit dem mißliebigen Phänomen der Einwanderung führe unvermeidlich zur amtlichen Anerkennung seiner vergeblich dementierten Existenz. Aber Millionen von echten Einwanderern sind zum Teil schon in drei Generationen im Land, andere drängen nach, und das sperrige Einwanderungsland wider Willen gerät unter den Druck der Folgen eigener Versäumnisse.

Ein Einwanderungsland im Sinne »klassischer« Einwanderungsländer des 19. Jahrhunderts kann die Bundesrepublik ohnehin weder sein noch werden. Auch die neue Einwanderungssituation ist, trotz mancher Parallelen, nicht zu verwechseln mit »klassischen« Einwanderungssituationen in den überseeischen Neuen Welten des 19. Jahrhunderts; denn sie verstanden sich nicht nur a priori als Einwanderungsländer, ihre Gesellschaften wurden auch durch den Einwanderungsprozeß selbst erst geprägt.

Heute ist der Anpassungsdruck im Einwanderungsprozeß sicher höher als in den »klassischen« Einwanderungsländern des 19. Jahrhunderts. Durch die Infragestellung einseitiger Assimilationsforderungen und die Verbreitung multikultureller Lebensformen sind aber auch Freiräume entstanden für offenere Formen gesellschaftlicher Begegnung in der Einwanderungssituation. Von einer falschen Alternative geht dabei die Frage aus, ob multikulturelle Lebensformen Durchgangsstadien im Einwanderungsprozeß seien oder, umgekehrt, die Einwanderungssituation eine Etappe auf dem Weg zur multikulturellen Gesellschaft:

Jenseits engerer, vom Rechtsakt der Einbürgerung ausgehender Vorstellungen ist Einwanderung ein in der Regel intergenerativer Sozial- und Kulturprozeß. Eine Perspektive der multikulturellen Toleranz würde in diesem Zusammenhang stärker darauf abstellen, Einwanderung als Prozeß auf Gegenseitigkeit zwischen Aufnahmegesellschaft und Einwanderergruppen zu betrachten und zu gestalten.

Multikulturalismus kann, als Leitmotiv sozialen Handelns und nicht als sozialromantische Ersatzreligion verstanden, den Eingliederungsprozeß entkrampfen, aber nicht ersetzen, nicht einmal, wie das kanadische Beispiel zeigt, im Range eines Verfassungsauftrages. Auch eine multikulturelle Einwanderungsgesellschaft braucht, gerade zum Schutz ihrer Lebensformen – z. B. gegen von »kultureller Homogenität« träumende Einwanderungswillige – klare Verkehrs- und Vorfahrtsregeln. Es geht um Einwanderungsgesetzgebung, Einwanderungs- und Integrationspolitik bei aktivem Minderheitenschutz. Das ermöglicht den soziokulturellen und ethnosozialen Balanceakt, der eine Lebensfrage ist für multikulturelle Toleranz und sozialen Frieden in der Einwanderungssituation.

Multikulturalität als Gegenentwurf zu Abschottung und Abgrenzung, gibt Dieter Senghaas zu bedenken, sei als axiomatische Abstraktion im sozialen und soziokulturellen Bereich zwar ebenso unangreifbar wie das Prinzip des Freihandels im ökonomischen Bereich. »Aber so wie Freihandel nur unter spezifischen Bedingungen entwicklungsfördernd ist, so ist aller Erfahrung nach Multikulturalität nur in gewissen Ausmaßen sozial wirklich verträglich. Es hat wenig Sinn, das Prinzip der Multikulturalität von Gesellschaften abstrakt zu verfechten, wenn nicht gleichzeitig berücksichtigt wird, wieviel von ihr in einzelnen Gesellschaften aufgrund konkreter Ausgangslagen (Bevölkerungsdichte, politische Kultur, wirtschaftliche Situation usf.) problemlos verdaubar ist. Man schadet der guten Idee, wenn man sie nicht qualifiziert vertritt.«

Die Herausforderung der Einwanderungssituation aber muss legislativ beantwortet werden mit einem für beide Seiten, für Aufnahmegesellschaft und zugewanderte Minderheiten, gleichermaßen transparenten Rechtsgebäude zur Gestaltung von Lebensperspektiven. Es muß eingebettet sein in ein wirtschafts-, sozial- und kulturpolitisches Gesamtkonzept für Migration, Integration und Minderheiten. Es muss das gesamte Spektrum erfassen und durch Ausgleichs- und Vermittlungsfunktionen verhindern, daß einzelne Segmente kollidieren oder gar gegeneinander ausgespielt werden. Dazu gehört schließlich eine differenzierte, gestufte und in den Übergangszonen flexible Konzeption für die aktive Begleitung von Eingliederungsprozessen und für das Zusammenleben mit und innerhalb der zugewanderten Minderheiten. Sie sollte ein institutionelles Netz bieten für weitgefächerte und tiefgestaffelte Hilfs- und Verständigungsangebote.

Europäische Dimensionen

Nationale Konzepte müssen eingebracht werden in den übergreifenden Kontext einer europäischen Migrations- und Flüchtlingspolitik. Von dieser euro-internationalen Ebene aus muss im globalen Zusammenhang ein gemeinsamer Beitrag erstrebt werden zu einer neuen, entwicklungsorientierten Migrationspolitik bzw. migrationsorientierten Entwicklungspolitik, die ohne internationalen »Lastenausgleich« nicht mehr denkbar ist.

Europäische Konzepte sollten dabei nicht nur von oben nach unten, von der supranationalen über die nationale herab bis zur kommunalen Ebene strukturiert werden, sondern gewissermaßen auch »quer« zu diesen Strukturen; denn die zu erwartenden ethnosozialen und regionalen Probleme innerhalb eines zusammenwachsenden Europa liegen selbst quer zu diesen Strukturhierarchien. Ohne die Bereitschaft, auf nationaler Ebene umzudenken, wird sich freilich auch auf euro-internationaler Ebene vieles gar nicht, anderes wenig und alles insgesamt zu spät bewegen. »Auf Europa warten« ist nicht nur keine Lösung: Je mehr an ungelösten nationalen Aufgaben an die Zukunft Europas delegiert wird, desto schwieriger ist ihre Geburt.

Diese Zukunft aber wird heute überschattet durch die schockierende europäische Dichotomie des neuen Fin de siécle: Auf der einen Seite werden in der Europäischen Gemeinschaft herkömmliche nationalstaatliche Strukturen schrittweise gelockert – von oben durch supranationale Formen und von unten durch Regionalisierung, bis hin zur Vision von einem multikulturellen Europa der Regionen. Auf der anderen Seite blamiert sich die um die Einhaltung der Menschenrechte, um Sicherheit und friedliche Zusammenarbeit bemühte Völkergemeinschaft vor dem Blutbad jener »ethnischen Säuberungen« im Südosten Europas, die vielleicht noch immer nicht den völkerrechtlich justitiablen Tatbestand des Völkermords erfüllen, aber doch den des organisierten Verbrechens an der Menschlichkeit.

Der wieder aufflammende Nationalismus in Südost- und Ostmitteleuropa entfacht überdies gefährlichen Funkenflug in Ost-West-Richtung: von der Auflösung der Tschechoslowakei bis zu der neuen Diskussion um den Fortbestand des gemeinsamen Staates von Wallonen und Flamen in Belgien. Im Osten aber wächst die Gefahr eines Zerfalls der postsowjetischen Erbengemeinschaft GUS mit ihren extremen ethnischen Konfliktpotentialen in einem Flächenbrand, der unübersehbare Fluchtbewegungen auslösen könnte. Das reicht vom Bürgerkrieg im Kaukasus über den russisch-ukrainischen Konflikt um die Krim bis zu den Kämpfen zwischen Rumänen und Ostslawen in Moldowa.

Viele Zeichen künden Sturm – nicht unbedingt auf Europa, aber jedenfalls auch für Europa. Dem gilt es vorausschauend Rechnung zu tragen, ohne lähmende Schreckbilder, ohne Hysterie und mit dem nötigen Maß an Pragmatismus und Geduld. »Macht hoch die Tür, die Tor macht weit, es komme, wer da wolle«, mag eine bunte Liebenswürdigkeit sein, ist aber ebensowenig eine politische Lösung wie das Konzept der offenen Grenzen nach innen bei geschlossenen Grenzen nach außen.

Die großen Fragen an die Zukunft der Weltbevölkerung sind offen: Bevölkerungszunahme und -abnahme wie in einem System kommunizierender Röhren? Eine bei sinkenden Geburtenraten und steigender Lebenserwartung vergreisende und abnehmende Bevölkerung in einem befestigten Bunker namens Europa gegenüber der Bevölkerungsexplosion in Ländern der »Dritten Welt« – deren Menschenströme von Europa ausgesperrt bleiben, die aber ihre Märkte offenhalten sollen für europäische Warenströme? Die »Festung Europas muß deshalb nicht nur in ihrer Außenhandelspolitik, sondern auch in ihrer Migrationspolitik Antworten finden auf die weltweite Herausforderung durch ihre eigene Existenz.«

Nötig für die Bewältigung der Zukunft in Deutschland und Europa sind verstärkte Bemühungen um die Eingliederung zugewanderter oder schon im Lande geborener Minderheiten. Nötig sind multikulturell orientierte Toleranz im Eingliederungsprozeß und das Verständnis von Eingliederung als intergenerativem Kulturprozeß auf Gegenseitigkeit. Multikulturalismus ist dabei als romantische Sozialillusion gefährlich und gesellschaftspolitisch hilfreich nur als pragmatische Botschaft der Annäherung. Mehr noch: Es kann in Einwanderungs- und Eingliederungsfragen nur aktiven Multikulturalismus geben. Ein aus Schwäche oder Relativismus geborener, bloß passiver und reaktiver Multikulturalismus wäre ein riskantes Versagen vor dem gesellschaftlichen Regulationsbedarf in der Einwanderungssituation.

Nötig neben aktivem Multikulturalismus, Minderheitenschutz und interkultureller Toleranz im Innern sind klare Optionen der Einwanderungspolitik gegenüber Zuwanderungsdruck von außen. Einwanderungspolitik aber braucht einen Katalog von Werten und eine Skala mit Zahlen. Voraussetzungen dazu wiederum sind konzeptionelle Antworten auf Fragen nach dem nationalen und europäischen Selbstverständnis und nach langfristigen Zielen im Bereich von Bevölkerung und Wirtschaft, Gesellschaft und Kultur. Ohne solche richtungweisenden Konzeptionen bliebe alle Einwanderungspolitik ziellos oder doch dazu verdammt, bloß defensiv zu sein.

All das hat mit Bollwerkmentalität und europäischem Festungsbau solange nichts zu tun, solange Deutschland und Europa aktive politische und wirtschaftliche Konsequenzen aus einer hinlänglich bekannten Einsicht in die Bestimmungsfaktoren des internationalen Wanderungsgeschehens ziehen: Migrationspolitik ohne neue Entwicklungsstrategien bleibt ebenso unzureichend wie eine humanitär gutgemeinte Aufnahme von Flüchtlingen ohne die Bereitschaft zur wirtschaftlichen, politischen und völkerrechtlichen Bekämpfung der Fluchtursachen in einer seit dem Ende des Kalten Krieges überschaubarer, aber auch unkalkulierbarer gewordenen Welt. [NG|FH 9|1993]

Richard Meng
Ticken wir anders?
Die Flüchtlingsdebatte legt so manche Selbsttäuschung offen – und es geht um viel

Es gab deutsche Begriffe, die Eingang in den internationalen Alltagswortschatz fanden. Die berühmte englische Vokabel *kindergarten* etwa. *Willkommenskultur*, so sieht es aus, wird einstweilen eher nicht dazu gehören. Bestenfalls wird man es als Bezeichnung für etwas typisch Deutsches sehen, das man anderswo nicht so recht versteht. Denn immer deutlicher zeigt sich in der Flüchtlingsdebatte: Die emotionale Wahrnehmung der aktuellen Herausforderungen unterscheidet sich in Europa von Land zu Land sehr stark, sodass auch situationsbedingte Stimmungsreflexe sehr unterschiedlich ausfallen können.

Ticken wir Deutschen anders? Die rasante Kehrtwende in der Atompolitik nach dem Reaktor-Crash von Fukushima 2011 ist ein anschauliches Beispiel für die deutsche Praxis der Krisenbewältigung. In den meisten europäischen Ländern hat sich an der Energiepolitik seither nicht viel geändert, weder an ihrer empfundenen Bedeutung noch an ihren Prioritäten. In Deutschland aber war die Welle der wiederauflebenden Anti-Atom-Stimmung so groß, dass Die Grünen im CDU-Stammland Baden-Württemberg führungsfähig wurden und die Strategen in Angela Merkels Kanzleramt zu der demoskopiegesicherten Erkenntnis kamen, dass nur ein radikaler Schwenk in Richtung Atomausstieg einen Meinungsumschwung zugunsten von Rot-Grün auf Bundesebene verhindern würde.

Man könnte diesen besonderen deutschen Reflex rückblickend für eine große Stärke halten. Denn erst durch den Paradigmenwechsel wurde der Weg frei für die konsequente Wende in Richtung erneuerbare Energien – und daraus wird inzwischen sowohl umweltpolitisch als auch technologisch und exportwirtschaftlich ein dauerhaftes Plus. Ähnlich kann es – in einer ansonsten schrumpfenden, alternden Gesellschaft – mit der Aufnahme und Integration von Flüchtlingen sein, zumindest mittel- und langfristig betrachtet. Kurzfristig aber zeigt sich doch auch: Beim Blick auf die europäischen Nachbarn und deren Bereitschaft, ähnlich wie hierzulande zu reagieren, gab und gibt es in Deutschland so manche Selbsttäuschung.

Auf der rein empirischen Ebene fällt auf: Um uns herum wird in der Tagespolitik viel weniger wertorientiert gedacht und gehandelt. Es gibt stärkere Argumente materieller und nationalegoistischer Art, begründbar oft durchaus mit dem real existierenden Wohlstandsabstand. Inzwischen wird diese Differenz mitunter auch in der deutschen Debatte gespiegelt. Manchmal seriös, etwa beim Soziologen Heinz Bude und seiner These vom »gefühlsprägenden Angstfaktor in einer individualisierten Gesellschaft«. Manchmal eher unseriös, wie bei Günter Ogger und seiner These von der »deutschen Moraldiktatur«.

Was stimmt ist, dass sich die Gesellschaften Europas in sehr unterschiedlichen Entwicklungsphasen befinden, was beispielsweise den generationenübergreifenden und räumlichen Zusammenhalt von Familien angesichts immer individuellerer Lebenswege betrifft, genauso wie in den Bereichen Lebensvielfalt und -liberalität. Gleiches gilt für die Säkularisierung. Diese Ungleichzeitigkeit gilt innerhalb der Gesellschaften natürlich genauso, nur eben mit sehr unterschiedlicher Gewichtung.

Auch in Deutschland gibt es kulturelle Randregionen – meist eher ländliche –, in denen die Menschen die Dinge (noch) anders und weniger weltoffen wahrnehmen als in den meinungsprägenden Ballungsräumen. Damit spielen sie aber in der Gesamtöffentlichkeit kaum eine Rolle – bis dann wieder einmal festgestellt wird, dass es auch bei uns noch – leider oder Gott sei Dank? – funktionierende »Schweigespiralen« (Bude verwendet hier den von Elisabeth Noelle-Neumann geprägten Begriff) gibt, die Chauvinismen aller Art in gesellschaftlichen Ruhephasen unsichtbar machen.

Was auch stimmt ist, dass in vielen westeuropäischen Gesellschaften die europäische Integration wohl doch eher als materielle Zugewinnchance im eigenen nationalen Rahmen verstanden worden ist und weit weniger, wie in Westdeutschland, als schrittweiser Souveränitätsverzicht. Zumal in Osteuropa (einschließlich Ostdeutschland) nach 1989 die Menschen in EU und NATO vor allem die Garanten und Schutzmächte einer im Grunde eher national empfundenen Selbstbefreiung sahen, dass aus Satelliten wieder Nationalstaaten wurden und offene Grenzen den Besuch in anderen Nationalstaaten erleichterten. Auf der Gefühlsebene waren es eher parallele nationale Revolutionen mit etwas europäischer

Rhetorik, wobei diese offenbar eher mit der Attraktivität von EU-Geld und NATO-Schutzschirm als mit kultureller Öffnung zu tun hatte.

Wenn der ungarische Rechtspopulist Viktor Orbán jetzt immer betont, sein Volk *wolle* sich nun mal nicht ändern (und die Deutschen seien ja frei, das für sich anders zu sehen), spiegelt er damit einen realen Kern dieses Mehrheitsgefühls – so bitter das auch ist. Und viele Nachbarn im Westen betrachten die Themen Zuwanderung und Integration gemäß ihrer historischen Prägung skeptischer als Deutschland, das seine Migranten anfangs ausdrücklich ins Land rief und sich später dann den Herausforderungen interkulturellen Zusammenlebens – wenn auch zögerlich – stellte.

Die Nachbarn im Osten aber haben – neben ihren teils eigenen traditionellen ethnischen Spaltungen, an deren Überwindung wahrlich nicht viel gearbeitet wird – überhaupt keine gelebten Migrationskulturen. Und – von urbanen, gebildeten Minderheiten abgesehen – auch wenig Verständnis dafür. Das alles bedeutet nun gerade nicht, dass die EU es aufgeben darf, endlich auch in diesen politisch-kulturellen Wahrnehmungsfragen an neuer Gemeinsamkeit zu arbeiten. Im Gegenteil, sie tut dies viel zu uninspiriert und zu langsam.

Aber was bedeutet »sie«, wenn von der EU die Rede ist? Unterhalb der Bürokratien sind es die Gesellschaften. Und da müssen sich alle bewusster werden, wie viel Zeit es noch brauchen wird, bis gesellschaftliche Modernisierungsprozesse in Europa, wenn schon nicht gleich, denn dazu sind die Unterschiede noch viel zu groß, so doch wenigstens gleichgerichteter ablaufen werden. Selbst die griechische Finanztragödie ist letztlich ein Beispiel dafür, was gesellschaftspolitisch passieren kann, wenn man die realen kulturellen Unterschiede ausblendet und nicht parallel zur institutionellen Integration mit dem Ziel an ihnen arbeitet, sie durch Öffnungsprozesse abzubauen, statt sie, wie es derzeit geschieht, immer wieder neu zu betonen.

Das zeigt die fundamentale Bedeutung und Spannung der aktuellen Flüchtlingsdebatte in Deutschland: Im Grunde fordern die Rechtskonservativen und -populisten in Orbáns Sinne eine Art Veränderungsausschluss. So wie man im Westen einst Gastarbeiter wollte, aber keine Zuwanderung aus anderen Kulturen. So wie sich in Teilen des Ostens manche bis heute (und vielleicht darüber hinaus) an einem Deutschland-den-Deutschen-Gefühl festhalten. Und so wie manche neuerdings ausgerechnet den Potentaten Wladimir Putin dafür bewundern, dass er so ein lupenreines Russland-den-Russen-Gefühl verkörpert und durchsetzt.

Auf diesem verqueren, nun doch wieder so zerklüfteten kleinen Kontinent wird die Sache nicht dadurch leichter, dass die deutsche Wirtschaftsstärke bei objektiver Betrachtung anhaltend auf der Wirtschaftsschwäche vieler anderer aufbaut; jede deutsche Moralkeule immer auch mit diesem Befund konfrontiert werden wird wie auch mit dem Verweis auf das eigene historische Moralversagen, an dem wir uns immer neu abarbeiten müssen und niemals reingewaschen sein werden.

In Europa sind wir weniger weit, als es Europas institutionelle Ideale vorgeben. Bei keinem anderen Thema lässt sich das so einschlägig und so deprimierend ablesen wie bei der dringend nötigen fairen Verteilung der Flüchtlinge. Die Deutschen – jedenfalls diejenigen aus dem »hellen« Deutschland – erleben dies inzwischen mit Verblüffung und Ratlosigkeit. Aber das macht passiv, dabei darf es nicht bleiben.

Ja, wir ticken (etwas) anders, und das ist eher gut als schlecht so. Wir sollten uns noch mehr verpflichtet fühlen, für diese Haltung in Europa massiv zu werben; was aber nur funktionieren kann, wenn wir Vorbild sind und zeigen, was Öffnung und Veränderung positiv bewegen. Deshalb ist der Ausgang der innenpolitischen Debatten über »wir schaffen das« oder »wir schaffen das nicht«, über Grenzen der Solidarität und die Zukunft der Grenzen so wichtig. Denn nicht nur wir schauen jetzt manchmal irritiert auf andere. Die anderen schauen höchst interessiert auf uns. Und darauf, wer sich am Ende bestätigt fühlen wird und wer nicht.

Vieles spricht dafür, dass all dies bei einer europäischen Gesamtbetrachtung unter dem Strich einen Fortschritt ergeben wird. Aber sicher ist das nicht. Und hinsichtlich der Ausgangssituation gibt es für Selbsttäuschung keinen Grund mehr. In der Auseinandersetzung mit den Viktor Orbáns des Kontinents, im In- und Ausland, geht es ums Große und ums Ganze. Untrennbar um Nation *und* Europa. Und immer wieder neu um die Richtung. Gut so. [NG|FH 12|2015]

Thomas Meyer

Der Streit um Grenzen und die Sozialdemokratie

Realitäten und Begriffe

Die anhaltende Schwäche der europäischen Sozialdemokratie liegt einer einflussreichen These zufolge vor allem an der übermäßigen Konzentration der gesamten linken Mitte auf Fragen der liberalen Identitätspolitik wie die Ehe für alle, in jüngster Zeit verschärft durch ihre unklare Position in der Frage offener Grenzen und der Migration. Dadurch seien die eigentlichen Kernanliegen der Linken, zumal Gleichheit, gute Arbeit, soziale Sicherheit und Nachhaltigkeit, fast gänzlich überschattet worden. Letztlich sei der fatale Aufschwung des Rechtspopulismus in vielen Ländern nichts anderes als die Antwort der sozial Deklassierten auf diese Vernachlässigung ihrer existenziellen Interessen zugunsten der abgehobenen Bedürfnisse einer neuen Mittelklasse, die von der Globalisierung wirtschaftlich und lebenskulturell profitiert.

Die eigentliche Arbeiterklasse, die infolgedessen in der Sozialdemokratie nicht länger ihren berufenen Anwalt erkennen könne, sähe nun zunehmend in der ethnischen Identitätspolitik der populistischen Rechten mit ihrem Ruf nach Schließung der Grenzen die einzig befriedigende Antwort auf ihr vernachlässigtes Verlangen nach Sicherheit, Orientierung und Wertschätzung. In der öffentlichen Diskussion ist eine stetige Neigung einflussreicher Akteure der Medien und der Politik zu beobachten, die brisante Demarkationslinie zwischen dem radikalen Rechtspopulismus und der legitimen Infragestellung der gegenwärtigen Migrationspolitik zu verwischen. Skeptiker dieser Politik können dann leicht aus der Mitte, wo viele von ihnen tatsächlich angesiedelt sind, an den Rand der Gesellschaft, in Richtung Rechtspopulismus abgeschoben werden, auch wenn sie eigentlich nur Klarheit und konsequentes Handeln suchen und damit zu einer öffentlichen Debatte beitragen, die bis heute nicht ausreichend geführt wird. Kriterien und Begriffe drohen zu verschwimmen – und die radikalen Rechtspopulisten mit ihrem identitätspolitischen Kern, in Wahrheit eine sehr kleine Gruppe, profitieren davon.

Soweit diese These zutrifft, bezieht sie sich auf allgemeinere Veränderungen, nämlich auf tiefgreifende Umwälzungen im Gefüge von Gesellschaft und Politik insgesamt, in die der Streit um Grenzen eingebettet ist. Zunächst ist festzustellen, dass die große Entfremdung zwischen der »Neuen Arbeiterklasse« aus prekär Beschäftigten sowie Teilen der »Alten Mittelklasse« (kleine Selbstständige, Facharbeiter) und der Sozialdemokratie nicht erst von deren unklarer Migrationspolitik verursacht worden ist. Sie ist vielmehr Ausdruck grundlegender gesellschaftlicher und sozialer Wandlungsprozesse infolge einer ungeregelten Globalisierung, die die politische Landschaft in fast allen Demokratien weltweit umpflügen. Das jedenfalls belegen die jüngsten sozialwissenschaftlichen Forschungen. In deren Licht zeigen sich die neue soziale Polarisierung und die gewachsene Unsicherheit, die massenhafte Migration und das verbreitete Unbehagen an ihr nur als Facetten in einem größeren Bild, allerdings mit der Pointe, dass sich die neuen politischen Widersprüche mittlerweile im Thema Migration symbolisch konzentrieren und emotional zuspitzen.

Das volle Verständnis des ganzen Bildes wird bislang durch zwei Sachverhalte erheblich erschwert, die in der Geschichte der linken politischen Debatten schon immer eine verwirrende Rolle gespielt haben. Der eine besteht in der unreflektierten Verwendung riskant mehrdeutiger Begriffe, neben dem entgrenzten Begriff des »Rechtspopulismus« sind da heute vor allem »Kosmopolitismus« und »Kommunitarismus« zu nennen. Und es herrscht die Neigung, die eigenen politischen Wünsche schon möglichst weit in die Analyse der Realität hineinzutragen und hinzubiegen, was nicht zu ihnen passt.

Die moderne Klassengesellschaft

Die Sozialwissenschaften zeichnen die Konturen einer neuen Klassengesellschaft mit einer eigentümlichen Kombination aus alten Verteilungskonflikten und neuartigen Konflikten um soziale und kulturelle Anerkennung. Die Prozesse einer weitgehend unbeherrschten ökonomischen Globalisierung treiben einen neuen gesellschaftlichen Grundkonflikt hervor mit breit ausstrahlenden wirtschaftlichen, sozialen, kulturellen und politischen Wirkungen. Dabei geht es zum einen um die Entstehung einer neuen sozio*ökonomisch* geprägten Klassengesellschaft mit einer starken sozio*kulturellen* Dimension (v. a. von Andreas Reckwitz beschrieben) und zum anderen um die damit verbundene Ausprägung eines neuartigen *politischen* Grundkonflikts um die Folgen der Globalisierung und ihre Grenzen. Die neuen Konflikte ergänzen die beiden bislang maßgeblichen Gegensätze zwischen Kapital und Arbeit sowie Industrialismus und Ökologie massiv und formen sie mit einer Tendenz zur Verschärfung folgenreich um. Auch die neuen Konflikte führen nicht zu einer lückenlosen Polarisierung der ganzen Gesellschaft, aber sie bringen klar erkennbare Pole mit weit gespannten Einflusssphären hervor und beeinflussen damit in wechselnder Eindeutigkeit und Stärke die politische Mentalität des größten Teils der Gesellschaft. Den einen Pol bildet ein unter anderem auf offene Grenzen und ungesteuerte Migration gerichteter »Kosmopolitismus« (in der sperrigen Sprache der Sozialwissenschaften), wie er vor allem in der »Neuen Mittelklasse« der Globalisierungsgewinner gepflegt wird, den anderen ein auf geschlossene Grenzen und restriktive Einwanderungskontrolle gerichteter »Kommunitarismus« als Mentalität der Globalisierungsverlierer. Die einen suchen umfassende Öffnung, weil sie mit ihren beruflichen Fähigkeiten und kulturellen Neigungen davon überall profitieren können, die anderen suchen Schutz für ihre Arbeitsplätze und Anerkennung in der Gemeinschaft mit ihresgleichen. Die Gegensätze sind nur in der Nähe der Pole stark und schwächen sich in Richtung Mitte der Gesellschaft immer mehr ab, wo dann Kombinationen aus Elementen beider Mentalitäten häufiger werden.

Die Migrationsstudie der FES vom April 2019 (»Das pragmatische Einwanderungsland«) rundet die bisher erhobenen Befunde ab (sie verwendet die Begriffe »Weltoffene« [WO] und »National Orientierte« [NO] für die beiden genannten Pole): An den Rändern befinden sich auf der einen Seite 7 % (WO) und auf der anderen 11 % (NO) der Menschen. Abgeschwächt stehen unter deren Einfluss weitere etwa 19 % (WO) bzw. 14 % (NO), also ca. 25 % der Gesellschaft auf jeder Seite. Die andere Hälfte der Gesellschaft bildet die im Hinblick auf die Streitfragen »bewegliche Mitte«. Angesichts der schwindenden Wahlunterstützung für die »Volksparteien« (bei Redaktionsschluss: SPD ca. 17 %, CDU/CSU ca. 28 %) sprechen diese Zahlen dafür, dass dem neuen politisch-kulturellen Grundkonflikt um die Gestaltung der Globalisierung und ihrer Folgen für das gesellschaftliche Klima, das Parteiensystem und die Wahlchancen der

IV. Migration und Zuwanderung

Parteien ein sehr großes, im Zweifel ausschlaggebendes Gewicht zukommt. Den »kosmopolitischen« Pol der Grenzöffner besetzen hierzulande in Reinform die Grünen und die Linkspartei, den »kommunitaristischen« Pol der Grenzschließer nur die AfD, die anderen Parteien navigieren in diesem Spannungsfeld mit mühsam ausgehandelten Kompromissen und oftmals undeutlichem Kurs; und die eigentliche Wählerschaft der SPD, sowie ein großer Teil ihrer Mitgliedschaft erscheint in der Mitte gespalten mit der Tendenz, in die eine oder andere Richtung abzuwandern. Auch dieser Konflikt lässt sich natürlich nur produktiv handhaben, wenn er zunächst vorurteilslos verstanden wird. Der Zwischenbefund lautet: 1. Es gibt in beiden »Lagern« nur kleine entschiedene Kerngruppen, aber einen weiten Kreis von Sympathisanten. 2. Die moderate Mitte ist davon nur schwach beeinflusst, aber deswegen keineswegs an der eigentlichen Streitfrage uninteressiert, sondern für differenzierende, »gute« Kompromisse offen. 3. Es wäre bei diesem Befund ein folgenreicher Fehlgriff, Personen, die einige Positionen des »Kommunitarismus« in gemäßigter Form teilen, umstandslos dem »Rechtspopulismus« zuzurechnen und die »gemäßigt Weltoffenen« mit den entschiedenen Grenzöffnern gleichzusetzen. 4. Die Gruppe der radikalen Rechtspopulisten ist klein und das Feld für Brückenschläge zwischen den »Lagern« sehr groß.

Neue Konflikte und unklare Begriffe

Nun erweisen sich aber die plakativen Begriffe »Kosmopolitismus« und »Kommunitarismus« als überaus hinderlich, wenn es darum geht, das ganze Bild der neuen Konflikte zu verstehen, mehr noch bei der Suche nach tragfähigen politischen Kompromissen zwischen den gemäßigten Mehrheiten der beiden Seiten. Es geht ja auch nicht um Grenzen allein. Die ökonomische Globalisierung führt zu einer Paternoster-Gesellschaft (Andreas Reckwitz), in der ein Drittel, die Angehörigen der von ihr profitierenden Berufe des Digital-, Finanz-, Beratungs- und Kulturbereichs, finanziell und sozial steil aufsteigen und zunehmend auch die lebenskulturellen Standards für die ganze Gesellschaft bestimmen, während die beiden anderen Drittel, die »Alte Mittelklasse« der kleinen Selbstständigen plus Facharbeiter und die »Neue Arbeiterklasse« der gering qualifizierten Dienstleistungsberufe nicht nur finanziell stagnieren oder absteigen, sondern zudem eine kränkende Abwertung ihrer Lebensstile und Alltagskulturen erfahren. Wer durch seine Ausbildung und kulturellen Möglichkeiten von der Globalisierung profitiert, neigt in der Regel zu einem sehr weltoffenen Habitus in allen Belangen, wirtschaftlich, kulturell und sozial, im persönlichen Lebensstil, in der Partnerschaft, Freizeit und beim Kunstgeschmack, in der Erziehung und der politischen Kultur. Wenn hingegen die Globalisierungsfolgen als Bedrohung und Verlust von Einkommen, Sicherheit und Wertschätzung real erfahren werden, prägen Abwehr des Wandels, Festhalten an der gewohnten Lebenskultur und das Verlangen nach Schutz den ganzen Habitus.

Das kann nur zu wechselseitiger Entfremdung bis hin zur Verachtung führen. Mit dem hergebrachten ökonomischen Verteilungskampf verbinden sich auf diese Weise nun neue Kämpfe um soziale und kulturelle Anerkennung, bei denen allerdings die Eliten aufgrund ihrer Einflusspositionen in allen gesellschaftlichen Bereichen die Normen setzen und die Regeln des Spiels bestimmen. Die beidseitigen Ressentiments laden die Konflikte emotional auf und blockieren die Verständigung. Diese neue Lage hatte sich schon seit den 90er Jahren schrittweise herausgebildet, ehe dann rund um das Jahr 2015 die stark anwachsende Migration von beiden Seiten zum Sinnbild des beschriebenen Konfliktes gemacht wurde und dessen vielfältigen anderen Dimensionen verdeckte. Das Symptom der großen Migration mit ihren realen und befürchteten Folgen erschien nun als Ursache der ganzen neuen Konfliktlage.

In dieser Situation werden die Chancen für Reformen der »deformierten Gesellschaft« und der politischen Verständigung darüber eher verringert, wenn die äußerst erläuterungsbedürftigen Begriffe »Kosmopolitismus« und »Kommunitarismus« zur Kennzeichnung der beiden »Lager« kommentarlos in die öffentliche Debatte hineingetragen werden. Ihr Problem besteht nicht nur darin, dass sie den skizzierten Gegensatz überspitzen, sondern auch, dass sie falsche Fährten legen. Die Debatte wird durch sie zu sehr auf die Symbolfrage der Migration verkürzt und zugleich der eigentliche Konflikt grob verzeichnet. Der Begriff »Kosmopolitismus« legt, so wie er jetzt verwendet wird, die radikale Abkehr von lokaler Verbundenheit, den sozialen Gemeinschaften und der nationalstaatlichen Loyalität nahe, obgleich das in der historischen Entwicklung seiner Verwendung und der tatsächlichen Mentalität der gegenwärtig damit Beschriebenen keineswegs festgeschrieben ist. Und am Begriff »Kommunitarismus« haftet die Suggestion, die damit Gemeinten seien letztlich allesamt Anhänger einer ethnischen oder religiösen Identitätspolitik, also genau genommen eindeutige Rechtspopulisten, was ausweislich der Umfragedaten und erst recht der Geschichte des Begriffs eben gerade nicht der Fall ist. Diese schiefen Suggestionen vernebeln die politische Landschaft und können zu Exzessen führen, wenn schon Haltungen, die nicht umstandslos auf offene Grenzen und den Verzicht auf strikte Überprüfungen von Asylbegehren hinauslaufen, dem eigentlichen Rechtspopulismus zugerechnet werden – sehr zum Beifall von dessen härtesten Verfechtern.

Richtig ist vielmehr, dass der politische Begriff des Kosmopolitismus in der beginnenden Moderne maßgeblich von Immanuel Kant geprägt wurde und zwar für die Vision einer weltweiten »Föderation freier Staaten«, die alle als Republiken, also national verfasst bleiben sollten mit dem zugehörigen Regime genauer Grenzkontrolle. Fremde haben in dieser Weltföderation ein weltbürgerliches »Besuchsrecht« und die Bürger jeder Republik behalten das Recht, sie zum Bleiben einzuladen oder zur Rückkehr aufzufordern – außer in den Fällen, wo dies »ihren Untergang« bedeuten könnte. Das genau ist gemeint, wenn von »republikanischem Kosmopolitismus« die Rede ist (wie ihn Kant oder Julian Nida-Rümelin beschreiben). Die Republiken sind national verfasst und bestehen aus Bürgern, die durch ihre auf das Allgemeininteresse gerichteten Tugenden ihr Gemeinwesen gegen alle partikularen Interessen mit demokratischem Geist erfüllen. In diesem Sinne trifft die Bezeichnung »Kosmopoliten« auf die unbedingten Grenzöffner gerade nicht zu.

Noch unglücklicher ist die Wahl des Begriffs »Kommunitaristen« für die Migrationsskeptiker auf der Gegenseite. In seiner philosophischen Verwendung (nach Michael Walzer) bezeichnet er die Relativität der Geltungsansprüche des »Gerechten« und »Guten« auf die jeweilige kulturelle Gemeinschaft, die ihn trägt. Freilich schließt das auch weiträumige Überlappungen im Verständnis grundlegender Werte zwischen sehr verschiedenen kulturellen Gemeinschaften nicht aus, wie etwa in Walzers Vorstellung einer kulturellen Gemeinschaft des politischen Liberalismus. Der *politische* Kommunitarismus aber, um den es im vorliegenden Zusammenhang ja geht, bezieht den Gemeinschaftsanspruch ausschließlich auf die liberaldemokratische *politische Kultur* und betont, dass diese selbstverständlich von ethnisch und religiös höchst divergenten Bürgern geteilt werden kann – und soll (so Amitai Etzioni). Darauf kann sich keine wie immer geartete Identitätspolitik berufen. Beide Konzepte, »Kosmopolitismus« und »Kommunitarismus« sind vielmehr begriffsgeschichtlich auf die Bezeichnung von politischen Mentalitäten angelegt, in denen sich Republikanismus, d. h. die *politische* Gemeinschaftsbildung der Demokraten und transkulturelle Kooperation verbinden. In dem mehr als unglücklichen und politisch irreführenden Gebrauch der Begriffe, der sich in Politikwissenschaft, Politik und Publizistik seit Kurzem eingebürgert hat, sollen sie das aber gerade ausschließen. Es liegt auf der Hand, dass das treffend beschriebene komplexe Bild der neuen Wirklichkeit mit diesen beiden Schlagwörtern nur auf eine sehr ungefähre und teilweise irreführende Art erfasst wird.

Ein guter Kompromiss ist möglich

Vollends hinderlich werden beide Begriffe beim Versuch, angesichts der gegenwärtigen Krise der Globalisierung und der westlichen Demokratien den dringend gebotenen historischen Kompromiss zwischen den gemäßigten Kräften der beiden »Lager« zu schmieden. In der Sache geht es dabei um eine humane Migrationspolitik, die auf der Basis einer funktionierenden Kontrolle der Grenzen Asylsuchende und Kriegsflüchtlinge während der Dauer ihrer Gefährdung zuverlässig schützt und für arbeitssuchende Migranten offen bleibt, aber nur, wenn ihnen eine Anstellung gesichert werden kann. Und wenn dabei im kantischen Sinne die *politisch*-kulturelle Integrität der Republik und die autonome Entscheidungsfähigkeit der Gemeinschaft ihrer Bürger gewahrt bleibt. Darüber hinaus muss garantiert werden, dass die ökonomischen, sozialen und kulturellen Kosten der gesellschaftlichen Integration einer großen Zahl bleibeberechtigter Migranten je nach Tragfähigkeit fair auf die verschiedenen sozialen Gruppen verteilt werden, mit zusätzlichen Hilfen für die prekäre Klasse der Aufnahmegesellschaft. Der politische Leitbegriff, wenn es denn eines solchen bedarf, für einen solchen Kompromiss kann nur, wie Nida-Rümelin vorschlägt, der »republikanische Kosmopolitismus« im erläuterten Sinne sein – falls sich keine handlichere Wendung für die damit gemeinte Sache finden lässt. Was dann freilich noch fehlt, sind überzeugende Antworten zur Überwindung der Ungleichheit der materiellen Lebenschancen, zur glaubwürdigen Gewährleistung sozialer Sicherheit und zur wechselseitigen Anerkennung der auseinanderstrebenden kulturellen Lebensformen der neuen Klassen. Kein kleines, aber ein lebensnotwendiges Projekt für eine Soziale Demokratie im neuen Jahrhundert der Globalisierung. [NG|FH 6|2019]

Klaus-Jürgen Scherer

Gemeinschaft und Gesellschaft – altes Spannungsverhältnis mit neuer Relevanz

Spätestens seit der umfassenden Analyse *Gesellschaft der Singularitäten* von Andreas Reckwitz von 2017 hat das Erklärungsmodell einer neuen Konfliktachse kultureller Identitätspolitik, die die traditionelle Rechts-Links-Achse überlagere, Konjunktur. Veränderungen der politischen Kultur und der europäischen Parteienlandschaft, die Krise der Sozialdemokratie und das Erstarken der Rechtspopulisten sollen damit interpretierbar werden. Mittlerweile verortet sich wohl, wie die Studie der Friedrich-Ebert-Stiftung »Das pragmatische Einwanderungsland« ermittelt hat, welche die nationalen und weltoffenen Einstellungen zur Migration gegenüberstellt, jeweils ein Viertel der Deutschen an einem der beiden Pole; zudem hat vor allem Wolfgang Merkel vom WZB empirisch nachgewiesen, dass dies in anderen europäischen Ländern kaum anders ist. Ob man diese Pole, Merkel folgend, Kommunitaristen bzw. Kosmopoliten nennt oder, wie David Goodhart, von der wachsenden Wertekluft zwischen den »Somewheres« und den »Anywheres« spricht: Auf der einen Seite sammeln sich die Globalisierungsgewinner, besser gebildet und ausgestattet mit mobilem Human-, Sozial- und Kulturkapital, als Grenzöffner und Vertreter universaler Menschenrechte. Dem stehen die Globalisierungsverlierer, die Ängstlichen und Verunsicherten gegenüber mit vergleichsweise niedriger Bildung, geringerem Einkommen und lokal-stationärem Human-, Sozial- wie Kulturkapital. Sie befürworten Grenzen, die umfassend Güter, Dienstleistungen, Kapital, Arbeitskräfte, Geflüchtete und Asylsuchende zurückhalten und lehnen die Abgabe nationalstaatlicher Kompetenzen, auch an Europa, ab.

Diese Konfliktlinie hat im Strukturwandel der Moderne in den letzten Jahren, so der weitgehende Konsens der Sozialwissenschaften, offenbar außerordentliche politische Relevanz erlangt. Kaum reflektiert wurde dabei, dass sie nicht etwas vollständig Neues darstellt, sondern eine bekannte sozialwissenschaftliche Debatte unter neuen historischen Vorzeichen fortsetzt. Sie steht in der Tradition der soziologischen Grundbegriffe von »Gemeinschaft« und »Gesellschaft«, wie sie 1887 von dem deutschen Soziologen Ferdinand Tönnies, zunächst relativ unbeachtet, als idealtypisches Gegensatzpaar systematisiert wurden. Von der deutschen Jugendbewegung aufgegriffen, in den Zusammenhang der letztlich kriegslüsternen Abgrenzung einer als tiefgründig und wertvoll verstandenen deutschen Kultur gegen die als oberflächlich dargestellte westliche Zivilisation gestellt, wurde Gemeinschaft erst recht in den 20er Jahren zum prägenden Kampfbegriff des autoritären Nationalismus gegen die Weimarer Demokratie.

Als Gemeinschaft bezeichnete Tönnies alle stabilen, naturwüchsigen, echten, gefühlsmäßigen, traditionalen, authentischen, warmen, selbstzweckhaften, natürlichen und lebendigen Verbindungen von Menschen. Demgegenüber sei Gesellschaft eine temporäre, gemachte, scheinbare, künstliche, konstruierte und kalte Assoziation, besonders deutlich in den anonymen geschäftlichen Tauschbeziehungen. Originalton Tönnies: »Alles vertraute, heimische, ausschließliche Zusammenleben (…) wird als Leben in Gemeinschaft verstanden. Gesellschaft ist die Öffentlichkeit, ist die Welt. In Gemeinschaft mit den Seinen findet man sich, von der Geburt an, mit allem Wohl und Wehe daran gebunden. (…) Dagegen hat aller Preis des Landlebens immer darauf gewiesen, dass dort die Gemeinschaft unter den Menschen stärker, lebendiger sei: Gemeinschaft ist das dauernde und echte Zusammenleben, Gesellschaft nur ein vorübergehendes und scheinbares. Und dem ist es gemäss, dass Gemeinschaft selber als ein lebendiger Organismus, Gesellschaft als ein mechanisches Aggregat und Artefact verstanden werden soll.«

Dies verweist auf manch aktuelle Debatte um Kommunitarismus und Kosmopolitismus. Denn auch dort geht es um gewachsene Strukturen, bedrohte Heimat und Weltoffenheit, um abgehängt-zurückgebliebene Milieus und Landstriche und die schnelle Auflösung des Althergebrachten, eine neue akademische Klasse der multikulturellen Distinktion in Metropolen voller Entgrenzung, Entwurzelung und Globalisierung.

Und bereits bei Tönnies war angelegt, dass es sich nicht nur um analytische »Grundbegriffe der reinen Soziologie« handelt, sondern darüber hinaus, wie eigentlich bei allen wichtigen soziologischen Begriffen von Familie bis Demokratie, auch um politisch-normative Narrative, die »umkämpft« bleiben, wie Hartmut Rosa formulierte. Der Kern dieser Erzählung lautete zumeist: Gemeinschaft werde von der modernen Gesellschaft verdrängt und zerstört, was bleibe, sei die Hoffnung zur Gemeinschaft von früher zurückkehren zu können.

Empirisch ist das Bild von der fortschreitenden Erosion jeglicher Gemeinschaft kaum haltbar, die Vorstellung der Rückkehr gehört eher ins Reich sozialromantischer Illusionen. Vielmehr dominiert wohl die (an sich ja begrüßenswerte) Verschiebung von Schicksalsgemeinschaften hin zu Wahlgemeinschaften, handelt es sich in Wirklichkeit um einen wiederkehrenden Prozess: Die fortschreitende gesellschaftliche Moderne löst aufgrund der mit ihr verbundenen Entfremdungserfahrungen immer wieder gemeinschaftliche Gegenbewegungen aus – diese reaktivieren Identität und Solidarität, können sich allerdings auch gegen alles Fremde und Neue richten. Sie können links, rechts oder, wie aktuell bei den französischen Gelbwesten, bunt schillernd konnotiert sein. Aber auch der gegenteilige Prozess hört nicht auf: Traditionelle, homogene, autoritäre Gemeinschaften werden als eng und beschränkt erfahren, ganze Landstriche entleeren sich auch wegen der Flucht der besser Gebildeten und Jungen »aus dem Idiotismus des Landlebens« (Karl Marx und Friedrich Engels im *Manifest der Kommunistischen Partei*) in das Tollhaus des Stadtlebens, in das gesellschaftliche Versprechen von Freiheit und Unabhängigkeit.

Die Verklärung von Gemeinschaft wäre ebenso falsch wie deren arrogante Abwertung im Namen von Individualität und kultureller Vielfalt, als ob Gemeinschaft, will sie verbindlich sein, unausweichlich die Freiheit zu Vielfalt und Anderssein zerstören müsse. Gemeinschaftsbildung muss keineswegs provinziell, regressiv und reaktionär, »von gestern« sein. Vielmehr geht es auch um die Anerkennung und Würde der sogenannten kleinen Leute, um deren berechtigte Zukunftsängste, um Widerstand gegen unsoziale Globalisierungsfolgen, um reale Problem- und Enteignungserfahrungen, zu denen auch Unsicherheitsgefühle angesichts von Zuwanderung und Erfahrungen gescheiterter Integration gehören. Christian Graf von Krockow hatte das einst auf den Punkt gebracht: Gemeinschaft sei nicht die Alternative, »sondern eine spezifische Möglichkeit der modernen Gesellschaft«.

Doch im Zeitalter der großen Ideologien wurde Gemeinschaft als fundamentaler Gegenentwurf zur bürgerlichen Demokratie und kulturellen Moderne politisch unterschiedlich instrumentalisiert: in Deutschland vor allem als nationalistisch-rassistische »Volksgemeinschaft« (die als »betrogene« Schicksalsgemeinschaft der NS-Kriegsgeneration in der frühen Bundesrepublik fortlebte); aber auch als sowjetkommunistische Gemeinschaft nach Aufhebung der gesellschaftlichen Widersprüche und Klassenkämpfe, dem angeblichen Endziel aller Geschichte; oder als utopisch-sozialistischer Auszug aus der Gesellschaft hinein in alternative (und oft spirituelle) Gemeinschaften, eine Vision, wie sie in den Neuen Sozialen Bewegungen der 70er und 80er Jahre – von den Landkommunen bis zur Hausbesetzerbewegung – virulent war.

In Deutschland überwog die Polarisierung von Gemeinschaft und Gesellschaft von rechts, die gewaltsam gegen Andere, vor allem die »kosmopolitischen« Juden, die »Untermenschen« im Osten und alle »Volksverräter« gerichtet war. Den faschistischen wie kommunistischen Gemeinschaftsradikalismus, die Gemeinschaft als totalitäre Identitätspolitik hatte bereits Helmuth Plessner 1924 in *Grenzen der Gemeinschaft* sozialphilosophisch kritisiert. Das menschliche Wesen sei sowohl auf gemeinschaftliche Nähe als auch auf gesellschaftliche Distanz notwendig angewiesen.

Schon bei dem im Lebenslauf späten Sozialdemokraten Tönnies war angelegt, dass es eigentlich beides braucht, den auf Gegenseitigkeit und Solidarität zielenden »Wesenswillen«, die »Gemeinschaft der Sprache, der Sitte, des Glaubens«, und den auf instrumentellen Nutzen abzielenden »Kürwillen«, die »Gesellschaft des Erwerbs, der Reise, der Wissenschaften«. Alle weitere geschichtliche Erfahrung mit diesem idealtypischen Gegensatzpaar läuft letztlich darauf hinaus, dass es auf gesunde Mischungsverhältnisse ankommt: Die Verabsolutierung von Gemeinschaft bedeutet Stagnation, wirkt autoritär, ausgrenzend, Feindbilder produzierend und antidemokratisch. Andererseits ist eine Gesellschaft, die nur individualistischen Werten und marktliberalen Ideologien folgt, kaum zur Solidarität fähig. Denn in Anlehnung an Ernst-Wolfgang Böckenfördes berühmtes Zitat: »Der freiheitliche, säkularisierte Staat lebt von Voraussetzungen, die er selbst nicht garantieren kann«, zehrt die moderne Gesellschaft von Gemeinschaftsressourcen, die sie selbst nicht herzustellen vermag.

So erweist sich nicht »Gemeinschaft oder Gesellschaft« als die politisch relevante Alternative, sondern das »Brücken bauen« oder die »ideologische Polarisierung«. Auch eine demokratische und moderne Gesellschaft braucht »Vergemeinschaftung«, es spricht viel für diesen graduellen und prozeduralen Begriff, denn ganz ohne Wir-Gefühl, ohne Einbettung, ohne Wertekanon und Vergewisserung kollektiver Identitäten funktioniert sie eben nicht.

Natürlich ist die Würde *aller* Menschen unantastbar. Natürlich gibt es weltweite Verantwortung, allzumal immer mehr Probleme zu globalen werden. Doch Vergemeinschaftung einfach grenzenlos auszudehnen auf die Weltgemeinschaft, damit den Weltbürger absolut zu setzen, geht an den kulturell unterschiedlichen Erfahrungswelten der meisten Menschen vorbei, entlarvt sich als sympathischer Idealismus.

Denn es braucht für Gemeinschaftsgefühle auch die noch irgendwie überschaubare kleine Einheit: die Region und Mitwelt, das soziale Milieu, in der sich Solidarität und Vertrauen bedingen (in diesem Sinne ist das Subsidiaritätsprinzip vielleicht das beste Mittel gegen Nationalismus). Der unmittelbare soziale Erfahrungsbereich in der Nachbarschaft, der Lebenswelt, der Zivilgesellschaft »gilt daher völlig zu Recht als moralische Infrastruktur der Gesellschaft. (...) Besonders wichtige soziale Erfahrungsorte solidarischer Gemeinschaftspraxis sind deshalb neben Familie und Arbeitswelt das bürgerliche Ehrenamt, die Gewerkschaftsarbeit, kulturelle und religiöse Lebensformen und (Sport-)Vereine, das öffentliche Engagement in nachbarschaftlichen sowie den immer bedeutsamer werdenden zivilgesellschaftlichen Initiativen und eben insgesamt alle Tätigkeiten in den Kommunen«. So brachte dies jüngst das Solidaritätspapier der SPD-Grundwertekommission auf den Punkt.

Gemeinschaft ist der Hort der Solidarität. Der Sozialstaat ist die organisierte gesellschaftliche Solidarität. Eine gute Gesellschaft braucht beides. Nicht um den Kampf gegeneinander geht es, sondern letztlich kommt es auf die Ausgestaltung von Gemeinschaften an. Sind diese demokratisch oder totalitär aufgestellt? Um dies beantworten zu können, gilt es, die folgenden handlungsleitenden Fragen immer wieder zu stellen:

Was ist das Gemeinsame der Gemeinschaft? Wo sind die Grenzen ihrer Mitgliedschaft? Wie offen bzw. restriktiv ist das Verhältnis zwischen

Individuum und Gemeinschaft? Wie offen bzw. feindselig wird mit den Nichtzugehörigen umgegangen? Ist der Gemeinschaft wirklich die Ausgrenzung Fremder innewohnend und wo können Gemeinschaften auch tolerant, offen und demokratisch sein? Wo stellen Gemeinschaften die liberale Gesellschaft infrage, wo sind Gesellschaften, denken wir an Identitätsbildung, Sozialkapital, Einübung von Demokratie, nicht geradezu auf Gemeinschaft angewiesen? Wieweit können Sozialverhältnisse auch über die Gemeinschaft hinaus Gegenseitigkeit entwickeln, als Verfassungspatriotismus orientieren, als soziale Bürgerrechte die Marktfreiheit regulieren oder mit Gesetzen und klaren Regeln Respekt und Toleranz durchsetzen? Gerade wenn man nicht, wie Alexander Gauland dies tut, im Namen der nationalen Heimat ein Feindbild des »Egoismus der globalisierten Klasse« ausrufen will, stellt sich für den international eingebundenen, kulturell vielfältig und widersprüchlich gewordenen Nationalstaat die Frage: Wieweit bedarf eine Nation gemeinschaftlicher Fundierung als Basis der Akzeptanz von Solidarität und Sozialstaat? Wieweit sollte ein gemeinschaftliches »Wir« Selbstbeschreibung und Selbstverpflichtung auch einer modernen Gesellschaft sein? Ist es bei allem Pluralismus nicht notwendig, Gesellschaft immer auch als Solidar- und Wertegemeinschaft zu empfinden, um notwendige Korrektive zum radikalen Marktliberalismus und zur kulturellen Desintegration zu entwickeln? Eine solche Frage im Namen einer europäischen Kulturnation sollten wir nicht vorschnell als nationalistisch diskreditieren. [NG|FH 6|2019]

V.
Herausforderung Integration

Bodo Hager/Fritz Wandel
Integration oder Isolation
Zum Problem der Identitätsfindung von Spätaussiedlern

In den letzten beiden Jahren sind die Zahlen der Aussiedler aus den ehemaligen deutschen Ostgebieten erheblich angestiegen. Im vergangenen Jahr sind weit über fünfzigtausend Deutsche, überwiegend aus Polen, der UdSSR und Rumänien im Rahmen der Familienzusammenführung in die Bundesrepublik gekommen.

Bei den Spätaussiedlern handelt es sich um Personen, die freiwillig ihre Heimat verlassen haben. Bei den jüngeren von ihnen ist jedoch oft eine starke soziale und auch nationale Bindung an das Herkunftsland vorhanden.

Diese Menschen kommen häufig aus ländlichen und stark bäuerlich strukturierten Gebieten. Ihr Verhalten ist bestimmt durch ausgeprägt patriarchalische Traditionen, tiefe Demut und Ergebenheit. Sie weisen zahlreiche soziokulturelle Unterschiede gegenüber den eher nüchternen und weniger emotionalen Menschen in der Bundesrepublik auf. Besonders auffallend ist ihre noch ursprünglich-spontane Art der Religiosität, ihr ungebrochenes Verhältnis zur Emotionalität und ihr konservatives Beharren in Lebensformen, die in der BRD in Auflösung begriffen oder gar verschwunden sind: Leben in familienübergreifender Gemeinschaft, autoritativ bestimmte Eltern-Kind-Beziehungen, Obrigkeitsorientierung.

Der Übergang von einer Kultur beziehungsweise Gesellschaft in eine andere schafft erfahrungsgemäß Schwierigkeiten und innere Spannungen; Prägungen, die in der Herkunftsgesellschaft funktional und für den sozialen Erfolg notwendig waren, erweisen sich nach dem Verlassen dieser Gesellschaften oft als überflüssig oder gar hinderlich.

Die Bundesrepublik ist eine offene Gesellschaft, marktwirtschaftlich-liberal geordnet und gekennzeichnet von einer Pluralität politischer Standpunkte und Meinungen. Vorherrschend in ihr ist das Verhaltensmuster konkurrenzorientierten Leistungsstrebens, das einen extremen Individualismus und die Grundhaltung rationaler Kalkulation in allen Lebensbereichen fördert. Es ist verständlich, wenn die Spätaussiedler bei der Integration in eine solche Gesellschaft in Konflikte und existentielle Krisen geraten.

V. Herausforderung Integration

Für die Vertriebenen, die unmittelbar nach dem Zweiten Weltkrieg oder in den fünfziger Jahren in die Bundesrepublik kamen, waren diese Schwierigkeiten noch geringer. Sie hatten ihre sozio-kulturelle Prägung in einer von Deutschen bestimmten Umgebung erfahren, hatten keine Sprachprobleme und konnten aktiv am Aufbau der BRD teilnehmen. Ihre relativ schnell und reibungslos vollzogene Eingliederung ist von daher zu verstehen.

Im Gegensatz zu ihnen zeigen die Spätaussiedler schon heute Ansätze zu einer bleibenden Marginalität. Die marginale Persönlichkeit kommt am deutlichsten zum Ausdruck bei Menschen, die zwischen zwei Gesellschaften oder Kulturen beziehungsweise am Rand von beiden stehen, an beiden teilhaben, ohne wirklich voll integriert zu sein. Soziologisch entsprechen sie in jeder dieser Kulturen dem Typus des von Georg Simmel so genannten »Fremden«, der auch nach einer partial gelungenen Eingliederung – etwa im Beruf – für sich wie für andere ein Außenstehender bleibt.

Ein Beispiel für eine schon über Jahrhunderte dauernde Marginalität bietet der größere Teil der Spätaussiedler: die Oberschlesier. Es handelt sich bei ihnen um eine ursprünglich autochthone ethnische Gruppe, die zwischen dem polnischen und dem deutschen Kulturbereich steht, seit dieser Teil Schlesiens im Mittelalter von Polen an das Römische Reich Deutscher Nation abgetreten wurde. Besonders die Sprache – ein westslawisches Idiom, das sogenannte »Wasserpolnisch« – verbindet sie mit dem polnischen Kulturbereich. So sind es von polnischer Seite auch überwiegend sprachliche Argumente, mit denen seit jeher die Zugehörigkeit Oberschlesiens zu dem polnischen Staatsverband begründet wird.

Anderseits hat vor allem die fast zweihundertjährige Zugehörigkeit Oberschlesiens zu Preußen eine starke Identifikation mit traditionell preußisch-deutschen Werten und allgemein mit dem Deutschtum bewirkt. Es handelt sich deswegen um ein »schwebendes Volkstum« in einem permanenten kulturellen und nationalen Konflikt, der allerdings oft durch übermäßige Entschiedenheit im Bekenntnis zu einer der beiden Kulturen verdeckt wird.

Ähnliches gilt, wenn auch mit Einschränkungen, für die übrigen Gruppen der Umsiedler: Die Deutschen aus Siebenbürgen, dem Banat, der Sowjetunion, Ungarn und den anderen Teilen Polens. Bei diesen Gruppen ist die Zugehörigkeit zum Deutschtum zwar eindeutiger;

dennoch ist die Prägung durch die Kultur ihrer Herkunftsländer nicht zu übersehen, was jedoch in der Regel erst nach ihrer Übersiedlung in Erscheinung tritt.

Bei den jugendlichen Umsiedlern, die ihre Herkunftsländer auf den Wunsch ihrer Eltern hin verlassen, ist ein Bewußtsein dieser Marginalität oft nicht vorhanden. Sie waren durch Freundschaftsbeziehungen und schulische Sozialisation integriert und kommen weitgehend ohne eigenes Motiv in die BRD. Anders dagegen die Aussiedler der älteren Generation, die von dieser Umsiedlung erhoffen, endlich vom Stigma des Randständigen, Nicht-Dazugehörenden, befreit zu werden und ihre nationale Identität wiederzufinden. Tragisch ist es, daß ihnen dies oft nicht gelingt. Wurden sie in ihren Herkunftsländern als »Deutsche« diskriminiert, so werden sie hier vielfach als »Polacken«, »Russen« undsoweiter beschimpft und damit wieder auf ihre Marginalität hingewiesen: Sie stehen zwischen den Gesellschaften und Kulturen und werden von beiden Seiten nicht voll akzeptiert. Äußerlich kommt das bereits durch die Tatsache zum Ausdruck, daß die Wohnquartiere der Spätaussiedler häufig in Stadtrandzonen und in unmittelbarer Nachbarschaft von Asozialensiedlungen liegen.

Marginalität und das Problem der Identitätsfindung

Menschen, die in den Randzonen von Kulturen und Gesellschaften leben, fehlt eine eindeutige Antwort auf die Frage: »Wer bin ich? Wohin gehöre ich?« Von einer solchen Antwort hängt die innere Stabilität oder das Bewußtsein personaler Wirklichkeit ab, das gemeinhin als das Bewußtsein der eigenen Identität bezeichnet wird. Identität entsteht durch Identifikation, — mit einer Person, einem Beruf, einer Weltanschauung, einer Kultur oder Nation. Identifikation wiederum schafft ein Bewußtsein der Zugehörigkeit zu einer bestimmten und genau definierten Rolle, aufgrund derer sich die elementare Frage beantworten läßt: »Wer bin ich überhaupt?«

In einer marginalen Position, mit einer doppelten Loyalität, wird die Beantwortung dieser Frage schwierig. Durch die Zugehörigkeit zu verschiedenen und oft sogar gegensätzlichen Wertsystemen, Gruppen oder allgemein Kulturen kann die Antwort nie eindeutig ausfallen. Im marginalen Menschen sind gewissermaßen »zwei Seelen« vorhanden, die je nach Gegensätzlichkeit der prägenden Kulturen in mehr oder weniger starkem Kontrast stehen können.

Diese Identitätsunsicherheit durch Identifikation mit mehr als einer Kultur ist psychisch oftmals sehr belastend. Sie äußert sich in Gefühlen der Zerrissenheit, im Schwanken zwischen gegensätzlichen Wertsystemen und im Erlebnis eines nicht zu überwindenden Außenseitertums, auch wenn die materielle Eingliederung und mit ihr eine äußerliche Angleichung an eine Gesellschaft oder Kultur durchaus gelungen sind. Identitätsunsicherheit ist der psychische Ausdruck von Marginalität, und es ist verständlich, wenn die von ihr Betroffenen in der Regel alles tun, um diesen Zustand zu überwinden.

Das Mittel, das hier am nächsten liegt, ist der bewußte Entschluß zu einer Alternative auf Kosten der anderen. So läßt sich nationale Marginalität durch ein entschiedenes Bekenntnis zu einer Nation überwinden, wobei die durch Sozialisation und kulturelle Prägung erworbene Zugehörigkeit zur anderen verdrängt und abgeleugnet wird.

Es ist nicht zufällig, daß ein ausgeprägter Nationalismus häufig im Bereich von Grenzbevölkerungen zu finden ist, die ihre latente nationale Identitätsunsicherheit auf diese Weise des entschiedenen Bekenntnisses kompensieren müssen. Die gleiche Entschiedenheit findet sich häufig und aus den gleichen Gründen auch bei religiösen oder weltanschaulichen Konvertiten. Immer wird Unsicherheit durch umso größere Entschiedenheit im Bekenntnis zu einer Alternative verdrängt.

Voraussetzung für diese Lösung sind allerdings zwei Dinge. Einmal müssen überhaupt einigermaßen klar bestimmbare Alternativen vorhanden sein. Zum anderen muß die Absicht zur bewußten Identifikation von den Vertretern der jeweils gewählten Kultur akzeptiert werden. Die Antwort auf die Frage: »Wohin gehöre ich?« bleibt ohne ihre Bestätigung wertlos.

Der Aufbau neuer Identität in der Bundesrepublik

Die Bundesrepublik bietet auf den ersten Blick eine eindeutige Alternative zu den sozialistischen Herkunftsländern der Spätaussiedler. In mancher Hinsicht scheint das Finden einer neuen Identität für sie sogar überflüssig zu sein. Befanden sie sich in ihren Herkunftsländern unter anderem durch ihr Bekenntnis zum Deutschtum in der Marginalität, so scheint dieses Bekenntnis hier selbstverständlich Zugehörigkeit zu verbürgen. Ähnlich ist es mit der religiösen Orientierung vieler Spätaussiedler, die in den Herkunftsländern oft eine Quelle von Konflikten und Benachteiligungen war. Die BRD ist ein säkularer Staat. Die beiden großen Kirchen erfahren jedoch mannigfach Förderung, und häufig wird explizit auf christliche Werte im Zusammenhang der ideologischen Auseinandersetzung mit sozialistischen Ländern Bezug genommen. Auch das Bekenntnis zur Religion scheint also die Zugehörigkeit zu diesem Staate zu erleichtern, – zumindest scheint es nicht Randständigkeit einzuschließen wie in den sozialistischen Herkunftsländern der Spätaussiedler mit Ausnahme allein von Polen.

Unberücksichtigt bleibt in einer solchen Perspektive die Anonymität der modernen Industrie- und Massengesellschaft. Die Spätaussiedlerfamilie aus der Kasachischen SSR, die nach einem längeren Aufenthalt im Übergangswohnheim eine Wohnung in einem am Stadtrand gelegenen Hochhaus erhält, mag durchaus noch an ihrem religiösen Bekenntnis festhalten. In ihrem Herkunftsland war es der Grund einer Reihe von Nachteilen von seiten der Behörden, schuf jedoch auch eine Fülle von Gemeinsamkeiten unter den Mitgliedern der benachteiligten Gruppe. Jetzt wird es irrelevant, welchem Bekenntnis ihre Mitglieder angehören. Unter Verhältnissen, unter denen ein Mieter nicht weiß, wer in der Wohnung nebenan wohnt, ist es gleichgültig, welche ideologischen Meinungen dieser vertritt. Anders gesagt: Das Bekenntnis zum Deutschtum, zur christlichen Religion, ermöglicht in den Herkunftsländern das Bilden und Bewahren einer persönlichen Identität, – wenn auch einer negativen und zur Randständigkeit verurteilenden. Diese Identität wird nach der Übersiedlung in die BRD nicht einfach positiv, sondern entwertet. Sie genügt nicht mehr zur Selbstdefinition und wird bedeutungslos. Allenfalls begegnen die Spätaussiedler der Tendenz, ihnen die negative Identität des nicht »richtig« Deutschen und – in Anbetracht der Wirtschaftslage – eigentlich Überflüssigen und Lästigen zuzuschieben, womit sie einer erneuten Marginalisierung unterliegen, jetzt allerdings mit umgekehrten Vorzeichen.

Identität ist etwas, was in alltäglichen Kommunikationen zugesprochen wird. Das zeigt sich schon beim Kleinkind, das aus den Kommunikationen seiner Eltern ein positives oder negatives Selbstbild entnimmt, das unter Umständen für sein ganzes weiteres Leben entscheidende Bedeutung erhält. Nachteilig ist jedoch das Kommunikationsvakuum, die Mauer der Indifferenz und Gleichgültigkeit, gegenüber der sich weder ein positives noch ein negatives Selbstbild herausbilden kann. Eine solche Situation schafft eine tiefgehende Unsicherheit und Orientierungslosigkeit, das Gefühl der Ohnmacht und Verlorenheit in anonymen Bezügen: Symptome der Entfremdung in dieser Gesellschaft.

Die Aussiedler kommen vielfach aus Lebensbezügen, in denen jeder jeden kennt, aus überschaubaren Gemeinschaften, in denen über die einzelne Familie hinaus noch starke affektive Beziehungen vorhanden sind – Freundschaft und Haß –, und in denen die gegenseitige Hilfe noch eine Selbstverständlichkeit ist. Allerdings ist in solchen Gemeinschaften auch eine starke soziale Kontrolle vorhanden. Gerade weil das Kommunikationsnetz relativ dicht ist, lassen sich soziale Regeln nur schwer übertreten, ohne daß andere davon Kenntnis gewinnen und die entsprechenden Sanktionen wirksam werden lassen.

Hilflosigkeit vor Institutionen

Dies alles fehlt in der neuen Umwelt, – es sei denn, die Umsiedler verbleiben in der Isolation der Übergangswohnheime, in der Gruppe der anderen Umsiedler, in der sich diese früheren Lebensformen noch teilweise durchhalten lassen. Das Leben, das sie außerhalb dieser Übergangswohnheime erwartet, ist unverhältnismäßig weniger kontrolliert als in den Herkunftsländern. Nicht nur die Kontrolle durch staatliche Organe ist geringer. Auch die sozialen Kontrollen sind gelockert oder fehlen ganz in einer modernen Industriegesellschaft, in der das dichte Beziehungs- und Kommunikationsnetz traditioneller ländlicher Gemeinschaften durch die allgemeine Mobilität und die besonderen Wohn- und Lebensformen nicht aufrechterhalten werden kann. Damit fallen zwar in weiten Bereichen die Sanktionen für abweichendes Verhalten fort. Es fehlt jedoch die Anerkennung, die Möglichkeit, durch Einhalten bestimmter sozialer Regeln ein Gefühl der Gruppenzugehörigkeit zu erwerben und damit eine Antwort auf die Frage der eigenen Identität.

Das Leben in dieser modernen Industriegesellschaft ist auf den ersten Blick unverhältnismäßig rationaler als in den oft weit abgelegenen dörflichen Gemeinschaften und selbst in den Industriegebieten und Städten der Herkunftsländer, bei deren Bevölkerung noch eine stärkere Beziehung zum Agrarbereich vorhanden ist. Wohnort und Beruf in der BRD sind weniger eine Sache des Zufalls oder administrativer Verfügung als Sache freier Wahl nach Nützlichkeitsgesichtspunkten.

Die Beziehungen zu Menschen außerhalb des engen Kreises der Familie sind in der Regel ebenfalls nüchtern-rationale Zweck- und Vertragsbeziehungen. Emotionen richten sich weniger auf den konkreten Nachbarn, der persönlich gleichgültig und bedeutungslos bleibt, sondern auf anonyme Institutionen, denen gegenüber eine ohnmächtige Abhängigkeit erlebt wird. Ängste und Hoffnungen lassen sich nicht mehr derart selbstverständlich wie in den überschaubaren Gemeinschaften der Herkunftsländer mit konkreten und persönlich bekannten Personen verbinden, auf deren Hilfe man rechnen kann, da man ihre eigene Angewiesenheit auf Hilfe bei Bewältigung der mannigfachen Probleme des Alltags kennt. Sie werden vielmehr diffus auf diese Institutionen beziehungsweise den Staat als ihren Inbegriff projiziert, wodurch ein besonderes Gefühl ohnmächtiger Angewiesenheit entsteht, da die Hilfsbedürftigkeit offensichtlich nicht auf Gegenseitigkeit beruht.

Die Lockerung des Kommunikationsnetzes auf der Ebene alltäglichen zwischenmenschlichen Umgangs in einer modernen Industriegesellschaft wie der BRD fördert ein Gefühl der Ohnmacht, Vereinzelung und gleichzeitig den Verlust einer persönlichen Identität in der Beziehung zu anderen. In einer solchen Gesellschaft bestehen zu können, setzt die Fähigkeit voraus, diese Gefühle zu verdrängen oder aber gegenüber den vielfältigen Belastungen des Alltags wenig sensibel zu sein, was in der Regel durch materielle Kompensationen – etwa im Beruf oder im Bereich des Konsums – erleichtert wird. Auf diese Lösung sind die Spätaussiedler jedoch erheblich schlechter vorbereitet als diejenigen, die entsprechende Dispositionen schon in der frühkindlichen Sozialisation für das Leben in unserer Gesellschaft erworben haben.

Es ist viel von der Integration der Spätaussiedler die Rede. Integration bedeutet, daß es gelingt, ihnen eine Hilfe zu leisten bei dem Bemühen, in der BRD aus der Position der Marginalität oder Randständigkeit herauszukommen. Diese Marginalität hat jedoch auch darin ihren Grund, daß die Spätaussiedler noch Dimensionen des Erlebens und kommunikative Haltungen besitzen, die in der Bundesrepublik seit langem durch die Industrialisierung und eine individualistisch-konkurrenzorientierte

Wirtschaftsordnung dysfunktional geworden und bei vielen ihrer Bürger nur noch in Resten vorhanden sind:

Es ist bei den Spätaussiedlern ein Verzicht auf diese Erlebnisdimensionen und kommunikativen Haltungen nötig und Bereitschaft und Fähigkeit erforderlich, den entfremdeten Lebensstil ohne ausgeprägte Gefühle des Verlustes und bleibenden Mangels zu übernehmen, sich mit den Kompensationen zufriedenstellen zu lassen, die in den Konsummöglichkeiten dieser Gesellschaft zur Verfügung stehen. Die Reaktionen der Umsiedler auf den selbstverständlichen Anspruch der bundesrepublikanischen Gesellschaft auf Einfügung und Anpassung sind jedoch verschieden.

Die BRD ist nicht mehr das Deutschland früherer Zeiten. Nationale Werte spielen – abgesehen von Randgruppen – nur eine geringe Rolle und besitzen keine integrierende Kraft mehr. Um dazu zu gehören, ist das Bekenntnis zu anderen Werten nötig: Leistung, Erfolg und Konsum. Von hierher läßt sich das fieberhafte Bestreben vieler Spätaussiedler verstehen, an diesem Konsum teilzuhaben, möglichst schnell bestimmte symbolhafte Gegenstände zu erwerben: das Auto, den Fernseher, den Kühlschrank. Sicher läßt sich dieses Konsumverlangen auch aus einem gewissen Nachholbedarf erklären. Die Überwertigkeit, die der Konsum bei vielen Spätaussiedlern hat, wird jedoch nur verständlich, wenn man sich den Symbolwert derartiger Gegenstände bewußt macht. Sie bedeuten einerseits Zugehörigkeit zu dieser Gesellschaft und stellen anderseits die Kompensation dar für das, worauf innerlich und auch materiell Verzicht geleistet wurde. Spätaussiedler geben oft ererbten oder mühsam in langen Jahren erworbenen Besitz, durchaus geachtete berufliche Stellungen, Freunde und Bekannte auf, um hier trotz manchen Hilfen doch wieder von vorn anzufangen. Dieser Verzicht muß einen Sinn gehabt haben. Ansonsten könnte das psychische Gleichgewicht allzu sehr gefährdet werden. Dazu dienen auch diese Käufe, die oft lange Verschuldung bedeuten können. Problematisch ist jedoch, daß diese materiellen Kompensationen in Anbetracht der gegenwärtigen wirtschaftlichen Situation in der BRD zumindest auf lange Sicht hin gefährdet erscheinen. In Gesprächen mit Spätaussiedlern wird immer wieder eine Sorge laut, die sie grundsätzlich mit der Mehrzahl der arbeitenden Bevölkerung in der BRD teilen, die bei ihnen jedoch ein besonderes Gewicht erhält. Es ist die Sorge, entweder keinen Arbeitsplatz zu bekommen oder den gegenwärtigen auf Dauer nicht halten zu können. Wenn die Arbeitslosigkeit in einer leistungs- und erfolgsorientierten Gesellschaft schon allgemein als Versagen und Nicht-Dazugehören erlebt wird, so bedeutet sie für die Spätaussiedler eine noch tiefere Bedrohung: den Verlust der Möglichkeit, die Übersiedlung mit allen ihren Verzichtleistungen subjektiv rechtfertigen zu können.

Eine solche Situation ist psychisch äußerst bedrückend. Die Umsiedler stehen unter einem Zwang zur erfolgreichen Anpassung, wenn ihr Entschluß zum Verlassen ihrer bisherigen Heimat nicht fragwürdig werden und das Gefühl nicht übermächtig werden soll, einen Teil ihres Lebens und ihrer bisherigen Persönlichkeit unwiederbringlich verloren zu haben. Die Reaktion ist bei vielen von ihnen die Überanpassung, fieberhaftes Konsumieren, kritiklose Übernahme des Leistungsdenkens, aggressives Ressentiment gegenüber dem Herkunftsland und allgemein das Vertreten einer reaktionären Ideologie von Ordnung und Sauberkeit, in der oft noch ungebrochen nationalsozialistische Überzeugungen weiterleben. Der Zweck dieser Überanpassung ist deutlich. Es geht um das Dazugehören um jeden Preis und immer unter der Drohung, daß dieses Dazugehören wieder in Frage gestellt werden kann. Die Tragik liegt darin, daß gerade durch diese Reaktion die Umsiedler vielfach Mißtrauen oder gar Ablehnung hervorrufen. In Gesprächen wird zum Beispiel beklagt, daß es Schwierigkeiten mit den Arbeitskollegen gibt, die den neuen Mitarbeiter wegen seiner allzu großen Gefügigkeit gegenüber den Vorgesetzten als unsolidarisch empfinden. Auch politisch geraten die Spätaussiedler auf diese Weise ins Abseits und in den Bereich extremer konservativer Randgruppen. Es handelt sich bei dieser Überanpassung um einen Versuch, aus der Isolation und Randständigkeit herauszukommen, der jedoch trotz zeitweiligen Vorteilen in Hinsicht auf die Bewußtseinsstabilisierung nur wieder in diese Randständigkeit hineinführt.

Nicht allen Spätaussiedlern gelingt eine solche Überanpassung. Die, wenn auch geringe Zahl der Rückreisewilligen in die Herkunftsländer ist ein deutliches und alarmierendes Zeichen, daß die Umsiedlung erhebliche psychische Belastungen mit sich bringt, deren Folgen oft erst nach Monaten der Übersiedlung offen sichtbar werden.

In der polnischen Literatur sind erschütternde Briefe von Umsiedlern an zurückgebliebene Familienmitglieder, Nachbarn oder Behörden abgedruckt, in denen vor allem der Verlust der »Heimat« und der bisherigen sozialen Beziehungen und die »Fremdheit« und »Isolation« in der neuen Umgebung beklagt werden. Nicht in allen Fällen wird dem Gesuch um Erlaubnis zur Rückkehr stattgegeben, sodaß über die Zahl der tatsächlichen Rückwanderer hinaus eine nicht geringe Dunkelziffer von Personen anzunehmen ist, die ihrer Umsiedlung im Nachhinein mit mehr oder weniger großer Ambivalenz gegenüberstehen. Es ist anzunehmen, daß die Belastungen der Übersiedlung in vielen Fällen zu schweren Persönlichkeitskrisen bis hin zur völligen Disorganisation des bisherigen Persönlichkeitsgefüges führen werden. Empirische Befunde in dieser Hinsicht sind noch nicht vorhanden, werden jedoch ständig notwendiger, um die zunehmenden Auffälligkeiten vor allem bei Jugendlichen zu erklären und Hilfsmaßnahmen in die Wege zu leiten.

Hilfen zur Identitätsneubildung

Das Risiko existentieller Krisen ist dann am größten, wenn die Belastung am stärksten ist. Das ist zu erwarten, wenn die Integration in die Gesellschaft der BRD abrupt stattfindet und ohne die Möglichkeit für den Einzelnen, den Zwang zum Um- und Neulernen zu mildern. Diese Möglichkeit ist gegeben, wenn der Anschluß an die bisherige Gruppe noch eine Zeitlang gewahrt bleibt. In der Gruppe der anderen Spätaussiedler ist der Einzelne relativ entlastet vom Zwang zur Anpassung. Die bisherigen Regeln für Verhalten sind hier noch bekannt und gültig. Außerdem wird in der Gruppe die Isolation des Einzelnen in einer anonymen Massengesellschaft nicht in voller Schärfe spürbar.

Vor allem die familiären Bindungen bilden in dieser schwerwiegenden Phase der Eingliederung die einzig sichere Orientierung und tragen entscheidend zur psychischen Stabilisierung der einzelnen Familienmitglieder bei. Die häufige Trennung der Kinder, die eine mehrmonatige Internatsförderschule besuchen, von ihren Eltern wird von beiden Teilen besonders schmerzlich empfunden. Um die familiären Bindungen zu erhalten, ist eine Reduktion des Förderschulbesuchs mit Internatscharakter notwendig und stattdessen der Ausbau von Sprachförderungseinrichtungen am Wohnort der Eltern zu empfehlen. Der Familie sollte Beratung und Erziehungshilfe angeboten werden. Ebenso sollten alle Förderungsmaßnahmen familienorientiert sein, um zusätzliche Spannungen, die durch die Bildung unterschiedlicher Einstellungen entstehen könnten, zu vermeiden.

Solche Spannungen können entstehen, wenn Tradition und kulturelle Eigenheit, einschließlich des Gebrauchs der Muttersprache (insbesondere bei Kindern und Jugendlichen), durch äußere Zwänge unterdrückt werden. Die Pflege und der Gebrauch der Muttersprache, der Emotionalität, der religiösen Praktiken und der nachbarschaftlichen Verbundenheit vermitteln den Spätaussiedlern ein Gefühl von Selbstbewußtsein, das zum Bewahren und Neu-Bilden von Identität in einer veränderten Lebensumwelt erforderlich ist.

Der Prozeß der Identitätsneubildung wird nicht bei allen Altersgruppen mit der gleichen Intensität und den gleichen Merkmalen sichtbar werden. Die ältere Generation wird eine Identitätsneubildung, wenn überhaupt, nur äußerlich vollziehen können. Sie ist eher vergangenheitsbezogen als zukunftsorientiert und wird daher Umlernprozessen nur bedingt aufgeschlossen sein.

Die jungen Aussiedler haben eine starke Prägung in ihren Herkunftsländern erfahren. Viele von ihnen empfinden die deutsche Sprache als Fremdsprache und können diese nur mit großer Mühe nach Besuch einer Förderschule beziehungsweise nach deutschem Sprachunterricht sprechen, sodaß ihnen das Stigma des Fremdseins bleibt. Gegenüber dieser Altersgruppe sind keine Umerziehungspraktiken angebracht, da diese nur Ressentiments hervorrufen, an die Assimilierungsbemühungen der Herkunftsländer erinnern und eine Zusammenarbeit mit ihnen erschweren. Der permanente Hinweis der Jugendbetreuer, Lehrer und Sozialarbeiter »sprecht deutsch« oder »verhaltet euch so, daß man nicht sofort den Ausländer erkennt«, muß als Unterdrückung bisher gelernter Verhaltensweisen und kultureller Werte angesehen werden und kann zu Abwehrreaktionen führen, die das Anderssein mit besonderer Deutlichkeit hervortreten lassen. Hier ist eine sinnvolle Synthese zwischen dem Akzeptieren des Andersseins aufgrund der bisherigen Sozialisation und der Korrektur von Einstellungen und Verhaltensweisen erstrebenswert, – etwa die Korrektur des vielfach illusionären Deutschlandbildes oder der vorurteilsvollen Einstellung zum Herkunftsland. Die Vermittlung von praktisch orientierten Lebenshilfen, die Erweiterung der politischen Bildung, die Korrektur beziehungsweise Ergänzung der Kenntnisse in deutscher Geschichte und in derjenigen der Herkunftsländer können die Identitätsneubildung erleichtern, und zwar im Sinne einer Persönlichkeitserweiterung, ohne das bisher gelernte Wissen und Verhalten einfach als überflüssig fallenzulasssen.

Bei allen Bemühungen um die Integration von Spätaussiedlern der verschiedenen Altersgruppen sollte stets mit bedacht werden, daß die Generationen, die einen erheblichen Teil ihres Lebens in ihrer verlassenen Heimat verbracht haben, in ihrem Bewußtsein und Denken stets durch die Erfahrungen, die sie in ihrer Heimat gemacht haben, mitbestimmt sind. Ihre marginale Position und ihre partiale Identifikation mit ost- und südosteuropäischen Kulturwerten läßt eine Integration in die bundesdeutsche Gesellschaft nur bedingt zu. Amerikanische Soziologen haben hinsichtlich der amerikanischen Einwanderer eine Erkenntnis gewonnen, die sich auch auf die Spätaussiedler übertragen läßt, daß nämlich die Integration von Neuankömmlingen in eine bestehende Gemeinschaft mehrerer Generationen bedarf. Die Erfahrung bei der Eingliederung der Vertriebenen in die Bundesrepublik bestätigt dies.

Es ist zu erwarten, daß erst die dritte Generation, die am neuen Wohnsitz ihrer Eltern und Großeltern geboren ist und aufwächst, und deren Bindung an die alte Heimat ihrer Familien sich mit dem Absterben der Väter- und Großvätergeneration weitgehend gelöst hat, voll integriert und auch von der einheimischen Bevölkerung als ihresgleichen betrachtet werden wird.

Daß die Integration trotz manchen Vorteilen Verzicht und Verlust bedeuten wird, ist deutlich geworden. [FH 3|1978]

Gudrun Jakubeit/Hubertus Schröer
Kulturelle Koexistenz statt Integration
Plädoyer für eine neue Ausländerpolitik

Arbeitsmarkt und Ausländerpolitik

Seit Beginn der Anwerbung ausländischer Arbeitnehmer war Ausländerpolitik abhängig von der Entwicklung des Arbeitsmarktes: Ausländerpolitik ist und war Ausländerbeschäftigungspolitik. Zum Beleg sollen einige Stationen deutscher Ausländerpolitik benannt werden.

Bis zur ersten tiefgreifenden wirtschaftlichen Krise 1973 regulierte sich der Arbeitsmarkt noch selbst, so als 1966/67 hunderttausende Ausländer in die Heimatländer zurückgingen. 1973 erfolgte mit dem Anwerbestopp eine entscheidende politische Intervention. Ausländische Arbeitskräfte aus den Nicht-EG-Ländern durften nicht mehr in die Bundesrepublik einreisen. Die hier arbeitenden Ausländer kehrten deshalb in sehr viel geringerer Zahl in die Heimatländer zurück.

Ihre Aufenthaltsdauer nahm zu, sie holten ihre Familien nach, die Geburtenrate stieg. Der Druck auf den Arbeitsmarkt durch Ehepartner und Kinder hielt an. Weitere politische Reaktionen wie Stichtagsregelung (nachziehende Familienangehörige erhielten nach einem bestimmten Stichtag keine Arbeitserlaubnis) oder Zuzugssperre (der Zuzug in bestimmte Ballungsgebiete mit hohem Ausländeranteil wurde verboten) erwiesen sich als untaugliche Versuche, den Arbeitsmarkt zu entlasten. So sahen sich Bund und Länder veranlaßt, direkt beim Familiennachzug anzusetzen.

Vor dem Hintergrund einer Arbeitslosigkeit von fast zwei Millionen Erwerbslosen und einer wachsenden Inanspruchnahme des sozialen Fonds und der sozialen Infrastruktur auch durch die Ausländer gab noch die sozial-liberale Koalition »Empfehlungen zur Einschränkung des Familiennachzugs« heraus, die seitdem die ausländerpolitische Diskussion bestimmen: die Verweigerung des Zuzugs von jungen Ausländern, die Erschwerung der Heirat von Ehegatten aus den Heimatländern, die immer restriktivere Anwendung des Ausländerrechts. Mit dem Rückkehrhilfegesetz, also finanziellen Anreizen zur endgültigen Rückkehr in das Heimatland, wurde der vorerst letzte Versuch unternommen, den Arbeitsmarkt und die Arbeitslosenversicherung zu entlasten.

V. Herausforderung Integration

Das Scheitern deutscher Integrationspolitik

Vor diesem eindeutig beschäftigungspolitisch motivierten Hintergrund wird eine Ausländerpolitik fragwürdig, die seit Beginn der 70er Jahre zugleich die Integration der ausländischen Familien als gesellschaftspolitische Aufgabe postuliert. Dies um so mehr, als die soziale Integration von Minderheiten neben des Einsatzes finanzieller Mittel auch eines positiven sozialen und politischen Klimas bedarf, das jedoch durch eine ausländerpolitische Dauerdebatte auf Kosten der ausländischen Bevölkerung zunehmend zerstört wird.

Der Begriff der Integration findet in der politischen Diskussion je nach Interesse eine völlig beliebige Verwendung. Verbal zumindest ist man zu einer »interaktionistischen« Interpretation übergegangen.

Die Kommission »Ausländerpolitik« (sog. Zimmermann-Kommission) beschreibt Integration als einen »sozialen Prozeß der Ein- und Zuordnung verschiedener gesellschaftlicher Gruppen. Integration ist also weder statisch noch einseitig, sondern setzt Anpassungsbeiträge aller Beteiligten voraus. ... Anpassungsbeiträge müssen auch von unserer Gesellschaft ausgehen, die den Ausländer nicht ausschließen darf, sondern Bedingungen schaffen muß, die es ihm ermöglichen, als anerkanntes Mitglied in dieser Gesellschaft zu leben«.

Deutsche Ausländerpolitik hat bisher diese Bedingungen nicht geschaffen: Grundvoraussetzung wäre ein gesicherter rechtlicher Status für eine vernünftige Lebensplanung der ausländischen Familien. Das deutsche Aufenthaltsrecht kennt diese Sicherheiten nicht. Die Forderungen nach weiteren Verschärfungen haben inzwischen längst die Bemühungen von Gewerkschaften, Kirchen und Verbänden um mehr Rechtssicherheit in den Hintergrund gerückt. Ausländer müßten zur Anerkennung als Mitglieder dieser Gesellschaft Chancen der politischen und gesellschaftlichen Partizipation haben: Ihnen öffnen sich aber nicht in ausreichendem Maße unsere sozialen Angebote. Ihre Formen der kulturellen Äußerung finden kaum Anerkennung und Unterstützung. Von der Einräumung politischer Rechte sind sie weiter entfernt als je zuvor.

Eine interaktionistische Integration scheitert aber vor allem auch am Fehlen einer gegenseitigen Akzeptanz von Deutschen und Ausländern. Von folkloristischen Elementen abgesehen wird der Heimat- und Alltagskultur der Gastarbeiter keine Aufmerksamkeit geschenkt, sie wird nicht als gleichwertig und gleichrangig behandelt. Die durch die offizielle Politik legitimierte Ausländerfeindlichkeit verhindert die notwendige Offenheit und unterstützt eine ethnozentristische Einstellung, gegen die gesellschaftliche Gruppen und neue pädagogische Konzepte kaum etwas auszurichten vermögen.

Insbesondere in der Auseinandersetzung um die muslimische Ausländerbevölkerung wird deutlich, daß im Grunde ein wechselseitiger Lernprozeß gar nicht gewünscht wird. In der Differenzierung von »integrationsunwilligen und integrationsunfähigen« Ausländern einerseits und solchen, die für unsere Integrationsvorstellungen offener sind, entlarvt sich das verbale Integrationsangebot als einseitige Anpassungsforderung.

Quer durch fast alle Parteien und von jeder Bundesregierung wurde und wird Integration als Anpassungsprozeß ausländischer Gruppen an deutsche Normen und Verhaltensweisen verstanden. Aber selbst diese »Integrationspolitik« ist gescheitert: Die verschiedenen Ethnien haben sich als kulturell autonom und widerstandsfähig gegen den Assimilierungsdruck erwiesen. Die deutschen Sozialisationsinstanzen Kindergarten, Schule, berufliche Bildung haben es – trotz immer neuer pädagogischer Modelle – nicht geschafft, die hier geborenen Ausländer als angepaßte junge Erwachsene zu entlassen.

Nach alledem erweist sich der Integrationsbegriff als wenig brauchbar. Er ist wissenschaftlich umstritten, politisch mißbraucht und kennzeichnet eine Periode deutscher Ausländerpolitik, die nicht von den Interessen der ausländischen Arbeitskräfte und ihrer Familien her definiert wird, sondern von den Erfordernissen des deutschen Arbeitsmarktes.

Umrisse einer neuen Politik für Ausländer

Eine neue Politik für Ausländer muß von der Tatsache ausgehen, daß in der Bundesrepublik eine Einwanderung stattgefunden hat. Die Konsequenzen daraus sind weder der deutschen Bevölkerung bewußt noch den Einwanderern selbst. Einwanderung ist nicht unbedingt ein einmaliger, bewußter Schritt, sondern entwickelt sich als Prozeß, der für die Aufnahmegesellschaft wie für die Immigranten von einem bestimmten Punkt an unumkehrbar ist.

Die deutsche Gesellschaft muß also mit einer Minderheit leben, die ihrer soziologischen Struktur nach zur Arbeiterschaft gehört. Die Beschäftigung ausländischer Arbeiter wird auf Dauer zu einem wesentlichen Element unseres gesellschaftlichen Systems gehören. Das bedingt die strukturelle Ungleichgewichtigkeit auf dem deutschen Arbeitsmarkt wie die Internationalisierung des Produktionsprozesses und der Arbeitsmärkte. In der ökonomischen Krise mit hoher Dauerarbeitslosigkeit, die ökonomische Sonderinteressen und Marginalisierungstendenzen innerhalb der abhängig Beschäftigten verschärft, führt die ethnische Spaltung zu einer weiteren Entsolidarisierung. Es muß daher gerade im Interesse der Organisationen der Arbeiterbewegung liegen, sich dieser Situation – Bundesrepublik als Einwanderungsland – bewußt zu werden und sie zum Ausgangspunkt neuer Ziele, Konzeptionen und Strategien zu machen.

Die alten Formeln taugen nicht für eine neue Politik. Im Bereich der Ausländerarbeit und der wissenschaftlichen Diskussion sind deshalb neue Begriffe geprägt worden, die analytische Elemente mit einer Zielbeschreibung zu verbinden versuchen: »multikulturelle Gesellschaft« und »kultureller Pluralismus« bzw. »kulturelle Koexistenz« plädieren für eine Form des Zusammenlebens, bei dem deutsche und ausländische Bevölkerungsgruppen selbstverständlich nebeneinander existieren, sich entwickeln und entsprechend gefördert werden. Zwischen den Gruppen finden Austausch-, Änderungs- und Anpassungsprozesse statt, die aber Zeit brauchen und Generationen dauern werden.

Eine »kulturelle Koexistenz« als Ziel von Ausländerpolitik und Ausländerarbeit enthält nach unserem Verständnis insbesondere drei Dimensionen, die geeignet erscheinen, alte und neue konzeptionelle Ansätze sinnvoll miteinander zu verbinden.

Die *soziale* Dimension umfaßt die soziale, rechtliche und politische Gleichstellung der Immigranten. Im Wesentlichen geht es um die alten Forderungen nach Verfestigung des aufenthaltsrechtlichen Status und die Einräumung politischer Mitbestimmungsrechte wie das kommunale Wahlrecht. Es geht aber auch um die Partizipation an der sozialen und kulturellen Versorgung, die Ausländer nicht in dem ihnen zustehenden Maß und nach ihren Bedürfnissen nutzen. Die Analyse der geringen Inanspruchnahme verweist auf die wenig ausländergerechte Struktur sozialer Angebote. Sie gibt zugleich einen Hinweis auf das Verständnis der Immigranten von sozialer Versorgung: private Versorgungsnetze und besonders die Familie und das familiäre und landsmannschaftliche Umfeld übernehmen vielfach – vergleichbar der Situation in den Heimatländern – diese Aufgaben.

Damit sind wir bei der *kulturellen* Dimension, die für das Erlernen neuer Rollen, Normen und Gebräuche neben der Gemeinsamkeit kultureller Muster zugleich auf die Bedeutung subkultureller Differenzierungen verweist. Dafür sind Begriffe wie »Einwandererkolonie« bzw. »ausländische Gemeinde« geprägt worden. Gemeint ist die Rekonstruktion eines heimatlichen Milieus, das der Stabilisierung der Persönlichkeit des Einwanderers ebenso dient wie der Organisation eines eigenständigen sozialen Systems.

In dieser Entwicklung, die weitgehend der deutschen Bevölkerung verborgen geblieben ist, dürfte eine wichtige Erklärung dafür zu finden sein, warum die ausländische Bevölkerung so wenig »sozial auffällig« erscheint. Die Orientierung der ausländischen Familie an heimatlichen Normen – gerade auch im Bereich der bei uns als Selbsthilfe bezeichneten sozialen Versorgung – ist stärker als prognostiziert. Die Grundlage dafür bildet die eigene Kolonie, die psychisch, materiell und nachbarschaftlich Rückhalt gibt. Das soziale Netz der ausländischen Familie und der sie stützenden Kolonie federt noch meistens den sozialen Fall ab.

Die *personale* Dimension schließlich verweist auf methodische Ansätze in der Ausländerarbeit, die von einseitigen Anpassungsforderungen etwa im Hinblick auf das deutsche Bildungssystem abrücken. Unter dem Begriff der »interkulturellen Erziehung« wird ein neues Verständnis für die Arbeit mit deutschen und ausländischen Kindern, Jugendlichen und Erwachsenen artikuliert, das Austauschprozesse zwischen den Gruppen fördert und ein Nebeneinander überwinden hilft.

Interkulturelle Wirklichkeit besteht dann, wenn zwei oder mehrere Kulturen, Lebensauffassungen aufeinanderstoßen. Idealtypisch wäre interkulturelles Leben als Prozeß zu verstehen, in dem sich die unterschiedlichen Ausformungen verschiedener Kulturen miteinander zu einer neuen Form von Kultur verbinden. Sodann beschreibt der Begriff »interkulturell« auch jene Situation »zwischen den Kulturen«, die in unterschiedlicher Form jeden Fremden definiert. Der interkulturelle Prozeß kann dann verstanden werden als die Auseinandersetzung mit den unterschiedlichen, auch widersprüchlichen Situationen zwischen den Kulturen, den unterschiedlichen Anforderungen und Geboten.

V. Herausforderung Integration

Die Aufgabe einer interkulturellen Arbeit wäre es also, Situationen zu fördern, die eine Bearbeitung dieser Widersprüche zulassen. Es gilt, derartige Situationen herauszufinden, herzustellen bzw. zu unterstützen und die geeigneten Mittel zu deren Bearbeitung anzubieten. Es soll dabei im Wesentlichen nicht die Unterschiedlichkeit der Kulturen herausgearbeitet, sondern die unterschiedlichen Erfahrungen sollen zueinander in Beziehung gesetzt werden. Damit kann das Gemeinsame und nicht das Trennende zum Ausgangspunkt gemacht werden. Andererseits kann man lernen, mit den Unterschieden offen und bewußt umzugehen.

Zusammenfassend ist festzuhalten,
- die Bundesrepublik ist ein Einwanderungsland,
- die eingewanderten Minderheiten nehmen eine eigenständige kulturelle Entwicklung, wobei Organisationen eine entscheidende Rolle spielen,
- die Brücke zwischen Minderheit und Mehrheit stellt eine interkulturelle Arbeit her,
- die rechtliche und politische Situation der Ausländer entspricht nicht ihrem Einwandererstatus.

Konsequenzen für eine neue Politik

Staatliche Politik muß die Einwanderungssituation als Ausgangsbasis von Ausländerpolitik akzeptieren. Das bedeutet nicht, weitere Einwanderung staatlich zu fördern. Das heißt aber, ausländische Arbeiter und ihre Familien als Einwandererminorität zu behandeln. Der deutschen Bevölkerung als einem Adressaten von Ausländerpolitik muß durch ein unmißverständliches Bekenntnis deutlich gemacht werden, daß Ausländer zu einem Teil der deutschen Gesellschaft geworden sind. Durch ihr Hinausdrängen können und sollen nicht die Arbeitsmarktprobleme gelöst werden. Der ausländischen Bevölkerung muß die Auseinandersetzung mit ihrer Auswanderersituation dadurch erleichtert werden, daß ihre rechtliche Situation gesichert wird und ihnen politische Beteiligungsrechte eingeräumt werden.

Es stellt sich ferner als eine öffentliche Aufgabe dar, die Organisationsstrukturen der ausländischen Gemeinden – also Vereine, Einrichtungen, Selbsthilfeorganisationen, Geschäfte usw. – durch den Abbau rechtlicher Restriktionen und durch eine materielle Förderung, wie sie vergleichbaren deutschen Institutionen zugutekommt, zu unterstützen. Damit wird der ausländischen Bevölkerung jene Basis gesichert, die ihre kulturelle Identität bewahren hilft und eine wesentliche Voraussetzung für Austausch- und Annäherungsprozesse mit der deutschen Bevölkerung darstellt.

Damit einhergehen muss ein Überdenken der deutschen sozialen Versorgung und ihrer Organisation. Auch gut funktionierende nationale soziale Netze werden nicht in der Lage sein, unser differenziertes Angebot sozialer Maßnahmen zu ersetzen. Das kann auch nicht das Ziel einer Neuorientierung sein. Es geht vielmehr darum, die soziale Versorgung soweit zu modifizieren, daß die Partizipationsmöglichkeiten ausländischer Nutzer verbessert werden.

Ebenso muss aber auch die Partizipationsfähigkeit von Ausländern erhöht werden. Hier besteht eine entscheidende Aufgabe für Bildungs- und Sozialpolitik. Sie muß die Bedingungen für eine interkulturelle Arbeit schaffen, umso eine Brücke zwischen der deutschen und ausländischen Bevölkerung zu schlagen. Auf der sicheren Grundlage kulturautonomer Gruppen werden ausländische Familien auf ein Leben in der deutschen Gesellschaft vorbereitet. [NG|FH 1|1986]

Ute Schmidt

Die Bessarabiendeutschen: Umsiedlung, Flucht, Integration

Die Bessarabiendeutschen mussten ihre Heimat bereits im Herbst 1940 verlassen, nachdem sowjetische Truppen das Land am 28. Juni 1940 besetzt hatten. Ihre Vorfahren – sie stammten vor allem aus Südwestdeutschland, aber auch aus Westpreußen, Brandenburg, Mecklenburg und Pommern sowie aus der französischen Schweiz – waren seit 1814 aus wirtschaftlichen, politischen und religiösen Gründen in das zwischen Dnepr und Pruth an der Schwarzmeerküste gelegene fruchtbare Land eingewandert. Der russische Zar Alexander I. hatte die deutschen Kolonisten angeworben und ihnen Religionsfreiheit, Befreiung vom Militärdienst sowie Land versprochen. 1817 wurde der Kolonistenstatus aufgehoben. Panslawistische und großrussisch-nationalistische Strömungen beendeten die liberale Minderheitenpolitik im Zarenreich. Während des Ersten Weltkrieges sollten der Besitz der Deutschen im westlichen Grenzstreifen enteignet und die Deutschen – wie die Wolhyniendeutschen – deportiert werden. Dem extremen Winter 1916/1917 und der Februarrevolution war es zu verdanken, dass diese Pläne nicht ausgeführt wurden. Im Jahr 1981 musste die Sowjetunion Bessarabien an Rumänien abtreten. Der Anteil der Deutschen an der Bevölkerung Bessarabiens betrug 1940 ca. drei Prozent. Sie waren überwiegend in der Landwirtschaft sowie in Handwerksberufen tätig.

Umsiedlung auslandsdeutscher Minderheiten nach dem »Hitler-Stalin-Pakt«

Mit dem Deutsch-sowjetischen Nichtangriffspakt und dem »Geheimen Zusatzprotokoll« (23. August 1939) wurde die Unabhängigkeit des polnischen Staates faktisch zur Disposition gestellt und damit eine wesentliche Voraussetzung für die Zerschlagung Polens und die Okkupation des polnischen Staatsgebietes durch das nationalsozialistische Deutschland und die stalinistische UdSSR geschaffen. Im Zuge der »Abgrenzung der beiderseitigen Interessensphären in Osteuropa« hatte der deutsche Außenminister Ribbentrop zudem akzeptiert, dass Estland, Lettland und Finnland dem sowjetischen Einflussbereich zugeschlagen werden sollten und »das völlige politische Desinteressement« seiner Regierung an Bessarabien, auf das die UdSSR nach wie vor Anspruch erhob, erklärt.

Auf Drängen der Reichsregierung stimmte die sowjetische Seite erstmals einer freiwilligen und einvernehmlich durchgeführten Umsiedlung der »in ihren Interessengebieten ansässigen Reichsangehörigen und anderen Persönlichkeiten deutscher Abstammung« nach Deutschland oder in die deutschen Interessengebiete zu.

Den Auftakt zu der 1939/40 einsetzenden, staatlich organisierten »neuzeitlichen Völkerwanderung« in Ostmittel- und Südosteuropas bildete die Aussiedlung von ca. 67.000 Baltendeutschen aus Estland und Lettland im Herbst 1939, die für die nun folgenden Bevölkerungstransfers einen Präzedenzfall darstellte. Die Modalitäten waren noch im Oktober 1939 in Verträgen mit Estland und Lettland geregelt worden. Weitere ca. 68.000 Menschen deutscher Herkunft, davon allein etwa

50.000 aus Litauen, folgten in einer Nachumsiedlung im Jahr 1941. Am 3. November 1939 schlossen das Deutsche Reich und die Sowjetunion einen Vertrag, auf dessen Grundlage 1939/40 in einem der kältesten russischen Winter seit Jahrzehnten ca. 135.000 Deutsche aus Wolhynien, Galizien und dem Narewgebiet über die neue Demarkationslinie nach Westen gebracht wurden.

Nach dem Einmarsch der Roten Armee in Bessarabien und in die Nordbukowina am 28. Juni 1940 wurden dann im Herbst 1940 ca. 137.000 Deutsche aus Bessarabien und der Nordbukowina ausgesiedelt und, nach Verträgen mit der rumänischen Regierung im Oktober 1940 weitere rund 68.000 Deutsche aus der Südbukowina und der Dobrudscha in die Umsiedlung einbezogen. Außer den Umsiedlern, die aufgrund zwischenstaatlicher Verträge aus ihren Herkunftsgebieten in Ostmittel- und Südosteuropa ins damalige »Großdeutsche Reich« umgesiedelt wurden, kamen 1943/44 in mehreren Schüben noch etwa 350.000 Deutsche aus russischen und ukrainischen Gebieten mit der rückflutenden Wehrmacht und in kilometerlangen Trecks in den Westen. Insgesamt waren also seit Ende 1939 bis Mitte 1944 zwischen 800.000 und 900.000 Menschen deutscher Herkunft aus Osteuropa ins damalige »Großdeutsche Reich« transferiert worden.

Während die Umsiedlung den deutschen Minderheitsgruppen als Rettung erschien, diente der Zustrom Hunderttausender Menschen dem NS-Regime als Instrument und zum praktischen Einstieg in eine auf lange Sicht geplante, rassistische Siedlungs- und »Umvolkungs«-Politik, mit der die Beherrschung der besetzten Gebiete Osteuropas gesichert werden sollte. Prof. Konrad Meyer, der von Himmler persönlich damit beauftragt war, eine Siedlungs- und Raumplanung für die polnischen Gebiete auszuarbeiten, brachte die den Umsiedlern zugedachte Funktion auf den Punkt, wenn er die Eingliederung der auslandsdeutschen Minderheiten in das »Gefüge des Großdeutschen Reiches« als »die letzte politische Tat in der Geschichte dieser Volksgruppen« darstellte und »die heimgekehrten bäuerlichen Menschen« zu »wertvollsten Bausteinen am Zukunftsbau der nationalsozialistischen Volksgemeinschaft« in den »volkspolitisch gefährdetsten Grenzzonen des Reiches« stempelte.

In seiner Reichstagsrede vom 6. Oktober 1939 hatte Hitler die Linie der »ethnographischen Flurbereinigung« bereits öffentlich angekündigt. Erstmals ist hier in der nationalsozialistischen Volkstumspolitik von Umsiedlungen deutscher Minderheiten die Rede: Im »Zeitalter des Nationalitätenprinzips und des Rassegedankens« sei eine »neue Ordnung der ethnographischen Verhältnisse« notwendig, um einen Teil der Minderheitskonflikte in Ost- und Südosteuropa zu beseitigen. Einen Tag später übertrug Hitler mit dem »Führerbefehl« vom 7. Oktober 1939 dem Reichsführer SS und Chef der Polizei, Heinrich Himmler, als »Reichskommissar für die Festigung deutschen Volkstums« die Sondervollmachten für das »völkische Umsiedlungswerk.« Im Rahmen dieses Auftrages sollten »neue deutsche Siedlungsgebiete, im Besonderen durch Sesshaftmachung der aus dem Ausland heimkehrenden Reichs- und Volksdeutschen« gestaltet werden. Voraussetzung für diese ausgreifende Raumplanung und Menschenverschiebung war, dass – so Hitler – »der schädigende Einfluß volksfremder Bevölkerungsteile, die eine Gefahr für das Reich und die deutsche Volksgemeinschaft bedeuten«, ausgeschaltet wurde. Nicht nur für Umsiedler, sondern auch für militärische Projekte und andere Zwecke wurden in der Zeit zwischen Dezember 1939 und Oktober 1944 allein aus dem »Warthegau« ca. 630.000 polnische und jüdische Einwohner aus ihren Wohnungen, Höfen, Geschäften usw. vertrieben oder »verdrängt«.

Die Bessarabiendeutschen: Umsiedler und Flüchtlinge

Die Deutschen aus Bessarabien sind Umsiedler und Flüchtlinge zugleich. Denn sie hatten bereits vor dem Erlebnis der Fluchtkatastrophe mit der Umsiedlung einen massiven Kontinuitätsbruch zu verkraften. Die NS-Propaganda, die die »Heimholung« der deutschen Volksgruppen als Beweis für die Überlegenheit und Attraktivität des »Dritten Reiches« darstellte, überdeckt, dass die Zustimmung zur Aussiedlung aus ihrer vertrauten Heimat und in eine ungewisse Zukunft den meisten Deutschen in den Minderheitsgebieten – so auch den Bessarabiendeutschen – eine schwere Entscheidung abverlangte. Besonders für die Älteren unter ihnen bedeutete die Umsiedlung einen fundamentalen Bruch in ihrer bisherigen Existenz, der ihnen und ihren Familien schwierige Umstellungsprozesse abforderte. Andererseits gab es für die Deutschen in Bessarabien keine Alternative, wenn sie nicht im sowjetischen Machtbereich bleiben und das Schicksal der deutschen Kolonisten im übrigen Schwarzmeergebiet – Kollektivierung, Entrechtung und Deportation – teilen wollten. Auch das idealisierte Deutschlandbild tat seine Wirkung. Den noch Zögernden gaben die Repressionen, die sich während der Präsenz der sowjetischen Besatzungsmacht in der Interimszeit im Sommer 1940 abzeichneten, den letzten Anstoß. Daher schrieben sich die Deutschen in Bessarabien zu fast 100 % (insgesamt 93.318 Personen) in die Umsiedlerlisten ein.

Nach der Ausschiffung über die Donau wurden die Bessarabiendeutschen im Herbst 1940 auf ca. 800 »Beobachtungs«-Lager im »Altreich« verteilt, wo sie unter sehr unterschiedlichen Bedingungen untergebracht waren. Die häufig rüde Behandlung der Umsiedler in den Lagern zeigt, dass die feierlich willkommen geheißenen auslandsdeutschen »Volksgenossen« hier oft als »Menschen zweiter Klasse« angesehen wurden. Im Rahmen der Einbürgerungsprozedur wurden die Bessarabiendeutschen – wie schon andere, vor ihnen im »Altreich« eingetroffene und »durchschleuste« Umsiedler – von »Fliegenden Kommissionen« der »Einwandererzentralstelle« (einer Einrichtung des Reichssicherheitshauptamtes) einer rassischen, erbbiologischen und gesundheitlichen Selektion unterzogen. Aufgrund dieser Einstufung wurden sie in »O«- und »A«-Fälle auseinanderdividiert: Die »Ostwürdigen« waren zur Besiedlung des Ostens, die übrigen zur Abschiebung ins »Altreich« vorgesehen. Damit war das den Umsiedlern vor der Abreise gegebene Versprechen, die Volksgruppe zusammenzuhalten, faktisch gebrochen.

Nach der Ansiedlung im »Warthegau« und in »Danzig-Westpreußen« waren die Umsiedler mit einer widersprüchlichen Situation konfrontiert. Sie hatten sich auf eine Ansiedlung innerhalb des Deutschen Reiches eingestellt, aber nicht auf die Landnahme in einem besetzten Gebiet, dessen frühere Bewohner enteignet und vertrieben wurden. Implantiert in ein fremdes Land, mehr oder weniger zerstreut und inmitten einer unterdrückten und daher weitgehend feindlich gesonnenen Bevölkerung angesiedelt, konnte das Gros der Bessarabiendeutschen hier keine Heimatgefühle entwickeln. Mitte Januar 1945 mussten sie dann – wie Millionen Flüchtlinge aus anderen Herkunftsgebieten – nach Westen in eine noch ungewissere Zukunft flüchten.

Die NS-Durchhalteparolen sowie die trotz der vorrückenden Front viel zu spät eingeleiteten Evakuierungsmaßnahmen führten dazu, dass die Flucht der deutschen Bevölkerung aus dem »Warthegau« in einer Katastrophe endete. In den Flüchtlingskarawanen aus der östlichen Region waren die Verluste an Menschenleben besonders hoch.

Dazu zählten auch viele Bessarabiendeutsche, die hier als Umsiedler angesiedelt gewesen waren. Besonders hart getroffen wurden z. B. die Bewohner der bessarabiendeutschen Gemeinde Friedenstal: Von den schätzungsweise 1.900 bis 2.000 Friedenstalern, die im Januar 1945 aus dem Warthegau flüchten mussten, gelang dies nur etwa einem Drittel. Weit mehr als die Hälfte dieser Gruppe (1.139 Personen) kam in der Zeit von Januar his Dezember 1945 in russische Gefangenschaft oder war in Polen »interniert«. Von den 560 in sowjetischen Gewahrsam gebrachten und den 570 in Polen »internierten« Bessarabiendeutschen aus der Gemeinde Friedenstal hat fast ein Drittel (insgesamt 327 Personen, d. h. ca. 17 % der Umsiedler aus Friedenstal) diese Gefangenschaft nicht überlebt. Viele der nach Sibirien, Kasachstan und in andere Gebiete der UdSSR deportierten Friedenstaler durften erst zehn Jahre später, zusammen mit den letzten deutschen Kriegsgefangenen und anderen deutschen Zivilverschleppten, im Jahr 1955 zu ihren Angehörigen zurückkehren. Insgesamt haben etwa 10.000 Bessarabiendeutsche Krieg und Flucht nicht überlebt.

Integration ohne Revanchismus

Die Bessarabiendeutschen fühlen sich in der Bundesrepublik längst voll integriert. Doch hat sich in dieser Flüchtlingsgruppe ein Gemeinschaftsgefühl tradiert, das sie his heute verbindet und als kleine und aktive Subkultur noch immer erkennbar macht. Eine wichtige Rolle bei der Zusammenführung der Familien spielte das unmittelbar nach Kriegsende von dem Diplomingenieur Karl Rüb initiierte » Hilfswerk für evangelische Umsiedler aus Bessarabien und der Dobrudscha« in Stuttgart. Diese Selbsthilfeorganisation war die erste Flüchtlingsorganisation in den vier Besatzungszonen überhaupt.

Aufgrund ihrer besonderen Herkunfts- und Wanderungsgeschichte brachten die Deutschen aus Bessarabien relativ »günstige« Voraussetzungen für eine Integration in der Bundesrepublik mit. Das klingt paradox, wenn man bedenkt, dass sie aus einer fast rein agrarischen Gesellschaft in eine hochentwickelte kapitalistische Industriegesellschaft hineinkatapultiert wurden und dass ihre Integration mit einer fast vollständigen und abrupten beruflichen Umschichtung einherging. Eine Erklärung für die frühe und ausgeprägte Integrationsbereitschaft der Bessarabiendeutschen liegt darin, dass sie nach der Umsiedlung keine begründete Hoffnung auf eine Rückkehr in die frühere Heimat mehr haben konnten und mit ihrer Einwilligung zur Umsiedlung auch ihre Rechtsansprüche verloren hatten. Weil die Bessarabiendeutschen ihre Lage nach 1945 nicht als Provisorium betrachteten, sondern als endgültig akzeptieren mussten, blieb ihnen keine andere Wahl, als sich unter den gegebenen Bedingungen möglichst rasch eine neue Existenz zu schaffen. Die Integration wurde auch dadurch erleichtert, dass die Siedlungsgeschichte der Bessarabiendeutschen vergleichsweise kurz gewesen war und nur fünf bis sechs Generationen umfasste. Ein großer Teil ihrer Vorfahren stammte überdies aus Südwestdeutschland, wo viele Bessarabiendeutsche nach 1945 wieder eine neue Heimat fanden. Neben den handfesten Qualifikationen der früheren Kolonisten halfen ihnen auch tradierte Einstellungen und Selbstbilder (Protestantische Ethik, Selbsthilfe, »Pioniergeist« usw.), sich auf die völlig veränderte Situation umzustellen. (Vgl. Ute Schmidt, *Die Deutschen aus Bessarabien. Verlusterfahrungen und »kulturelles Kapital«*).

Wenngleich die Bilanz der gelungenen Integration insgesamt positiv ausfällt, so zeigt sich doch auch in dieser Flüchtlingsgruppe, dass nicht wenige Verluste erst in der Generationenfolge aufgefangen werden konnten. Außerdem wäre das Bild unvollständig, wenn es nicht auch jene Flüchtlinge, vor allem aus der älteren Generation, einbezöge, die im Nachkriegsdeutschland nicht mehr wirklich Fuß fassen konnten. Steinig war der Weg auch für die Bessarabiendeutschen in der SBZ/DDR, die dort nach 1945 Bodenreform-Land erhalten hatten. Mit der Kollektivierung der Landwirtschaft ging das von ihnen schwer Erarbeitete ein weiteres Mal verloren.

Revanchistische Tendenzen fanden bei den Bessarabiendeutschen aufgrund ihrer Geschichte keine Resonanz. Forderungen an das Herkunftsland wurden von ihnen, auch von ihren Verbandsvertretern, nicht erhoben. Im Gegenteil: Die guten Beziehungen zu den heutigen Bewohnern ihrer früheren Heimat (heute Ukraine und Moldawien) sind ein anschauliches Beispiel für eine »Volksdiplomatie von unten«, die sich seit Anfang der 80er Jahre anbahnte und die im Zuge der anstehenden Osterweiterung der Europäischen Gemeinschaft zunehmend an Bedeutung gewinnt. Dass die Beziehungen zwischen den Bessarabiendeutschen und den heutigen Bewohnern dieses multinationalen Landes so unbelastet sind, kann selbst wiederum als Beleg für eine gelungene Integration dieser Gruppe im Nachkriegsdeutschland gelten. **[NG|FH 12|2002]**

Kerstin Schneider
Leben in der »Parallelgesellschaft«
Türkische Einwanderer und die Integrationsdebatte

Beim Augenarzt in Kreuzberg: Im Wartezimmer sitzen Frauen mit Kopftuch, kleine Kinder hüpfen umher. Die Atmosphäre ist entspannt, viele der Patientinnen kennen sich, plaudern miteinander. Ihre Umgangssprache ist Türkisch. Deutsch braucht hier niemand zu können, nicht einmal, um mit dem Doktor zu sprechen. Dieser ist türkischer Abstammung, genau wie die beiden jungen Arzthelferinnen, die beim Telefonieren ganz selbstverständlich zwischen ihrer Muttersprache und Deutsch wechseln. Draußen auf der Strafe liest man türkische Zeitungen, kauft im türkischen Kaufhaus ein, bei Gemüsehändlern und Metzgern. In vielen kleinen Cafés treffen sich türkische Männer, um Heimatzeitungen zu lesen und Fernsehen zu schauen. Siebzehn türkische Fernsehkanäle können über Satelliten empfangen werden.

Insgesamt leben eine halbe Million Einwanderer in der Hauptstadt. Die türkischen Berliner sind die größte Gruppe von ihnen. 160.000 türkische Einwanderer wohnen hier, viele von ihnen schon in der dritten Generation. 26.400 Kinder türkischer Herkunft besuchen Berliner Schulen. Berlin hat sich zwar mit dem *Multikulti Radio*, dem alljährlichen *Karneval der Kulturen* und den Veranstaltungen im *Haus der Kulturen der Welt* einige renommierte multikulturelle Institutionen geschaffen. Doch die Schattenseiten der Multikulti-Welt sind unübersehbar. Eine Parallelgesellschaft ist entstanden, wie es der *Spiegel* nennt: Straßenzüge in Kreuzberg und Neukölln, in denen überwiegend Migranten leben, Schulen und Kindertagesstätten, in die bis zu 70 % Kinder nichtdeutscher Herkunft gehen. Ein Viertel der türkischen Jugendlichen bleibt ohne Schulabschluss und hat keine Chancen auf eine Berufsausbildung. Der hohe Ausländeranteil führt paradoxerweise sogar dazu, dass aufstiegswillige Zuwanderer umziehen, um ihre Kinder in Schulen unterzubringen, in denen überwiegend deutsche Schüler unterrichtet werden. In Berlin wird die Lage noch durch die hohe Arbeitslosigkeit verschärft: Nach der Wende hat die Stadt viele Industriearbeitsplätze verloren, 37 % der türkischen Berliner sind nach einer Senats-Studie arbeitslos.

Die Frage drängt sich auf: Ist die Integration gescheitert, weil wir jetzt zum Teil ghettoartige Stadtteile haben, in denen längst andere Muttersprachen die deutsche Sprache verdrängt haben? Oder ist nur unsere Vorstellung von Integration und multikulturellem Zusammenleben völlig überholt? Bislang hat die deutsche Gesellschaft, anders als die Niederlande, nicht klar genug deutlich gemacht, wo Anpassungsleistungen bei Migranten liegen müssen und wo sie weniger wichtig sind. Die türkischen Einwanderer haben, neben den Griechen und Italienern, die größten Erfahrungen mit deutscher Einwanderungsgeschichte. Vor allem einfache Arbeiter kamen im Zuge des Abkommens, das 1961 zwischen der Bundesrepublik und der Türkei geschlossen worden war, nach Deutschland. Damals gingen die Deutschen noch davon aus, dass die türkischen »Gastarbeiter« nach ihrem Arbeitsleben wieder zurück in die Türkei gehen würden. Doch die Türken blieben und holten ihre Familien nach.

Viele Deutsche verlangen von den türkischen Mitbürgern noch heute völlige Anpassung und Assimilation und wollen nicht wahrhaben, was Safter Çinar, Sprecher des Türkischen Bundes Berlin-Brandenburg, beschreibt: »Wir müssen hinnehmen, dass türkische Familien so leben, wie sie wollen.« Dazu gehöre das Medienverhalten, das Heiratsverhalten und die Wohnsituation. Der Türkische Bund sieht es als seine Aufgabe, seine Landsleute zu motivieren, sich mit der deutschen Sprache und Kultur auseinanderzusetzen. »Doch die türkischen Familien dürfen keine Angst haben, dass ihnen ihr Kind entfremdet wird«, erklärt Çinar. Wie stark in den Familien eine türkische Identität entwickelt wird, hängt sehr von der religiösen Bindung der Eltern ab, wie eine Studie der Freien Universität Berlin im vergangenen Jahr herausgefunden hat.

Dass Deutsch die Eintrittskarte in die Gesellschaft und die Voraussetzung für Integration ist, bestreitet niemand. Doch gerade an Sprachkompetenz hapert es. Die *PISA-Studie* hat an den Tag gebracht, dass Kinder aus Zuwanderungsfamilien an Sprachdefiziten leiden. Das betrifft auch die Kinder türkischer Herkunft, selbst wenn die Familien schon seit mehreren Generationen in Deutschland leben. Die Gründe sind schnell aufgezählt: fehlende Integrationspolitik, ein mangelndes Ausbildungskonzept in Vorschule und Schule, Unsicherheit und Unwissenheit der Eltern. Nach einer Studie der Berliner Ausländerbeauftragten heiraten über 4 % der türkischen Männer Frauen, die in der Türkei geboren sind und kein Wort Deutsch können. Die meisten türkischen Kinder sprechen, bevor sie in die Kita kommen, ausschließlich ihre Muttersprache Türkisch. Da sie häufig aus Familien sogenannter bildungsfernen Schichten kommen, sind ihre deutschen Sprachkenntnisse bei der Einschulung sehr unterschiedlich. »Die Familien sind oft überfordert. Sie wollen das Beste für ihr Kind und glauben, dass die Schule in der Lage ist, dies ihren Kindern zu vermitteln. Dass sie mithelfen müssen, damit ihr Kind wirklich Deutsch lernt und in der Schule Erfolg hat, ist vielen nicht klar«, sagt Barbara John, Ausländerbeauftrage des Berliner Senats. Johns Lösungsvorschläge gegen die Bildungsmisere heißen: die Einrichtung von Ganztagsschulen und Qualitätsstandards. Nur wenn die Kinder intensiv beim Lernen unterstützt würden, könne sich langfristig etwas ändern, erklärt John, die 1981 zur ersten Ausländerbeauftragten in der Bundesrepublik ernannt wurde. Für jedes Kind müsse es einen Förderplan gehen. Selbst pragmatische Empfehlungen können weiterhelfen, erklärt Safter Çinar: »Ich sage den Eltern immer: Setzt Eure Kinder wenigstens vor das deutsche Fernsehen, damit sie mehr von der Sprache mitbekommen. Vor der Glotze sitzen die meisten Kinder nachmittags sowieso.«

Für den 55-jährigen Çinar, der auch die Ausländerberatungsstelle des DGB Berlin-Brandenburg leitet, hat die deutsche Politik versagt. Erst jetzt scheint es ins Bewusstsein der Bildungspolitiker gedrungen zu sein, dass Sprache und Sprachunterricht eine wichtige Rolle für die Einwanderungspolitik spielen: »Die deutsche Schule tut immer noch so, als ob sie nur deutsche Kinder mit christlichem Hintergrund ausbildet. Wir brauchen eine Gesamtkonzeption für die Bildungspolitik.« Auch Barbara John konstatiert: »Deutschland ist zu festgefahren für ein Einwanderungsland. Wir haben zwar auch Erfolge, haben Milliarden investiert in die Integration, aber wir hätten mehr daraus machen können. Wir sind kein änderungsfreudiges Land, unsere Systeme müssen flexibler sein.«

Bislang können die Schulen den Anforderungen der Zuwanderungsgesellschaft gar nicht gerecht werden, auch wenn engagierte Lehrer versuchen, das Beste aus der Situation zu machen. Beispiel: Carl-Bolle-Grundschule im Bezirk Tiergarten. 65 % der 400 Kinder sind »nichtdeutscher Herkunft«, wie es im Behördenjargon heißt. Sie kommen aus 21 Nationen. Neben qualifizierten Lehrern fehlen Materialien für den Unterricht, um den Schülern aus Migrantenfamilien Deutsch als Fremdsprache (DaF) beizubringen. Die Schule hat in der Gegend trotzdem einen guten Ruf, unter anderem weil Lehrer wie die Konrektorin Cornelia Lubnau aus der Not eine Tugend machen. Sie schreibt selbst Übungstexte und stellt Unterrichtsmaterialien her. Die herkömmlichen Schulbücher sind oft zu kompliziert. Texte müssen vereinfacht werden, Passiv- und Perfektkonstruktionen aus den Sätzen herausgeholt werden, weil die Kinder sonst kaum etwas verstehen. Über Visualisierungskärtchen werden Begriffe und Satzkonstruktionen dann auf einfache Weise erklärt. Fünf Stunden werden die Schüler pro Woche in DaF unterrichtet, zusätzlich zum Deutschunterricht. »Besser wäre es«, sagt Cornelia Lubnau, »wenn die Kinder schon im Vorschulalter gezielt durch Sprachunterricht gefördert würden. Und es wäre außerdem gut, wenn sie auch ihre Muttersprache perfekt sprächen.«

Immerhin 80 % der türkischen Kinder besuchen eine Kita. Doch erst seit diesem Jahr werden Erzieherinnen im Bereich Deutsch als Zweitsprache ausgebildet. Auch Kurse für Mütter werden in der Carl-Bolle-Grundschule in Zusammenarbeit mit der Volkshochschule angeboten. Der Unterricht findet in den Klassenräumen statt, weil dann auch der Kontakt der Mütter zur Schule leichter wird. Viele trauten sich wegen mangelnder deutscher Sprachkenntnisse vorher nicht einmal zu den Elternsprechstunden.

Ob *PISA-Studie* oder Zuwanderungsgesetz: Wohl fühlen sich die türkischen Mitbürger bei den ständigen Diskussionen über mangelnde Sprachkompetenz und eingeschränkten Zuzug von Familienangehörigen nicht. Eher verunsichert und in ihrer eigenen Einschätzung bestätigt. Safter Çinar erzählt von Kindern türkischer Herkunft, die die Zugehörigkeit zur deutschen Mehrheitsgesellschaft in Frage stellen. Bis Mitte der 90er Jahre, so erzählt er, brauchte man niemanden zu überzeugen, dass es sinnvoll sei, sich einbürgern zu lassen. Heute mache er bei Infoveranstaltungen die Erfahrung, dass garantiert die Frage von Jugendlichen komme: »Warum soll ich die Staatsbürgerschaft von denen übernehmen.« Von denen, damit sind die Deutschen gemeint. Auch der Wegfall der

Doppelstaatsbürgerschaft hat gerade unter den Türken zu einem Rückgang der Einbürgerungszahlen geführt.

Letzter Ausweg der Deutschtürken scheint ein Rückzug in die türkische Gemeinschaft zu sein. Es gibt junge, gut ausgebildete Türken mit Jobs in Banken oder Versicherungen, die sich nach Dienstschluss nur noch in einem türkischen Umfeld bewegen und mit »den Deutschen« nichts mehr zu tun haben wollen. Doch Barbara John widerspricht diesen Rückzugstendenzen. Sie habe noch niemand getroffen, der sich völlig abgelehnt fühle. Die meisten »wollten ihre Kultur weitergeben und Erfolg in der Gesellschaft haben«. Dass die Integration gescheitert ist, hält Barbara John für Unsinn: »Integration ist ein Jahrhundertprozess. Wir haben ja eigentlich erst zwanzig Jahre richtige Integrationspolitik hinter uns.« Safter Çinar, der selbst 1967 nach Deutschland zum Studium kam, bedauert, dass nach 40 Jahren Einwanderung immer noch so wenig Probleme gelöst sind. »Schließlich«, so meint er, »reden wir über 7,3 Millionen Menschen, von denen 25 % seit 30 Jahren hier leben«. [NG|FH 7/8|2002]

Tanja Busse
Der Westen kommt, der Osten bleibt
Alexander Thumfart über die schwierige Integration der Ostdeutschen

Die DDR wirkt nachhaltig. Dieser Befund, die fortwährende Präsenz der DDR in den Köpfen, zieht sich wie ein roter Faden durch Alexander Thumfarts Untersuchung *Die politische Integration Ostdeutschlands*. Der Erfurter Politikwissenschaftler hat die Ergebnisse aus mehreren tausend Studien zur Transitionsforschung zusammengetragen und beschreibt in einem detailreichen Panorama, wie der »Transfer von politischen Institutionen, Personal und Geld von Westdeutschland in die neuen Bundesländer (...) auf eine andere historisch gewachsene, konfigurierte und in sich vielfältige und vielschichtige Koppelung von Struktur und Kultur« trifft. Als Suchraster hat er fünf Kriterien ausgewählt, die als essenziell für eine normative politische Integration gelten sollen: Mitgliedschaft,

Konfliktregulierung, Öffentlichkeit, Solidarität und Wertbindungen. Daran misst er die Integration der politischen Institutionen – Länderparlamente, Regierungen, Parteien, Verbände und Kirchen.

Die Parlamente der neuen Länder glichen sich bald an die Erfordernisse einer parlamentarischen Demokratie an. Doch gleichzeitig entstand »eine gewisse Scheu oder Zurückhaltung, die Öffentlichkeit und v. a. die Wähler im Wahlkreis auch politisch-responsiv führen zu wollen«. Die Folge sei ein Öffentlichkeitsdefizit, ein Mangel an Parlamentsgewöhnung. Deshalb, so fordert Thumfart, sollten es sich die Abgeordneten zur ausdrücklichen Aufgabe machen, die öffentlich-politische Kommunikation zu verstärken.

Im Parteiensystem zeigt sich dieses »Amalgam exogener und endogener Wertbindungen« noch deutlicher: Die »zentrale Aufgabe der Aufnahme von Konflikten und ihre offen-pluralistische Austragung« ist nötig. Bis auf die PDS haben die ostdeutschen Parteien heute nur wenig Mitglieder, die sich zudem nicht gern politisch engagieren und Parteiämter übernehmen. Thumfart spricht von einer Partizipationserduldung, was – den großen Aufbruch der friedlichen Revolution im Blick – geradezu tragisch klingt. Die westdeutschen Parteien haben die Blockparteien und die Bürgerbewegung verschluckt und sich zu wenig auf ihre Wertbindungen und Prägungen eingelassen. So waren die ostdeutschen Parteien in der Regel immer dann erfolgreich, wenn sie auf eine eigenständige Ostidentität rekurrierten. Die gemeinsame DDR-Vergangenheit scheint wichtiger zu sein als alles andere.

Die große Bedeutung der ostdeutschen Befindlichkeiten und Wertvorstellungen macht das Kapitel über die PDS besonders deutlich, Thumfart widerlegt die gängige These, PDS-Wähler seien Wendeverlierer. Sie wählen vielmehr aus ideologischer Überzeugung, ganz gleich, ob es ihnen vor oder nach der Wende besser ging. Eigentlich dürfte das nicht überraschen: Ein ganzes Leben mit all seinen Erfahrungen und Wertvorstellungen lässt sich beim Wechsel in ein neues politisches System natürlich nicht einfach abstreifen.

Der Ost-West-Gegensatz eint die PDS, dennoch ist sie innerlich zerrissen, nach den jüngsten Wahlniederlagen erst recht: Sie »schwankt zwischen Fundamentalopposition und pragmatischer Machtpolitik« und hat kein klares Programm dafür, wie sie die Interessen der Ostdeutschen eigentlich konkret vertreten soll. Dennoch hält Thumfart die PDS nicht für destabilisierend. Im Gegenteil: Durch die Frage Reform oder Fundamentalopposition, um deren Beantwortung die PDS-Mitglieder und -Wähler ringen, ist die Partei gezwungen, sich mit dem politischen System der Bundesrepublik auseinanderzusetzen. So meint Thumfart, »dass die PDS es geschafft hat, ein intern zwar diffuses, heterogenes, aber dennoch an der Ost-West-Linie klares Reservoir an Wählern und Mitgliedern über den *ideologischen Rubikon* hinweg mit dem demokratischen und pluralistischen Regierungssystem der Bundesrepublik wenigstens zu verkoppeln«.

In den meisten seiner teils ernüchternden Befunde entdeckt Thumfart eine mögliche Wendung zur besseren Integration. Einzig bei der politischen Integration der Unternehmensverbände spricht er von einem kläglichen Scheitern, verursacht durch eine »Situations- und Bedürfnisblindheit seitens der westdeutschen Verbandsvertreter«. So entstanden in vielen ostdeutschen Regionen kleinere und situationsspezifische Kooperationsmechanismen, welche die klassischen Unternehmerverbände ersetzten.

An Stellen wie dieser mag man sich als Leser fragen, wie eine normative Integration in ein System gelingen soll, das seinen eigenen Ansprüchen nicht immer genügt. Auch das Kapitel über das Mediensystem wirft solche Fragen auf. Thumfart empfiehlt eine Stärkung konkordanzdemokratischer Einbindungsstrategien. Vor allem die Kommunen sollten Orte sein, an denen die Neubundesbürger die Chance zur Teilhabe und Kommunikation nutzen sollten. Durch die schwere politologische Terminologie klingt am Schluss des Buches ganz viel Optimismus, dass sich die Ostdeutschen aus der Duldungsstarre befreien werden. Nach der Lektüre würde man gerne in einer Art Gegenbuch weiterlesen: Wie war das eigentlich mit dem Westen nach der Wiedervereinigung? Was haben die Westdeutschen gelernt vom Osten? Und von den großen biografischen Erfahrungen – Revolution und Systemwechsel –, welche die Ostdeutschen gemacht haben und sie nicht.

Alexander Thumfart: Die politische Integration Ostdeutschlands. Suhrkamp, Frankfurt a. M. 2002, 1.020 S., 20 €. **[NG|FH 11|2002]**

Herfried Münkler
Politische Wege aus der Flüchtlingskrise
Über einen Masterplan für Integration

Eine heikle Feststellung vorweg: Das Projekt einer gesellschaftlichen Integration der im Jahr 2015 nach Deutschland gekommenen Migrant/innen wird umso eher gelingen, je weniger weitere dazukommen. Erst dann nämlich wird es möglich sein, die Ressourcen des Staates und die Kräfte der Zivilgesellschaft von den Aufgaben der Unterbringung und Versorgung auf die der Integration umzustellen. Und erst dann wird man einigermaßen zuverlässig abschätzen können, welche Dimensionen das Integrationsprojekt haben wird. Nicht alle von denen, die in den letzten Monaten nach Deutschland gekommen sind, werden bleiben *wollen*, und nicht alle von denen, die bleiben wollen, werden aufgrund der Asylregelungen bleiben *können*. Das freilich ist die erste Voraussetzung eines gelingenden Integrationsprozesses: dass die Aufnahmegesellschaft weiß, bei wem sich die erforderlichen Aufwendungen lohnen, und dass die Aufzunehmenden eine Perspektive haben, in der die ihnen abverlangten Anstrengungen sinnvoll sind. Die Integrationschance ist dort am größten, wo beide Seiten das, was sie aufwenden und leisten müssen, als eine Investition begreifen, die sich auf die Dauer auszahlen wird.

Daraus erwächst der zweite Imperativ für einen Masterplan zur Integration: dass die Aussicht auf einen dauerhaften Verbleib in der deutschen Gesellschaft schnell geklärt werden muss; ausdrücklich nicht: so schnell wie möglich – nach Maßgabe juristischer Prozeduren und des dafür verfügbaren Personals, sondern *wirklich schnell*. Jeder Tag, den die Flüchtlinge in einem Zustand der Ungewissheit verbringen, ist ein verlorener Tag im Hinblick auf die Integration, und wenn sich die Tage zu Monaten summieren, werden sie zu regelrechten Integrationsblockaden. Hier findet ein Wettlauf mit der Zeit statt, und diesen Wettlauf kann die Aufnahmegesellschaft durchaus verlieren. Sie hat deswegen eine Entscheidung von erheblicher Tragweite zu treffen: Sind ihr die formalen Prozeduren des Sortierens der Flüchtlinge und der zeitraubenden Klärung ihres Rechtsstatus' unverzichtbar oder entscheidet sie dies in beschleunigten und generalisierten Rechtsakten, damit der Integrationsprozess umgehend beginnen kann? Was aber auf jeden Fall vermieden werden muss, ist die Häufung eines typischen Produkts der juristischen Sortiermaschine: des abgelehnten, aber geduldeten Asylbewerbers. Dieser Rechtsstatus, der das Ergebnis einer sorgfältigen und gewissenhaften Prüfung des Einzelfalls sein mag, ist eine integrationspolitische Katastrophe. Wer an einem nachhaltigen Integrationsprozess interessiert ist, muss dafür sorgen, dass dieser Status ein absoluter Ausnahmefall bleibt.

Umdenken der Verwaltung

Daraus folgt dann sogleich der dritte Imperativ eines Masterplans für Integration: dass die juristische Sortiermaschine der Statuszuweisung gegenüber den Migrant/innen auf den Imperativ der Integration umgestellt wird. Das wird der juristisch geschulten Beamtenschaft des Staatsapparats gegen den Strich gehen, weil es dann unvermeidlich ist, mit Ausnahme- und Sonderregelungen zu arbeiten, wie sie in einem sauberen Entscheidungsprozess nicht vorgesehen sind. Aber die Integration einer so großen Zahl von Migrant/innen ist eine Herausforderung, die einen Ausnahmefall darstellt, der seine eigenen Prozeduren erfordert – jedenfalls dann, wenn die Integration gelingen soll und man eine Häufung von Fällen des Scheiterns vermeiden will. Integration ist keine administrative Maßnahme, sondern ein langwieriger Prozess, der sich auf dem Arbeitsmarkt, in der Zivilgesellschaft und in der politischen Werteordnung abspielt. Dem wird kaum einer widersprechen; das tatsächliche Agieren des Staates erfolgt zurzeit aber noch weitgehend so, als würde es sich bei der Integration um einen Verwaltungsakt handeln. Dem dritten Imperativ zu genügen, wird also erhebliche Anstrengungen erfordern; in jedem Fall hat es ein grundlegendes Umdenken in der Verwaltung zur Voraussetzung.

Neben diesen drei Imperativen, die wesentlich an den Staat und seine Verwaltung adressiert sind, gibt es eine Reihe von Erwartungen an die Arbeits- und Zivilgesellschaft sowie an die Migrant/innen selbst. Zunächst gilt die Regel, dass eine Gesellschaft von den Neuankömmlingen, die auf Dauer bleiben wollen, umso mehr Integrationsbereitschaft erwarten – und auch einfordern – kann, je freundlicher und hilfsbereiter sie diese nach einer mühsamen und gefährlichen Flucht in Empfang genommen hat. Derlei ist nicht auf dem Verordnungswege zu erreichen;

hier spielen Mitgefühl und Klugheit zusammen: Mitgefühl mit denen, die ihre Heimat hinter sich gelassen haben, um in einem Land anzukommen, dessen Sprache sie nicht sprechen, dessen Lebensart ihnen unvertraut ist und dessen Regeln sie noch lernen müssen. Und die Klugheit der Alteingesessenen, dass man mit demonstrativem Misstrauen und offen bekundeter Ablehnung auf längere Sicht bei vielen Migrant/innen gerade jene Feindseligkeit hervorbringt, vor der einige lautstark warnen. Das Gerede über mögliche Terroristen, die sich in den großen Migrantenbewegungen verbergen, läuft Gefahr, überhaupt erst jene Milieus zu schaffen, in denen der Dschihadismus seine Rekrutierungserfolge erzielt. In diesem Sinne sind die Brandstifter, die in Asylunterkünften Feuer legen, die funktionalen Helfershelfer der IS-Terroristen.

Entschieden wird über Gelingen oder Scheitern der Integration aber letzten Endes auf dem Arbeitsmarkt und in der Zivilgesellschaft. Alle einschlägigen Untersuchungen zeigen, dass die Ausübung einer bezahlten Tätigkeit, von deren Ertrag der Betreffende leben und womöglich eine Familie unterhalten kann, die wichtigste Voraussetzung von Integration ist. Am Arbeitsplatz entstehen die intensivsten Kontakte zu den Menschen der Aufnahmegesellschaft, hier lernt man sich kennen und schätzen, macht die Erfahrung, dass man sich aufeinander verlassen kann. Wo das der Fall ist, entsteht das gegenseitige Vertrauen, ohne das keine Gesellschaft auf Dauer bestehen kann. Diese Beschreibung des Arbeitslebens ist freilich keine Selbstverständlichkeit, sondern enthält normative Elemente: Die Arbeit ist so zu gestalten, dass man sich wechselseitig kennen- und schätzenlernen kann, dass man die Erfahrung des Sich-aufeinander-verlassen-Könnens macht, so dass gegenseitiges Vertrauen entsteht. Das alles ist nicht selbstverständlich. Aber wo es der Fall ist, ist ein großer Schritt bei der Integration der Neuankömmlinge getan. Ein Masterplan für Integration hat also die Voraussetzungen und Begleitmaßnahmen dafür zu schaffen, dass der Arbeitsplatz für die Migrant/innen zu einem Ort der Akzeptanz und nicht der Ablehnung wird.

Die Schlüsselfunktion der Frauen

Die Erfahrungen mit den sogenannten Gastarbeitern der 60er und 70er Jahre zeigen jedoch, dass eine auf den Arbeitsplatz beschränkte Integration nicht genügt, zumal dann nicht, wenn es eine Familie gibt, in der die Ehefrau nicht berufstätig ist und demgemäß auch nicht über Arbeit in die Gesellschaft integriert werden kann. Mit Blick auf die zweite und dritte Generation kommt den Frauen aber eine Schlüsselfunktion im Integrationsprozess zu. Sie sind der Faktor, der über die Entstehung geschlossener Parallelgesellschaften entscheidet, zumal dann, wenn sie kaum Deutsch können und darum keinerlei Kontakte mit der Aufnahmegesellschaft unterhalten. Im Masterplan für Integration ist auf die Integration dieser Frauen ein gesondertes Augenmerk zu legen: durch Hilfen, die auch ihre Eingliederung in den Arbeitsmarkt erleichtern, was freilich nur möglich sein dürfte, wenn die Ehemänner schon recht weit in die deutsche Gesellschaft integriert sind und akzeptieren, dass ihre Frauen arbeiten gehen. Das sollte ein Ziel der Integration sein, ist aber kurzfristig nicht erreichbar. Gerade hier dürften sich Mentalitäten als die »Gefängnisse der langen Dauer« erweisen. Deshalb ist komplementär zum Arbeitsprozess auf die Integration in die Zivilgesellschaft zu achten, und hier ist eine Reihe unterstützender Maßnahmen denkbar, die vom Sport (bei den Kindern) bis zu Nachbarschaftsinitiativen im Wohnumfeld reichen.

Eine Gesellschaft, die solche Integrationsbemühungen unternimmt, kann auf Seiten der Migrant/innen auch eine entsprechende Integrationsbereitschaft erwarten: was die Religion als Privatangelegenheit anbetrifft, aber ebenso auch im Hinblick auf die politischen und gesellschaftlichen Werte unserer Gesellschaft. Je selbstbewusster eine Gesellschaft diese Werte vertritt, desto eher kann sie erwarten, dass die Neuankömmlinge sich auf sie einstellen und schließlich selber darauf einlassen. Wobei zum Selbstbewusstsein gehört, dass man die Respektierung von Werten und Normen nicht nur von anderen einfordert, sondern sich selbst daran hält. Auch das gehört zu einem Masterplan für Integration. [NG|FH 3|2016]

Armin Pfahl-Traughber
Grundlagen einer Einheit in Vielfalt
Kulturpluralismus statt Multikulturalismus

Die aktuelle Flüchtlingsentwicklung hat die Frage, was die normativen Grundlagen für Integration sein sollen, erneut in den Mittelpunkt der öffentlichen Wahrnehmung gerückt. Dabei handelt es sich um keine neue Herausforderung, war die Geschichte der Bundesrepublik Deutschland doch immer wieder von Migrationsprozessen geprägt. An Grundpositionen und Modellen dazu fehlte es meist in der Praxis, aber auch in der Theorie. Dies gilt für viele Bereiche der Gesellschaft, so auch für Anhänger der sozialen Demokratie. Denn diese müssen ebenfalls eine Antwort auf die Frage geben: Wovon soll die Einstellung zu und der Umgang mit Menschen anderer kultureller und religiöser Orientierung geprägt sein? Eine Positionierung setzt eine Selbstvergewisserung voraus. Denn die jeweilige Auffassung bezieht sich nicht nur auf die individuell Eingewanderten, sondern auch auf die eigene Identität. Die Einstellungen und Handlungen gegenüber Migrantinnen und Migranten halten allen Akteuren in der Debatte wie der Politik einen moralischen und politischen Spiegel vor.

Eine Antwort auf die gestellte Frage lautet häufig: »Toleranz«. Doch was ist damit gemeint? Die beabsichtigte Definition ist nicht nur eine intellektuelle Übung. Denn das diffuse Alltagsverständnis bedarf der Konkretisierung. Geht es um herablassende Duldung oder gegenseitigen Respekt, artikulierte Indifferenz oder inhaltlichen Relativismus, gegenseitige Nächstenliebe oder sozialen Nihilismus? Für eine genauere Begriffsbestimmung bietet sich der Blick auf die Technik an, wo damit eine noch akzeptable Abweichung von einer Norm gemeint ist. Dies veranschaulicht folgendes Beispiel: Schlage ich einen Nagel in die Wand, um ein Bild aufzuhängen, ist eine gewisse Schiefe tolerabel, solange das Bild hängen bleibt. Demnach lassen sich auch gegenläufige oder -teilige Entwicklungen akzeptieren, aber nur so lange die beabsichtigte Funktion noch bestehen oder die gewünschte Zielsetzung erreichbar bleibt. Hier existiert zwischen Abweichung und Akzeptanz ein Spannungsverhältnis und genau dieses ist bezogen auf die Grenzziehung der Toleranz konstitutiv eigen.

Zur Toleranz gehören auch Grenzen

Für den gesellschaftlichen Bereich steht dafür die Koexistenz unterschiedlicher Einstellungen und Verhaltensweisen, die aber die Basis für ein friedliches und respektvolles Zusammenleben nicht gefährden dürfen. Somit lässt sich eine »Ablehnungskomponente«, also eine negative Bewertung als Falsches, und eine »Akzeptanzkomponente«, also eine positive Bewertung zur Duldung, ausmachen (Preston King). Demnach existiert eine dialektische Dimension des Toleranzverständnisses. Es bedarf jeweils einer Antwort auf die Frage: Warum soll etwas, das als anders oder gar bedenklich gilt, trotzdem anerkannt und geduldet werden? Diese Paradoxie macht Toleranz aus. Insofern besteht bei einer solchen Einstellung ein Gegensatz sowohl zu Bejahung wie zu Indifferenz. Es bleibt immer eine ablehnende oder distanzierte Position gegenüber dem Gemeinten präsent. Bei der damit einhergehenden negativen Bewertung müssen aber in der Abwägung die positiven Gründe für die Anerkennung oder Duldung überwiegen. Daher gehören Grenzen konstitutiv zur Toleranz.

Diese Aussage bedeutet, hier bezogen auf die Frage nach der Einstellung gegenüber Migrant/innen, ein Bekenntnis zum Kulturpluralismus und eine Negierung des Kulturrelativismus. Wofür steht die letztgenannte Auffassung? Alltagssprachlich artikuliert sie sich in dem Sprichwort »Andere Länder, andere Sitten«. Damit kann eine Erklärung für Besonderheiten, aber auch eine Relativierung von Werten in anderen Kulturen gemeint sein. Alle Erscheinungsformen gelten damit als Form von Identität. Demnach geht eine kulturrelativistische Auffassung davon aus, dass die Koexistenz unterschiedlicher Kulturen wünschenswert ist, sie in ihren Ausprägungen um der Toleranz willen bewahrt werden sollen und daher in sie hinein wirkende Forderungen nicht angemessen sind. Damit verweigert sich ein solcher Relativismus der Auseinandersetzung mit den Normen, die »in ›anderen Kulturen‹, bürgerliche Rechte des Individuums verletzen« (Paolo Flores d'Arcais). Dies gilt etwa für die Bedeutung des Einzelnen oder die Rolle der Frau.

Die Auffassung von der Gleichrangigkeit aller Kulturen negiert denn auch den unterschiedlichen Entwicklungsstand der Menschenrechte in den Kulturen. Das Grundrecht auf religiöse Freiheit, das Glaubensabfall einschließt, und das Grundrecht auf sexuelle Selbstbestimmung, das Homosexualität erlaubt, finden nicht in gleichem Maße gesellschaftliche

Wertschätzung. Damit geht eine bedenkliche Beliebigkeit gegenüber einem konstitutiven Grundprinzip des modernen Humanismus einher. Dieser kritische Einwand kann auch gegenüber einem diffusen und werterelativistischen »Multikulturalismus« formuliert werden, beschreibt die Formulierung doch nur die Koexistenz verschiedener Kulturen. Weder gehen damit Aussagen über die normative Basis in den jeweiligen Kulturen noch über deren Verhältnis zu anderen Kulturen einher. Ein solcher »Multikulturalismus« kann zu »Parallelgesellschaften« führen. Damit trägt er längerfristig zu einer Fragmentarisierung der Gesellschaft und nicht zu einer Integration der Gesellschaft bei.

Welches Konzept kann einem mit dem Kulturrelativismus einhergehenden kollektivistischen und werterelativistischen Verständnis entgegengestellt werden? Dafür bedarf es eines Modells, das einerseits das gesellschaftliche Miteinander von Angehörigen unterschiedlicher Kulturen ermöglicht, andererseits aber auch für Autochthone wie Migrant/innen verbindliche Regeln festlegt. Letzterem bedarf es, um Ersteres zu garantieren. Dabei besteht ein Spannungsverhältnis: Die freie Entfaltung unterschiedlicher kultureller Werte ist nur dann möglich, wenn alle Akteure eben diese Möglichkeit auch den jeweils anderen Akteuren einräumen. Die Bedingung für die Anwendung solcher Freiheiten besteht demnach in ihrer Anbindung und Eingrenzung, was die Absolutsetzung und Willkürlichkeit von Werten negiert. Die allseitige kulturelle Freiheit setzt die gesamtgesellschaftlich gesicherte Garantie für ihr Ausleben voraus. Damit berührt die Frage nach der normativen Grundlage für Integration auch die Frage nach dem normativen Selbstverständnis des Gemeinwesens.

Kein politisches Gemeinwesen ohne anerkannten Wertekodex

Aus dem Blick auf dessen Grundprinzipien ergeben sich dann umgekehrt Einsichten für die Gestaltung der Integrationspolitik. Dafür soll hier für das Konzept des Kulturpluralismus plädiert werden. Die darin enthaltene Formulierung »Pluralismus« bezieht sich auf ein Grundprinzip offener Gesellschaften in traditionellen Nationalstaaten. Demnach ist kein politisches Gemeinwesen lebensfähig, dessen Normensystem nicht auf einem anerkannten Wertekodex beruht. Er ermöglicht erst die Einheit in Vielfalt. Denn es besteht für die Gesellschaft ein »kontroverser Sektor«

mit unterschiedlichen Positionen. Alle Beteiligten müssen aber in ihr an einen Rahmen gebunden sein, wozu neben rechtsstaatlichen Verfahrensregeln auch inhaltliche Wertvorstellungen gehören. Der damit gemeinte »nicht-kontroverse Sektor« (Ernst Fraenkel) oder »überlappende Konsens« (John Rawls), der von allen Bürgerinnen und Bürgern geteilt werden sollte, besteht aus Gewaltenteilung und Individualität, Menschenrechten und Pluralismus, Rechtsstaatlichkeit und Volkssouveränität.

Diese Grundpositionen können auf die inhaltliche Ausgestaltung eines Kulturpluralismus für die Migrationsgesellschaft übertragen werden. Doch welche Normen und Regeln gelten dabei als »nicht-kontroverser Sektor«? Sie dürften erstens nicht aus den Besonderheiten nur einer kulturellen Identität bestehen, würde dies doch zu deren Dominanz führen und die Akzeptanz in anderen kulturellen Identitäten relativieren. Und sie müssten zweitens in möglichst vielen Kulturen zumindest latent vorhanden sein, woraus sich Anknüpfungspunkte für ihre Akzeptanz als Bestandteile eines »nicht-kontroversen Sektors« ergeben. Es hängt also von seiner inhaltlichen Benennung ab, welche Aktivitäten jeweils Individuen im Namen ihrer kulturellen Identität entfalten könnten oder welche damit verhindert werden würden. Die Menschenrechte dürfen als die entscheidende Grundlage eines solchen »nicht-kontroversen Sektors« gelten. Denn sie sind Bestandteile eines »interkulturellen Rechtsdiskurses« (Otfried Höffe) – und nicht nur westlicher Wertvorstellungen.

Neben der Akzeptanz der Menschenrechte gehören die Einhaltung der geltenden Gesetze und die Kenntnis der deutschen Sprache zu Bestandteilen des Kulturpluralismus. Bei dem letztgenannten Aspekt geht es nicht primär um den Ausdruck einer besonderen kulturellen Wertschätzung. Denn die Beherrschung der Landessprache bildet die entscheidende Voraussetzung für Kommunikation, die erst die formale Möglichkeit für soziales Miteinander schafft. Die Einhaltung der geltenden Gesetze bedarf als Bestandteil des Kulturpluralismus keiner inhaltlichen Erläuterung, handelt es sich doch um eine gesellschaftliche Selbstverständlichkeit. Bezüglich der hier zu behandelnden Fragen sei aber ausdrücklich darauf hingewiesen, dass kulturelle Besonderheiten für die Rechtsprechung nicht von strafmildernder Relevanz sein dürfen. Für die beschriebene Auffassung von Kulturpluralismus bilden die drei Bestandteile die Minimalbedingungen, die bei allseitiger und gleichrangiger Anerkennung erst eine Einheit in Vielfalt ermöglichen.

Um eventuelle Irritationen zu vermeiden, soll abschließend noch zu zwei Gesichtspunkten eine Klarstellung erfolgen: Für den »nicht-kontroversen Sektor« des Gemeinwesens wurden die Prinzipien »Gewaltenteilung«, »Individualität«, »Menschenrechte«, »Pluralismus«, »Rechtsstaatlichkeit« und »Volkssouveränität« und für den »nicht-kontroversen Sektor« der Migrationsgesellschaft die Prinzipien »Akzeptanz der Menschenrechte«, »Beherrschung der Landessprache« und »Einhaltung der geltenden Gesetze« genannt. Dabei besteht inhaltlich kein Unterschied oder Widerspruch. Denn zur »Akzeptanz der Menschenrechte« gehören »Individualität« und »Pluralismus« und zur »Einhaltung der geltenden Gesetze« zählen »Gewaltenteilung«, »Rechtsstaatlichkeit« und »Volkssouveränität«. Für die inhaltliche Ausrichtung des Kulturpluralismus, der nicht nur, aber primär auf die Migrationsgesellschaft bezogen ist, bedarf es der besonderen Hervorhebung von konstitutiven Prinzipien. Dies erklärt die Benennung von einmal sechs und von einmal drei Merkmalen.

Und schließlich sei noch darauf hingewiesen, dass es bei der »Akzeptanz der Menschenrechte«, der »Beherrschung der Landessprache« und der »Einhaltung der geltenden Gesetze« eine Dimension der sozialen Erwünschtheit und eine Dimension der rechtlichen Verbindlichkeit gibt. Mitunter können sie ineinander übergehen, mitunter ist dies nicht möglich. Die damit einhergehende Problematik sei anhand von zwei Beispielen erläutert: Der Besuch von Deutschkursen ermöglicht die Beherrschung der Landessprache. Dazu kann indessen niemand gezwungen werden. Gleichwohl besteht über die Kürzung von Geld- oder Sachleistungen die Möglichkeit zu Sanktionen. Anders verhält es sich bezogen auf angeblich kulturell oder religiös bedingte Handlungen ohne strafrechtliche Relevanz: Niemand kann dazu verpflichtet werden, einer Frau zur Begrüßung die Hand zu reichen. Gleichwohl ist deutlich vermittelbar, dass dies als sozial erwünscht gilt. Es gibt demnach eine rechtliche und eine soziale Dimension der Toleranz. Die Auseinandersetzung um die Frage »Von welchen Grundsätzen, Prinzipien und Werten soll die Einstellung zu und der Umgang mit Menschen anderer kultureller und religiöser Orientierung geprägt sein?«, ist nicht nur für die gesellschaftliche Herausforderung der Integration wichtig. Denn die Antwort darauf spiegelt ein Bild von der Identität der Mehrheitsgesellschaft. Die Abkehr von einer kulturrelativistischen und das Bekenntnis zu einer kulturell-pluralistischen Grundposition macht auch die klare Positionierung im Sinne der erwähnten Prinzipien notwendig. Dazu gehört etwa die Ablehnung des Antisemitismus ebenso wie die Gleichstellung von Mann und Frau, die auch gegenüber Autochthonen und nicht nur gegenüber Migrant/innen eingefordert werden müssen. Eine Debatte über solche Fragen kann zu einem neuen Gesellschaftsvertrag führen, welcher das Ergebnis eines kontinuierlich neu verhandelten Konsenses über das Ausmaß und die Grenzen der Toleranz ist. Der Kulturpluralismus bietet dazu eine formale und normative Grundlage. **[NG|FH 3|2016]**

Thomas Meyer

Integration – das unbekannte Wesen

Es gibt, folgt man der wissenschaftlichen Literatur, drei Arten, wie größere Migrantengruppen in ihren Aufnahmegesellschaften ankommen können: *Insertion* als äußerliche Anwesenheit unter voller Beibehaltung ihrer kulturellen Ursprungsidentität; *Assimilation* als komplette Übernahme der Kultur des Aufnahmelandes; schließlich *Integration* als gleiche Teilhabe an den Chancen und Pflichten, vor allem aber auch der politischen und zivilen Kultur des Aufnahmelandes bei Wahrung ihrer selbst gewählten Glaubens- und Lebenskultur. Für alle drei Modelle lassen sich in den europäischen Ländern Beispiele finden: Aber, es liegt auf der Hand, dass nicht jedes von ihnen den betreffenden Gesellschaften gleich gut bekommt. Das sollten wir hierzulande am Anfang einer neuen, in ihrer Art und ihrem Ausmaß beispiellosen Integrationsaufgabe sorgfältig prüfen und beherzigen.

Dem Insertionsmodell sind die Niederlande vor geraumer Zeit ziemlich nahegekommen. Das dort ursprünglich in dem religionsgeprägten Land praktizierte Toleranzkonzept eines nur noch rein äußerlich verbundenen Nebeneinanders (»Versäulung«) separater ethnischer und Glaubenskulturen, später »Multikulturalismus« genannt, ist erst nach traumatischen Erfahrungen und heftigen Konflikten vehement verworfen worden. Es funktionierte nicht und brachte weder ein gemeinsames Staatsbürgerbewusstsein noch übergreifende Solidarität hervor. Das

Assimilationsmodell erschien dem postkolonialen Frankreich mit seinem laizistischen Staatsbewusstsein zunächst als Selbstverständlichkeit: Wir sind alle Franzosen und die Religion spielt keine Rolle. Auch dieses Modell ist, vor allem aus Gründen der krassen sozialen Ungleichheit und Ausgrenzung, in den dafür fast zum globalen Symbol gewordenen Vororten der großen Städte (*banlieues*) krachend gescheitert. Ein Ausweg aus der Misere ist nicht in Sicht.

Sobald (es war ziemlich spät) in der Bundesrepublik sich das Bewusstsein zu entwickeln begann, dass die vielen gerufenen »Gastarbeiter« in Wahrheit nicht nur Produktionsfaktoren waren, die wieder gingen, wenn sie nicht mehr gebraucht würden, nahm in der öffentlichen Debatte zögerlich die Zielvorstellung der *Integration* Gestalt an. Sie verlangt, kurz gesagt, eine delikate Balance zwischen der gleichen Teilhabe der Neubürgerinnen und -bürger an den das Leben bestimmenden Chancen und Pflichten (politisch, ökonomisch, sozial und zivilgesellschaftlich) unter Wahrung des Rechts auf Selbstbestimmung ihrer kulturellen und religiösen Identität. Letzteres ist, was wenig bekannt zu sein scheint, kein Gnadengeschenk einer großzügigen Gesellschaft, sondern ein universelles Grundrecht.

Integration, so viel sollte angesichts der europaweiten Erfahrung unstrittig sein, kann schnell misslingen, das ist schließlich auch hierzulande an Brennpunkten zu besichtigen. Und sie kann ganz gut gelingen, das ist bei uns in der großen Fläche und in wichtigen Belangen durchaus der Fall, mit schmerzhaften Defiziten und vielen nicht recht vorankommenden Baustellen (Schulabschlüsse, Separierung, Arbeitslosigkeit). Akzeptiert sollte auch sein, dass Integration ein zweipoliger Prozess ist, der nur dort gelingt, wo beide Seiten, die Migrant/innen und die Aufnahmegesellschaft, das auch wollen und das Richtige dafür beizeiten tun.

Integration braucht Konsens

Integration lässt sich nicht von oben verordnen, aber doch in ihren materiellen Bedingungen entscheidend erleichtern. Die Mindestbedingung für das Gelingen, auch das sollte allen einleuchten, lässt sich nicht ohne eine prinzipielle Selbstverständigung der Aufnahmegesellschaft darüber erfüllen, was es heißt und was von jedem verlangt wird, wenn alle bei der Integration von Millionen Neuankömmlingen in kurzer Zeit, in den Schulen, in den Nachbarschaften, an den Arbeitsplätzen und in den Wohnwelten aktiv mitwirken müssen. Da sich viele, ohne Zweifel die meisten Menschen an die Sicherheiten des Eingelebten, des Überschaubaren, des halbwegs Kalkulierbaren in einer ohnehin von großen und wachsenden Unsicherheiten geprägten Welt klammern, worauf sie durchaus ein gutes Recht haben, bedarf jeder gewollte Bruch mit ihrer Lebensnormalität – tatsächlich oder nur gefürchtet – eines neuen gesellschaftlichen Konsenses.

Nun ist die Bundesrepublik fast über Nacht zu einer Gesellschaft der »Masseneinwanderung« geworden, wofür sich Gründe nennen lassen, aber die große öffentliche Debatte darüber, was das für alle heißt, und wie wir es gemeinsam schaffen können, hat nicht stattgefunden – noch nicht einmal eine große, überzeugende und mitreißende Rede der Kanzlerin, in der sie klargestellt hätte, was ihre unabweisbaren Gründe für die Grenzöffnung waren, ob diese befristet sein soll oder nicht und was genau sie selbst und das Land nun tun müssen. Das ist bei einem gesellschaftlichen Experiment dieser Größenordnung, Plötzlichkeit, Unkalkulierbarkeit und Unumkehrbarkeit ein großes Risiko für das Gelingen – und ein gravierendes Legitimationsdefizit. Der notorische Merkel'sche Politikstil, diese spezielle Mischung aus pauschal beschwichtigender, auf die eigene Person bezogener Symbolpolitik als scheinbarer Garantie für Glaubwürdigkeit und Erfolg, verbunden mit einem ungeklärten Durchwursteln auf Sicht, dürfte sich bei diesem Thema als folgenreicher Fehler erweisen. Er gibt der wachsenden Vielzahl der Verunsicherten und Verängstigten weder Orientierung noch Gewissheit. Indem er sie mit ihren Ängsten und Befürchtungen allein lässt, erleichtert er ungewollt den Erfolg der Rechtspopulisten. Im Übrigen dürfte eine Kommunikationskultur nach dem Motto »Die heilige Merkel gegen die Rassisten«, wie der Oxforder Entwicklungsökonom Paul Collier jüngst spottete, gesellschaftliche Gräben aufreißen und vertiefen, die lange offenbleiben werden. Die Wirklichkeit ist zwar nun, wie Navid Kermani pointierte, mit den sehr großen Zahlen an Migrant/innen seit dem Sommer 2015 in die schon aus anderen Gründen tief verunsicherte Republik hereingebrochen, aber sie hat den politischen Diskurs noch nicht erreicht. Er zerfällt bis heute im Wesentlichen in zwei sich trotzig gegeneinander verbarrikadierende Varianten der Realitätsverweigerung: die Utopisten der Grenzenlosigkeit auf der einen Seite und die der romantischen Verteidigung vergangener

Zeiten vermeintlicher Homogenität auf der anderen. Diese unheilvolle Polarisierung sollte schnell beendet werden.

Es liegt doch nach allen bisherigen Erfahrungen in Europa auf der Hand: Ein längeres Andauern der Migration in einer den Zahlen von 2015 nahekommenden Größenordnung würde die Integrationsfähigkeit unseres Landes und jedes anderen schon rein materiell überfordern und seine Fähigkeit, auch den danach kommenden Flüchtlingen noch Schutz zu gewähren, in jeder Hinsicht massiv beschädigen. Darum ist sie auch moralisch widersprüchlich. Weder die Infrastruktur und der Arbeitsmarkt noch die Wohnsituation und schon gar nicht die bisherige Willkommenskultur eines erstaunlich großen Teils der Gesellschaft hielten einer solchen Entwicklung stand – und die Stimmung könnte, es hat schon begonnen, dann auch in Deutschland auf breiter Fläche umkippen. Das Vertrauen der Gesellschaft in die nachhaltige Verkraftbarkeit der schon jetzt sehr großen Zahl von Migrant/innen ist aber eine zentrale sozialpsychologische Voraussetzung für das tatsächliche Gelingen der Integration. Gegen die Mehrheit der Gesellschaft kann es keine Integration geben.

Gemeinsame Bürgerschaft

Es ist ja gar nicht lange her, dass die »heilige Angela« vehement gegen den Multikulturalismus polemisiert und gespottet hat. Ist sie sich, sind wir uns wirklich darüber im Klaren, worin der Unterschied zwischen einem multikulturell offeneren Land und einer kulturell pluralistischen Republik besteht? Vermutlich nicht so richtig. Denn Letztere ist, wie die europäische Erfahrung zeigt, sehr schwer zu schaffen, weil sie ein in den individuellen Überzeugungen verwurzeltes und im Handeln sichtbares gemeinsames Bürgerbewusstsein über alle kulturellen Differenzen hinweg verlangt: ein neues »Wir«, das stark genug ist, um Toleranz, übergreifende Verantwortung und Solidarität zu schaffen. Mit der gleichen Teilhabe aller an den Chancen und Pflichten des Gemeinwesens, auch sie schon schwer genug zu erreichen, ist ja erst die eine Voraussetzung von Integration geleistet; die andere ist weit schwieriger. Die Anerkennung des Rechts auf kulturelle und religiöse Selbstbestimmung findet nämlich auch in der kulturell pluralistischen Republik ihre (unverhandelbare) Grenze an den politisch-kulturellen Bedingungen gemeinsamer Bürgerschaft. Von allen, die in einer rechtsstaatlichen Demokratie zusammen als Bürger/innen zusammenleben, wird ja die überzeugte Akzeptanz der politischen und der zivilbürgerlichen Kultur erwartet, die gemeinsam Bürgerschaft erst möglich macht. Das Herz der politischen Kultur sind Grundwerte der demokratischen Verfassung. Das geht über die selbstverständliche Achtung des Grundgesetzes und der Gesetze hinaus. Es geht um mehr, nämlich um Kultur, also um Werte, Einstellungen und Dispositionen, die sich im gesellschaftlichen Handeln bewähren – eine große Herausforderung, von der manche Kenner meinen, sie bedürfe der Anstrengung von Generationen.

Schwierig und im Kern ungeklärt ist dabei die Frage, wie weit reicht und wie tief greift jene zivilbürgerliche Kultur, die von allen als Bürgerinnen und Bürger geteilt werden muss? Was gehört dazu, um im Umgang miteinander wechselseitige Anerkennung, Gesprächsfähigkeit und -bereitschaft, vor allem auch Solidarität zu fundieren? Wie viel von der Geschichte unseres Landes sollten alle halbwegs kennen? Wie viel von der damit verbundenen Verantwortung kann ihnen zugemutet werden? Wo genau sind die Grenzen der kulturell-religiösen Selbstbestimmung, wo beginnt das Terrain der verpflichtenden Gemeinsamkeit, damit in Schulen, Wohnwelten und im Arbeitsleben die alten und die neuen Bürger/innen einander näherkommen können? Es gibt Arten des Gebrauchs von Versatzstücken religiöser Überlieferungen und die religiöse Bemäntelung archaischer Gewohnheiten, die nicht zur demokratischen Bürgerkultur passen. Sie unterscheiden sich von Region zu Region und von Milieu zu Milieu: Antisemitismus, habituelle Frauenfeindlichkeit, konfrontative Durchsetzungskultur von Männern (untereinander und gegen Frauen) – alles auch hierzulande milieuspezifisch vertreten – dürfen nicht unter vermeintlich kulturell-religiösen Artenschutz gestellt werden. Die Berufung auf religiöse Identitäten kann jedenfalls in einer demokratischen Republik kein Rechtfertigungsgrund für die Verletzung ihrer zivilen Normen sein. Der Islam als persönliche Religion hingegen ist, wie der mittlerweile bei uns zum faktischen Mainstream gewordene Euro-Islam zeigt, keine Integrationsbarriere und auch kein Hindernis auf dem Weg zu einer gemeinsamen Bürgerschaft. Und um sie vor allem geht es jetzt. [NG|FH 3|2016]

Kurt Graulich
Staat und Religion in der Flüchtlingsdebatte

Im April hat der Sachverständigenrat deutscher Stiftungen für Integration und Migration (SVR) sein Jahresgutachten (»Viele Götter, ein Staat: religiöse Vielfalt und Teilhabe im Einwanderungsland«) herausgegeben, das sich mit der Beziehung zwischen Staat und Religion in Zeiten der vermehrten Einwanderung beschäftigt. Das Gutachten leistet einen Beitrag zur Integration, indem es rechtliche, gesellschaftliche und religiöse Problemlagen anlässlich von Einwanderung nach Deutschland sortiert und damit diskussionsfähig macht. Ihm liegt ein »religionsfreundliches« Verständnis zugrunde. Das darf als sympathisch gelten, handelt es sich bei dem einschlägigen Grundrecht – neben der Menschenwürde – doch um das individuellste Recht, in dem Stellvertretung nicht möglich ist, und dessen Schutz oder Bedrohung der Einzelne deshalb unausweichlich selbst erfährt. Die im Gutachten behandelten Konflikte ergeben sich nicht nur aus der Vielzahl aufeinandertreffender Religionen, sondern auch aus historisch gewachsenen Besonderheiten der deutschen Religionsverfassung, die ihrerseits Kompromisse nach früheren Konflikten verkörpern. Daraus folgt ein immer wieder erläuterungsbedürftiges Verhältnis von Staat und Religion in Deutschland.

Ankommen in den Gegensätzen

Das insgesamt erfreulich komplexe Gutachten trägt naheliegender Weise schwer an dem Problem, wie Integration in einer sich als pluralistisch und somit ihrem Werteverständnis nach inhomogen verstehenden Gesellschaft stattfinden soll. Dies zeigt sich schon an der Beschreibung der »Religionsdebatte«: »In der öffentlichen Debatte erfährt die Bedeutung von Religion für die Integration von Zuwanderern in Deutschland seit Jahren eine hohe Aufmerksamkeit. Konkret angesprochen ist damit die Frage nach positiven oder negativen Zusammenhängen zwischen Religion bzw. Religiosität einerseits und gesellschaftlichem Zusammenhalt und Teilhabe an den verschiedenen gesellschaftlichen Bereichen andererseits. Die dazu vertretenen Positionen widersprechen sich diametral.« Das Religionsverfassungsrecht des Grundgesetzes von 1949 steht in einer Entwicklungslinie, die vom Westfälischen Frieden (1648) über den Reichsdeputationshauptschluss (1803) und die Weimarer Reichsverfassung (1919) führt. Sie betrifft die Finanzierung der christlichen Kirchen durch die sogenannten Staatsleistungen und staatlich erhobenen Kirchensteuern ebenso wie das komplizierte Verhältnis von staatlichen und Konfessionsschulen sowie die Spezifik der Erteilung von Religionsunterricht an staatlichen Schulen. Dieses Beziehungsgeflecht rechtlicher Prinzipien ist ursprünglich nicht entstanden zur Abwehr neu auftretender Religionen, sondern zum Ausgleich zwischen dem Staat einerseits und den hier vorhandenen Religionsgemeinschaften andererseits. Es geht bei der Integration von Menschen in Deutschland daher nicht um die Auflösung des hier traditionell bestehenden Unterschieds der Konfessionen und der grundsätzlichen Trennung von Religion und Staat, sondern um das Ankommen in den beschriebenen Gegensätzen.

Realitätsfernes Apriori der eigenen Friedfertigkeit

Dem Gutachten ist darin zu folgen, dass es auch bei den durch Zuwanderer mitgebrachten religiösen Überzeugungen keinen monokausalen Zusammenhang von »Religion und Terror« gibt: »Weit verbreitet, aber nicht zutreffend ist die Position, im Namen des Islam ausgeführten Terrorismus von religiösen Fragen zu lösen und stattdessen auf Faktoren wie Diskriminierung, soziale Marginalisierung, Arbeitslosigkeit oder mangelnden Bildungserfolg zu verweisen. Denn dies widerspricht den Ergebnissen einschlägiger globaler Terrorismusstudien. Diese zeigen vielmehr, dass Terroristen durchaus auch aus der Mittelklasse stammen, dass sie studiert haben und dass sie nicht zwangsläufig arbeitslos sind.« Der Umgang mit religiös motiviertem Terrorismus in der deutschen Gesellschaft muss aber komplexer beschrieben werden. Zweifellos kann Terrorismus von einer Rechtsordnung auch dann nicht geduldet werden, wenn er religiös motiviert ist. Und es kann nicht ignoriert werden, dass seit vielen Jahren terroristische Gewalt durch einzelne Menschen und Organisationen verübt wird, die sich zur Begründung ihrer Handlungen auf die islamische Religion berufen. Dies löst eine daran anknüpfende beständige Vorwurfshaltung gegenüber einwandernden Muslimen aus.

Diese Haltung entbehrt jedoch oftmals nicht nur der Differenzierung nach gewalttätigen und friedfertigen Anhängern einer Religion. Sie verzichtet auch auf die selbstkritische Analyse des Verständnishintergrunds der nichtislamischen Mehrheitsgesellschaft bei der Zuschreibung des religiös motivierten Terrorismus. Ihr Urteil über die der Radikalisierung verdächtigte religiöse Minderheitsgruppe muss stärker das historisch und aktuell auffindbare gesellschaftliche Gefährdungspotenzial der eigenen Lebensgrundsätze – beispielhaft verdeutlicht an zwei ganz unterschiedlichen Ereignisfeldern – in den Blick nehmen, auch wenn dabei Tabuverletzungen drohen. Die beiden Weltkriege und der Holocaust mit ihren unermesslichen Opferzahlen haben maßgeblich im sogenannten christlichen Abendland stattgefunden und zeigen die nachdrückliche Gewaltbereitschaft der daran beteiligten Gesellschaften. Die latente Duldsamkeit gegenüber eigenen Regelverletzungen zeigt sich aber auch an einem aktuellen Aspekt kriminellen Verhaltens der Mehrheitsgesellschaft: Nach der Kriminalstatistik ereignet sich ein Drittel aller Straftaten in Deutschland unter Alkoholeinfluss. Diese Statistik sähe in einer Gesellschaft anders aus, die aus religiösen Gründen den Alkoholkonsum ablehnt. Die hiesige Mehrheitsgesellschaft birgt insofern von vornherein ein manifestes zerstörerisches Potential, das sie bei Beurteilung neu Hinzukommender ausblendet und stattdessen von einem Apriori der eigenen Friedfertigkeit ausgeht; dies verzerrt die Wahrnehmung des von den Einwanderern mitgebrachten Gefährdungspotenzials. Die angenommene eigene Friedfertigkeit ist ebenso eine Projektion wie die pauschal unterstellte Gefährlichkeit des anderen, die beide der kritischen Bearbeitung bedürfen.

Religionsfreiheit – kollisionsrechtlich betrachtet

Ausführlich setzt sich das Gutachten mit Normenkollisionen zwischen der Religionsfreiheit sowie anderen Grundrechten und Rechtsgütern auseinander. Ungeachtet der rechtlichen Bewertungen in der Vielzahl der angeführten Einzelfälle ist ausschlaggebend, dass sie gänzlich innerhalb der staatlichen Rechtsordnung verortet und entschieden werden. Die Berücksichtigung insbesondere individualrechtlich abgeleiteter Rechtspositionen mit religiösem Hintergrund ist dann rechtskonform. Sie fordert den Rechtsstaat nicht heraus, wenn die Vorgaben staatlicher

Gesetze, insbesondere die Verfassung, eingehalten werden. So argumentiert auch das Gutachten in Bezug auf die Voraussetzungen für die Erteilung von Religionsunterricht: »Anerkennung von Verschiedenheit darf das Primat der demokratischen Grundwerte nicht schwächen. Schulpflicht als zentraler Grundpfeiler des deutschen Bildungssystems: kein Anspruch auf Ausnahmen.«

Die Quadratur des Kreises lösen einzelne Bundesländer – mit ausdrücklichem Zuspruch durch den Sachverständigenrat – mit einem sogenannten Beiratsmodell. Dieses Modell setzt verfassungskonformen Religionsunterricht mit staatlicher Anschubhilfe um, solange Muslime in Deutschland nicht aus eigener Kraft eine tragfähige Basis von Moscheegemeinden entwickelt haben: »So wird in Niedersachsen und Nordrhein-Westfalen zur Einrichtung und Durchführung islamischen Religionsunterrichts als ordentliches Lehrfach das sogenannte Beiratsmodell praktiziert. Daraus ergeben sich zwar verfassungsrechtliche Probleme, vor allem im Hinblick auf die Trennung von Staat und Religion, denn die Beiräte werden nach landesgesetzlichen Vorgaben besetzt, unter Mitwirkung des Fachministeriums, bei dem sie auch angesiedelt sind. Dennoch zeigt dieses Modell den politischen Willen, islamischen Religionsunterricht als ordentliches Lehrfach nach Art. 7 Abs. 3 GG anzubieten, obwohl es noch keine islamischen Religionsgemeinschaften gibt.« Dieser Beurteilung ist zuzustimmen. Das Beiratsmodell ist allemal mit den deutschen Verfassungsregeln besser zu vereinbaren als die Tätigkeit von Vertretern eines ausländischen Religionsministeriums: Wo deutscher Staatsgewalt die Befassung mit inhaltlichen Religionsfragen verwehrt ist, gilt dies für das Handeln ausländischer Regierungsstellen umso mehr.

Die religiöse Vielfalt und die wachsende Zahl der Areligiösen

Das Jahresgutachten befasst sich mit der Religionszugehörigkeit von Zuwanderern im Einwanderungsland und nimmt eine grundsätzlich positive Haltung zum Religiösen ein. Diese lässt sich gut vertreten, tauscht zugleich aber ein kleineres Konfliktpotenzial gegen ein größeres ein: »Grundprinzip staatlicher Religionsfreundlichkeit: religiöse Differenzierung führt zu religionspolitischem Pluralismus. Der früher unter dem Begriff der Hierarchisierung vertretene religionspolitische Weg, den

›klassischen‹ und ›staatstragenden‹ Religionen (insbesondere dem Christentum) zahlreiche Rechte und Entfaltungsmöglichkeiten im öffentlichen und staatlichen Raum zu garantieren, diese anderen (›staatsfernen‹) Religionen aber vorzuenthalten, hat mittlerweile an Überzeugungskraft und Unterstützern verloren.« Damit wird der Blick von den im Einwanderungsland bereits vorhandenen Religionsgemeinschaften auf die bislang neu Hinzukommenden gerichtet. Aber was ist mit den Areligiösen, zu denen gegenwärtig schon ein Drittel der deutschen Gesellschaft zählt? Ist ein Zuwanderer automatisch ein sich religiös bekennender Mensch? Warum sollten sich Zuwanderer durchschnittlich genauso stark oder sogar stärker religiös gebunden fühlen als die bereits in Deutschland Lebenden mit ihren allenfalls noch 65 % kirchlich Gebundenen? Drückt sich in der geringen religiösen Organisationsbereitschaft der Zuwanderer anstelle der Tücken der deutschen Religionsverfassung nicht einfach fehlende oder wider Erwarten schwächer ausgeprägte Religiosität aus? Stimmen denn die religionspolitischen und rechtsphilosophischen Grundannahmen im Diskurs der Sachverständigen?

Das Gutachten – dies zeigt die Bezugnahme auf Ernst-Wolfgang Böckenförde – geht immer noch im Sinne von Carl Schmitts politischer Theologie (»Alle prägnanten Begriffe der modernen Staatslehre sind säkularisierte theologische Begriffe«) von einer Rückbezüglichkeit des Säkularen zum Theologischen aus, die zunehmend gesellschaftlich und ideengeschichtlich angezweifelt wird. (Als Beispiel kann die Gegenposition zu Schmitt in Jan Assmanns *Herrschaft und Heil* genannt werden.) Daran gemessen erscheint der beschworene Konflikt zwischen den etablierten und den neu hinzukommenden Religionen doch sehr vordergründig als der Streit um eine Beute, von der ein größer werdender Teil der übrigen Gesellschaft ohnehin ausgeschlossen wird. Wo sind beispielsweise in den Rundfunkräten neben den Plätzen für die Religionsgemeinschaften diejenigen für die »Nicht-Religionsgemeinschaften«? Sollen am Ende die – auf den Reichsdeputationshauptschluss von 1803 zurückgehenden – Staatsleistungen für die etablierten Kirchen unter dem Vorwand gesellschaftlicher Integration auch noch auf neu hinzugekommene Glaubensgemeinschaften ausgedehnt werden? Die Religionsverfassung des Grundgesetzes ist – als verlängerter Teil der sogenannten Nachwestfälischen Ordnung – als »Friedensordnung« zwischen den Religionen zu verstehen, und nicht als »Förderrahmen«

für Religionsgemeinschaften. Den politischen Parteien hat das Bundesverfassungsgericht bescheinigt, dass ihnen das Risiko des Scheiterns durch die staatliche Finanzierung nicht abgenommen werden dürfe. In nicht minderem Maße gilt im religionsneutralen Staat, dass er gerade in Zeiten geringer werdenden Interesses den Religionsgemeinschaften nicht durch Privilegierungen ihr Risiko des Scheiterns abnehmen darf. Die Religionen müssen durch eigene Anstrengung der Erosion ihres Anteils in der Gesellschaft entgegenwirken, sonst gefährden sie das soziologische Substrat der Religionsverfassung selbst, und die Debatte um die religiöse Integration von Zuwanderern. [NG|FH 7/8|2016]

Thomas Meyer
Integration – Einsichten und Fallstricke

Die bisherige Debatte über Integration präsentiert sich als Wechselbad von Fortschritten und Rückschritten, vor allem bedingt durch die überpolitisierten Zugänge. Die jüngsten Belege dafür sind die im Ergebnis genau entgegengesetzten Studien zweier Sozialwissenschaftler mit spezieller arabisch-islamischer Expertise, die eine informative Verbindung von Innen- und Außensicht erwarten lassen. Tatsächlich aber scheinen ihre konträren Schlussfolgerungen verschiedenen Real- und Denkwelten zu entspringen. Aladin El-Mafaalanis Fazit in seinem Buch *Das Integrationsparadox* lautet, Integration in Deutschland gelinge immer besser, wir hätten nur noch den falschen Blick darauf. Der Politikwissenschaftler und Soziologe arbeitet mittels einer verkürzten Konflikttheorie auf eine tiefgreifende Wahrnehmungsänderung der Gesellschaft hin, in deren Licht sich fast alles, was heutzutage als Problem unbewältigter Integration erscheint, in lauter Fortschritt verwandelt. Je mehr nämlich soziale Konflikte durch Zuwanderung entstehen, umso besser gelungen sei sie in Wahrheit. Die Vermehrung der Konflikte zeige doch vor allem, dass die Hinzugekommenen in den gesellschaftlichen Verteilungs- und Anerkennungskämpfen jetzt voll mitmischten – und folglich dazugehören wollten. Nun fehle nur noch, dass die Gesellschaft diese Sicht des Zustands der Integration konsequent übernimmt, damit alle sehen:

Deutschland ist eine Einwanderungsgesellschaft, »in der Integration immer besser gelingt«.

Diese »paradoxe« Wendung ergibt sich seiner Ansicht nach nicht aus der Erfahrung von Integrationsfortschritten anhand geklärter realer Maßstäbe, sondern bereits aus der Kombination einiger konflikttheoretischer Grundbegriffe, vor allem »Offenheit«, »Streit«, »Konflikt« und »Fortschritt«. Was den soziologisch Naiven als Problem erscheint, die Zunahme alter und neuer Konflikte, sei in Wahrheit in einer »offenen« Gesellschaft dessen Lösung. Die »schmerzhaften Veränderungen in der Aufnahmegesellschaft« seien zu ihrem Besten: Dynamik und Fortschritt. Wenn immer »neue Esser am gemeinsamen Tisch Platz nehmen«, statt dem Mahl der Etablierten vom Fußboden aus zuzuschauen, finde Integration statt. Erfreulich sei vor allem der begleitende Kulturwandel, wie jüngst wieder demonstriert wurde, als »die vielen Flüchtlinge, die 2015 durch Bayern gezogen sind, die Bereitschaft zur Homo-Ehe in Deutschland entscheidend begünstigt haben«.

Eine »Leitkultur« ergebe sich daraus von allein. Der Streit selbst und die gleiche Zulassung aller Hinzukommenden zu ihm – das sei die einzige verbindende »Leitkultur«. Offen bleibt, ob zum Streiten über Verteilung und Anerkennung des Wohlstands noch etwas Verbindendes hinzukommen muss, damit Einigung möglich wird, die betroffenen Gesellschaften nicht verzweifeln und am Ende womöglich beim autoritären Populismus um Hilfe bitten. Produktiv sind soziale Konflikte ja nicht von Hause aus, sie werden es erst, wenn es der Gesellschaft gelingt, sich auf gemeinsame Ausgangspunkte, Horizonte und Verfahren für ihre Bewältigung zu verständigen. Das ist der Kern der schmerzhaft erworbenen modernen europäischen Kultur. Und darum geht es auch bei dem mit »Leitkultur« und Integration letztlich Gemeinten. »Kultur« ist nicht der Konflikt selbst, sondern erst der Umgang mit ihm. Was der Autor zur Debatte beiträgt, ist also nicht die Lösung des Integrationsproblems, sondern nur seine verschärfte Präsentation. Die Konflikte werden nicht abnehmen, da hat er recht. Aber wenn sie für alle zumutbar bleiben sollen, brauchen wir eine gemeinsame öffentliche normative Kultur zivilisierten Streitens (und Kooperierens) im Staat, in der Zivilgesellschaft. Dazu sagt er nichts.

Ebenen der Integration

Da hilft das Vier-Ebenen-Modell der Integration des Berliner Instituts für empirische Integrations- und Migrationsforschung weiter. Es zielt auf umfassenden Aufschluss über die Schauplätze des Gelingens und des Scheiterns von Integration:

(1) Auf der *strukturellen* Ebene geht es vor allem um die Teilhabe an Arbeit, Bildung und Gesundheit; (2) die *kulturelle* Ebene beinhaltet Sprachverhalten und Fragen wie Kopftuch oder Teilnahme am Schwimmunterricht; (3) auf der *sozialen* Ebene befinden sich Freundschaften, Vereinsmitgliedschaften, das Verhältnis zu Nachbarn, also die öffentliche Kultur in Lebenswelt und Zivilgesellschaft; (4) entscheidend ist dann aber – das Gelingen auf den vorhergehenden Ebenen vorausgesetzt – die Ebene der *emotionalen* Identifikation, der inneren Verbundenheit mit der »neuen Heimat«. Die renommierte Berliner Migrationsforscherin Naika Foroutan sieht mit Blick auf dieses Tableau überall Fortschritte, allerdings mit der entscheidenden Ausnahme auf der emotionalen Ebene. Sie versteht das Verhältnis der vier Ebenen des Modells zueinander als einen offenen dialektischen Prozess, in dem die Erfüllung der materiellen Ansprüche diejenigen der emotionalen Erwartungen begünstigen, aber auch die emotionale Zugehörigkeit die materielle Integration fördern kann. Die Zusammenhänge zwischen den Ebenen sind also offen und nicht deterministisch.

Auf diese höchst bedeutungsvolle Differenz vor allem bezieht sich der Islamkenner Hamed Abdel-Samad in seinem Buch *Integration. Ein Protokoll des Scheiterns*. Er legt umfassend dar, dass alles misslingt, wenn am Ende die emotionale Identifikation ausbleibt. Sein dramatisierender Befund lautet, dass genau dies hierzulande schon jetzt der Fall sei mit der deutlichen Tendenz zur weiteren Verschärfung des Problems. Es sind aber im Grunde nur die muslimischen Migrant/innen, ganz im Gegensatz zu den vielen aus Russland, Osteuropa oder dem Fernen Osten, die in der Regel hartnäckig die emotional-kulturelle Identifikation mit dem Gastland verweigern, auch dann, wenn sie in materieller Hinsicht und sprachlich eigentlich längst gut »integriert« sind. Darüber täuschen viele der quantitativen Studien, voran diejenigen aus dem Hause Bertelsmann, mit unbeirrbarer Voreingenommenheit hinweg. Abdel-Samad vertraut lieber den qualitativen Methoden, Interviews, langen Gesprächen mit Betroffenen und der Beobachtung auffälliger Quartiere und Lebenswelten. Auf diesem Weg gelangt er zu der Erkenntnis, dass die Integration hierzulande weithin gescheitert sei. Das Problem seiner Darstellung ergibt sich daraus, dass er seine selektive Sicht, nämlich bezogen auf die in Ballungsräumen lebenden türkischen und arabischen Muslime, verallgemeinert und mit der irreführenden These auflädt, Islam und Islamismus seien untrennbar verwoben. Zutreffend stellt er fest, dass sich eine sehr große Zahl der türkisch-muslimischen und der arabischen Zuwanderer in wenigen Zentren ballt, sodass sie im Einflussbereich von Kollektiven verbleiben, in denen die Mentalitäten ihrer Herkunftskultur durch dichte Netzwerke und Machtstrukturen der sozialen Kontrolle hartnäckig konserviert werden. Es ist häufig gerade die Betonung und Zementierung des unbedingten Abstands von den identitätsbestimmenden kulturellen Werten und Gepflogenheiten der Aufnahmegesellschaft selbst, die der Druck dieser Kollektive auf Dauer stellt. Die dort eingebetteten Migrant/innen hätten keine Chance, als Individuen einen eigenen Weg zu gehen, zum Beispiel den der selbstbestimmten Annäherung an die Kultur der neuen Heimat. Im Mittelpunkt dieser forcierten Konservierung mitgebrachter Identitäten stehen der Zwang zur patriarchalischen Familie, die Ungleichheit der Geschlechter und ihre Symbole, die Kontrolle der weiblichen Sexualität, eine eigene »Schiedsgerichtsbarkeit« und zunehmend sogar die Abgrenzung zur Aufnahmegesellschaft als solche zum Zwecke der Identitätsbestätigung des eigenen Kollektivs. In einer Reihe von bekannten Großstadtquartieren beobachtet der Autor die Herrschaft eines aggressiven Verbunds von türkischem Nationalismus, islamischem Fundamentalismus und arabischstämmigen Großfamilien.

Entfremdung trotz Integration

So entstünden zunehmend geschlossene Parallelgesellschaften. Diese Diagnose mag überspitzt sein, trifft aber im Kern ein schwerwiegendes Problem. Bedenklich an dieser Situation sei vor allem, dass trotz guter Sprachkenntnisse und oft auch Teilhabe am Arbeitsmarkt der Kollektivismus der Parallelgesellschaften die immer nur individuell mögliche Integration auch der nachwachsenden Generationen zuverlässig verhindere. Sie werden von der Identifikation mit ihrem Gastland abgehalten und wenden sich, das ist die größte Gefahr, häufig im Falle enttäuschter

V. Herausforderung Integration

Erwartungen an die deutsche Gesellschaft emotional ganz ihren Herkunftsgemeinden und -ländern zu, so wie die 66 % der Deutschtürken die den Weg Recep Tayyip Erdoğans zum Diktator unterstützt haben. Die innere Entfremdung wächst trotz äußerer Integration.
Was ist zu tun? Der Autor empfiehlt zwei Strategien und mit einer dritten liebäugelt er. Zum einen: kompromisslose Eindämmung des politischen Islam auf ganzer Linie, von der Abschaffung aller religiösen Sonderrechte (z. B. Beschneidung, Schächtung), der Pflicht für alle zur Teilnahme am Schwimmunterricht, bis zur Entmachtung der islamischen Dachverbände; zweitens: Null-Toleranz-Politik bei der Zerschlagung der Macht der »Trinität von orthodoxem Islam, türkischem Nationalismus und arabischer Mafia«; und drittens: Entflechtung der Parallelgesellschaften (oder wenigsten Stopp ihres Wachstums). Das alles sind diskussionswürdige und drängende Fragen – keine davon ist neu, aber alle sind ungelöst. Das Bild des Autors vom Zustand der Integration gerät allerdings in arge Schieflage, wenn er seine zutreffenden Beobachtungen über bestimmte islamische Migrantengruppen und -milieus für die Gesamtheit der Migrant/innen verallgemeinert.

Der Autor entwertet viele seiner treffenden Befunde schließlich durch die fragwürdige These, dass »Islam und Islamismus (nur) verschiedene Schichten ein und derselben Ideologie sind«. Wenn das zuträfe, dann wäre die Anschlussfähigkeit der muslimisch geprägten Migrant/innen an die Kultur der offenen, demokratisch geprägten Gesellschaft prinzipiell ausgeschlossen, es sei denn, sie würden kollektiv ihrer Herkunftsreligion abschwören. Diese Vorstellung ist nicht nur in der Sache abwegig. Das demonstrieren seit Jahrzehnten der Diskurs und die Realität des liberalen Islam mit weltweiter Vernetzung, sowie die Rolle, die islamische Teilkulturen etwa in Indonesien bei der Demokratisierung ihrer Länder spielen. Das beweist auch die reichliche Hälfte der türkischen Muslime hierzulande, die ohne viel Lärm eine Variante des mit der Demokratie verträglichen Kulturislam praktizieren, die das Essener Zentrum für Türkeistudien schon in den 90er Jahren mit empirischen Daten als »Euroislam« identifiziert hat. Und im Übrigen widerruft der Autor damit sein an anderer Stelle vorgetragenes Plädoyer für einen spirituellen Islam als Heilmittel gegen den Fundamentalismus.

Die Verwischung aller Grenzen zwischen dem Islam als Religion und der politischen Ideologie des Islamismus schüttet das Kind mit dem Bade aus, denn sie konfrontiert die zugewanderten Muslime mit der Vorstellung, für ihre Religion sei in den europäischen Aufnahmegesellschaften prinzipiell kein Raum. Das widerspräche nicht nur der europäischen politischen Kultur, für die die integrationsbereiten muslimischen Migrant/innen ja gerade gewonnen werden sollen, es würde ihre Integration zur absoluten Ausnahme werden lassen. Dieses Urteil ergibt sich aus dem in den bisherigen Debatten am besten begründeten Integrationskonzept. Es besteht aus der Trias von gleichberechtigter Teilhabe an den gesellschaftlichen Ressourcen, gemeinsamer demokratischer Kultur und garantierter Freiheit der Religion im persönlichen Leben. Das wäre ein fruchtbarer Anschluss für die weitere Diskussion im Hinblick auf die Ziele und die Befunde der Integration – ob als Fortsetzung, zur Differenzierung oder als Kritik. [NG|FH 9|2018]

Paul Scheffer

Migration und Integration – Wege zum »neuen Wir«

Meine Gedanken zu unserem Thema werde ich in vier, hoffentlich gut nachvollziehbaren Argumenten präsentieren. Ich halte die vieldiskutierte Polarisierung in unseren Gesellschaften für real – aber nicht für unabwendbar. Die klassischen Parteien haben bisher darin versagt, weiterführende Ideen zu Migration und Integration zu präsentieren und damit eine Brücke zur Überwindung dieser Polarisierung zu bauen. Die Spaltungen zwischen denen, die in unserer Gesellschaft mobil sind und denen, die es weniger sind, sind sowohl in soziologischer wie psychologischer Hinsicht bedeutsam. Um die Gesellschaften, in denen wir heute leben, besser zu verstehen, könnten wir mit einem kleinen Artikel aus der französischen Tageszeitung *Le Monde* beginnen, in dem kürzlich stand, dass sieben von zehn Menschen in Frankreich immer noch in der Region leben, in der sie geboren wurden. In dem viel zitierten Buch von David Goodhart (*The Road to Somewhere. The New Tribes Shaping British Politics*, 2017) kann man lesen, dass in Großbritannien 60 % der Menschen innerhalb eines 30-km-Radius um den Ort leben, an dem sie bereits mit

14 Jahren gelebt haben. So mobil sind unsere Gesellschaften also gar nicht. Der Horizont vieler Bürger ist weitaus stärker lokal definiert als wir bisher angenommen haben, und das sollten wir uns bewusst machen.

Die wichtigste Aufgabe für Sozialdemokraten, aber auch für Christdemokraten und Liberale, besteht im Brückenbauen, um die soziale und politische Spaltung zwischen den besonders Mobilen und den eher Sesshaften zu überwinden, die heute unsere Gesellschaft prägt.

Im Folgenden entwickle ich vier Argumente zu den Themen Immigration, Integration und Brückenbauen. Das erste lautet, dass wir keine echte Diskussion über Integration führen können, wenn wir nicht über eine klar definierte Immigrationspolitik verfügen. Wir haben 20 Jahre mit Diskussionen über Integration zugebracht; in den Niederlanden, in Schweden, Frankreich, Deutschland, Großbritannien – überall, wo ich hinkomme, wurde jahrelang über Integration geredet, aber nie über einen langfristigen Plan für die Immigration. Wenn Immigration aber als etwas gesehen wird, das über eine Gesellschaft hereinbricht wie eine Naturgewalt und daher nicht sinnvoll kontrolliert oder reguliert werden kann, dann wird sie für die Mehrheit zu einem Symbol für eine Gesellschaft, für eine globalisierte Welt, die außer Kontrolle geraten sind.

Wenn Liberale im weitesten Sinne des Wortes, also auch Sozialdemokraten und Christdemokraten, die an die Idee einer offenen Gesellschaft glauben und am Gedanken eines sozialen Gesellschaftsvertrags festhalten, keinen Plan für die langfristige Regulierung von Migration haben, dann wird das Bedürfnis in der Gesellschaft nach Kontrolle einen autoritären Ausdruck finden. Und das ist ja genau das, was momentan passiert. Beim Brexit ging es um Einwanderungskontrolle. Allen Forschungen zufolge war für 80 % der Befürworter der ausschlaggebende Grund: »Take back control« (»Die Kontrolle zurückgewinnen«). Wenn wir dies nicht ernst nehmen, wird uns jede ernsthafte Diskussion über die Zukunft unserer Gesellschaften entgleiten.

Aber worin besteht eine liberale Regulierung der Immigration? Es muss ja alarmieren, dass eine Person in der durch Immigration geprägten Einwanderungsgesellschaft der USA zum Präsidenten gewählt wurde, deren zentrales Vorhaben darin besteht, eine Mauer zur Abschottung gegen Migranten zu bauen (»… es wird eine großartige Mauer sein«; »Keiner baut Mauern besser als ich, glaubt mir.«). Was brauchen wir noch, damit wir endlich merken, was los ist. Wie könnte eine sinnvolle, langfristige Einwanderungsregulierung also aussehen? Derzeit – das ist ein großes Versagen der Progressiven – bestimmen Einzelinteressen der Unternehmer unsere Politik zur Arbeitsmigration. Die Gewerkschaften fallen aus und die Sozialdemokraten haben keine klaren Vorstellungen davon, wie eine Arbeitsmigration auf lange Sicht aussehen könnte und sollte. Sie wird daher von den kurzfristigen Interessen der Unternehmer geprägt. Es ist ja unbestreitbar, dass diese Interessen in einer offenen Gesellschaft berechtigt sind. Aber wir sagen den Menschen doch auch nicht, dass unsere Umweltpolitik nur von Landwirten bestimmt werden sollte oder dass die Zukunft der Gesetzgebung allein in den Händen von Anwälten liegen kann. Genau das tun wir jedoch, wenn es um Immigration geht. Wir lassen zu, dass die Zukunft der Immigration in unserer Gesellschaft wesentlich von Unternehmerinteressen bestimmt wird.

Das ist völlig falsch, denn wir haben es in der Vergangenheit erlebt und wir sehen es jetzt wieder: Es dominieren kurzfristige Interessen, die auf Profitmaximierung angelegt sind. Wenn ich die Wahl hätte, jemanden aus den Niederlanden einzustellen oder einen polnischen Arbeiter, ich würde natürlich auch immer Letzteren nehmen. Der geht nach sechs oder sieben Tagen Arbeit mit 400 oder 500 Euro nach Hause, ohne irgendeinem Sozialvertrag gerecht zu werden. Diese Form der Migration untergräbt häufig den Sozialvertrag unserer Gesellschaft. Wir schauen uns das an und tun nichts dagegen, weil wir keinen langfristigen Plan für die Arbeitsmigration haben.

Und das Gleiche trifft auf unsere Flüchtlingspolitik zu. Ich bin überzeugt, dass es in unseren Gesellschaften klare Mehrheiten dafür gibt, Menschen in Not zu helfen, aber nicht unbegrenzt. Eine Politik der offenen Grenzen wird die gesellschaftliche Mitte, das soziale Zentrum in unseren Gesellschaften zerstören. Sie polarisiert zwischen denen, die »Grenzen öffnen« sagen und denen, die »Grenzen schließen« wollen. Die Menschen wollen Veränderung, aber die Mehrheit will vor allem auch Berechenbarkeit und Orientierung. Es ist wahr, wir haben eine humanitäre Verpflichtung gegenüber den Migranten – aber nicht nur für ein einziges Jahr wie 2015. In Deutschland höre ich oft: »Ja, wir mussten diese große humanitäre Geste machen, aber wir werden es im nächsten Jahr nicht wiederholen. Das können wir uns nicht leisten.« Wenn man eine wirkliche moralische Verpflichtung hat, muss man dafür sorgen, ihr nachhaltig gerecht zu werden, Jahr für Jahr, für Jahrzehnte.

V. Herausforderung Integration

Es ist offensichtlich, dass die Flüchtlingsproblematik angesichts der Welt, in der wir leben eine humanitäre Herausforderung auf lange Sicht sein wird. Und wir können dieser humanitären Verpflichtung nur langfristig gerecht werden, wenn wir auf nachhaltige Weise mit ihr umgehen, organisiert und planvoll, sodass die Menschen im Land das Gefühl haben, die Entwicklung bleibt unter Kontrolle und die Orientierung geht nicht verloren.

Schauen wir nach Kanada. Manche hier sagen: »Kanada ist weit weg von den eigentlichen Konflikten.« Wir könnten aber von Kanada etwas lernen. Stattdessen fallen uns immer nur Antworten auf die Frage ein, was nicht geht. Wir sollten aber wie die Kanadier zuerst die Frage stellen: Was ist unser Ziel? Danach können wir fragen: Wie können wir unser Ziel erreichen? Das ist der demokratische Weg.

Die Kanadier sagen: »Wir haben eine organisierte Immigrationspolitik, 300.000 Menschen 2017, 58 % Arbeitsmigration mit dieser oder jener Qualifikation, die wir brauchen, nicht kurz-, sondern langfristig, 28 % Familiennachzug und 14 % Flüchtlinge. Das ist die Grenze in diesem Jahr«, eine festgelegte, klare humanitäre Verpflichtung. Die öffentliche Meinung in Kanada ist mehr oder weniger die gleiche wie in Deutschland oder den Niederlanden. Der große Unterschied ist, dass Immigration kein politisch umstrittenes Thema ist. Warum? Weil es Vorhersehbarkeit, Transparenz und demokratische Handlungsfähigkeit gibt. Und die haben wir verloren. Also, was wollen wir? Das sollten wir als Erstes fragen.

Mein zweites Argument ist sehr ähnlich, aber auf eine andere Art. Wir sollten uns bewusst machen, dass jegliche Integration immer eine Geschichte von Konflikten ist. Ich habe kein einziges Beispiel in der amerikanischen oder europäischen Geschichte dafür gefunden, dass Integration nicht mit Konflikten auf allen Seiten verbunden ist. Wir müssen lernen, den rationalen Kern dieser Konflikte zu verstehen und nicht sofort die Menschen, die an den traditionellen Sichtweisen auf Religion oder Familienleben hängen, als Integrationsverweigerer zu sehen oder ihnen gar Fremdenhass zu unterstellen. Solche Begriffe verfehlen den Kern der Konflikte, die immer mit Integration einhergehen. Und gewaltfreie Konflikte sind eher ein Zeichen erfolgreicher Integration als ein Zeichen ihres Fehlschlags.

Wo haben diese Konflikte ihre Ursprünge? Es gibt drei nachvollziehbare Ursachen. Die erste ist sozioökonomischer Natur. Gering qualifizierte Migranten, die stets vorherrschende Gruppe in der Geschichte der Migration, sind natürlich vom Unternehmerstandpunkt ein gutes Geschäft, aber nicht zwangsläufig auch vom Standpunkt der Gesellschaft als Ganzes. Wenn man sich die Geschichte der gering qualifizierten Migration anschaut, fällt auf, dass sie Gesellschaften ungleicher macht. Daher waren die amerikanischen Gewerkschaften am Ende des 19. Jahrhunderts für strikte Einwanderungsbeschränkung.

Fatal sind die Folgen der Immigration gering Qualifizierter für den Sozialstaat. Es ist kein Zufall, dass klassische Einwanderungsländer wie die USA, Kanada oder Australien schwache Sozialstaaten haben. Deshalb stellt sich die Frage nach dem Zusammenhang zwischen dem Zugang zum Sozialstaat und der Staatsangehörigkeit. Langfristige Immigrationspolitik muss vor allem eine Frage klären: Wie kann der erhebliche Interessenkonflikt zwischen der Sicherung eines großzügigen Sozialstaats auf der einen Seite und der Entscheidung für eine großzügige Migrationspolitik gehandhabt werden.

Die zweite Konfliktursache, die man die ganze Geschichte der Migration hindurch beobachten kann, ist normativ. Es gab eine Zeit, in der katholische Immigranten aus Italien, Irland und Polen in den USA stark abgelehnt wurden, weil ihre Konfession im Widerspruch zum protestantischen Selbstbild Amerikas stand. Sie waren nicht willkommen. Zurück in unsere Zeit. Es ist doch sehr verständlich, dass in einer Gesellschaft, die sich in den letzten 50 Jahren so stark liberalisiert hat wie die unsrige, ein tiefer normativer Konflikt entsteht, wenn Migranten aus autoritären Gesellschaften in großer Zahl hinzukommen, die auf eine entsprechend autoritäre Art sozialisiert wurden, vom Familienleben, der Beziehung zwischen den Alten und den Jungen bis hin zu ihrer Rolle in Gesellschaft und Staat. Dies ist ein Konflikt zwischen sozialen Normen, der völlig verständlich ist, den wir durch die Geschichte der Migration hindurch beobachtet haben und der nun in der Gegenwart bei uns wieder aufflammt. Das hat nichts mit Schuld zu tun, für die jemand verantwortlich gemacht werden muss.

Die dritte Konfliktursache, die in Wahrheit nicht viel mit Fremdenfeindlichkeit oder Integrationsverweigerung zu tun hat, besteht darin, dass in einer Einwanderergesellschaft internationale Konflikte zu nationalen Konflikten werden. Das zeigt etwa die Geschichte der Deutschen in Amerika. Während des Ersten Weltkriegs wurde riesiger Druck auf diese Gemeinschaft, die größte Migrantengemeinschaft in Amerika um 1900, ausgeübt, sich entweder für Amerika zu entscheiden, das sich zu der Zeit im Krieg gegen Deutschland befand oder sich für neutral zu erklären. Natürlich wollten die Menschen das Letztere. Das war ein großer Loyalitätskonflikt.

Es ist also nicht überraschend, dass ein nicht offiziell erklärter Bürgerkrieg in der Türkei große Konsequenzen für unsere Schulen, unsere Straßen, die türkische Gemeinschaft bei uns und vieles mehr hat. Wenn wir aber nicht verstehen, dass internationale Konflikte durch Immigration zu nationalen Konflikten werden, mit all den Konsequenzen, die diese für den sozialen Frieden mit sich bringen, dann verstehen wir nicht, worum es bei Integration eigentlich geht.

Mein drittes Argument: Wenn wir uns die sehr konfliktträchtige Geschichte der Migration und der Integration anschauen, dann stellt sich natürlich die Frage: Wie müssen wir mit diesen Konflikten umgehen? Dabei helfen uns abstrakte Begriffe nicht. »Diversität« ist ein leeres Wort, weil es alles umfasst und am Ende nichts meint. Alles ist divers, aber es gibt verschiedene Arten von Diversität, Arten von Extremismus, die im Konflikt mit der Idee einer offenen Gesellschaft stehen. Analphabetismus ist auch eine Art von Diversität, wir begrüßen sie aber nicht. Wenn wir uns also nicht über unsere Werte im Klaren sind und uns hinter Verlegenheitsworten wie Diversität verstecken, verlieren wir die Orientierung.

Es gibt mittlerweile eine Datenbank über die gesamte Bevölkerung der Niederlande, mehr als 17 Millionen Menschen. Neue Forschungen, die wir in den Niederlanden, aber auch darüber hinaus betrieben haben, zeigen zweierlei. Erstens, dass wir im empirischen Sinn viel diverser sind als wir dachten, weil wir uns bisher nur die klassischen Immigrationsgemeinden angeschaut haben. In der Stadt, aus der ich komme, leben Menschen aus 180 verschiedenen Nationen. Es gibt einen klassischen Diversitätsindex, der von null bis eins reicht und der die schlichte Frage stellt: Wenn du Menschen zufällig in einer Stadt triffst, haben sie einen anderen Hintergrund oder haben sie den gleichen Hintergrund wie du? Auf dieser Skala liegt Amsterdam bei 0,75, also drei von vier Personen, die man dort auf der Straße trifft, haben einen verschiedenartigen Hintergrund. Das ist ein sehr hohes Maß an Diversität.

Zweite Beobachtung: Es gibt in den Nachbarschaften einen deutlichen Zusammenhang zwischen dem Grad der Diversität und dem Verfall des sozialen Zusammenhalts. Zu dem gleichen Ergebnis sind auch die umfassenden Forschungen von Robert Putnam in den USA gelangt. Es darf keine Missverständnisse darüber geben, dass zwischen dem Ausmaß der Diversität und dem Ausmaß des Vertrauens und des sozialen Zusammenhalts innerhalb einer Gesellschaft eine negative Wechselwirkung besteht. Hingegen wurde kein positiver Zusammenhang zwischen wirtschaftlichem Wachstum und dem Maß an Diversität gefunden. Im Gegenteil, im am dichtesten besiedelten Teil unseres Landes, einschließlich solcher Städte wie Amsterdam, Rotterdam oder Utrecht gibt es eine negative Korrelation zwischen dem Grad der Diversität und dem wirtschaftlichen Wachstum.

Dies sind die harten Fakten. Wenn wir nicht über diese Tatsachen reden wollen und vor ihnen zurückschrecken, uns hinter Verlegenheitsworten wie Diversität verstecken, die nicht nur die wahren empirischen Fragen verschleiern, sondern uns auch im normativen Sinn keinen Anhaltspunkt geben, in welche Richtung wir gehen sollen, dann können wir nicht ernsthaft über Migration und Integration reden.

Mein letztes, positiveres Argument lautet, dass die Spaltungen und Brüche in unseren Gesellschaften, die wir rund um diese Fragen sehen können, natürlich nicht unabwendbar sind, sondern überwunden werden können. Voraussetzung dafür ist, dass wir über Wörter wie Multikulturalismus oder Diversität hinausgehen, denn sie sagen uns nicht, was uns verbindet. Wir brauchen Begriffe, Ideen und einen politischen Stil, die uns sagen, was wir gemeinsam haben, um in der Lage zu sein, auf friedliche Weise über die Fragen zu streiten, in denen wir nicht übereinstimmen. Aber wenn wir nur Wörter haben, die beschreiben, was wir nicht gemeinsam haben und uns eine Sprache dafür fehlt, die uns sagt, wo wir übereinstimmen sollten oder könnten, dann gelangen wir nicht zu dem, was wir eigentlich wollen.

Ich möchte vier Antworten auf die Frage geben, was wir alle gemeinsam haben. Dabei geht es zuerst um die Idee einer gemeinsamen Staatsbürgerschaft, nicht als Abstraktion, sondern als gelebte Realität. Sie verlangt vor allem, eine gemeinsame Sprache zu sprechen. In den Niederlanden haben wir den Migranten Jahr für Jahr gesagt: »Lass es, du musst nicht niederländisch lernen. Es ist nicht so wichtig. Ist sowieso eine kleine Sprache.« In Wahrheit haben wird ihnen damit aber gesagt: »Du wirst nie ein Bürger dieser Gesellschaft sein, weil du nicht in der

Lage sein wirst, dich richtig mit deinen Mitbürgern zu unterhalten, du bleibst marginalisiert.« Das war die eigentliche Bedeutung hinter dem Gedanken, Sprache nicht zu sehr in den Vordergrund zu rücken. Dann fanden wir heraus, dass viele der Migranten in der niederländischen Bevölkerung einen sehr niedrigen Bildungsstand haben. Es gab beträchtliche Defizite bei ihrer Fähigkeit zu lesen und zu schreiben. Aus dieser Diskussion über Integration ergab sich eine weit folgenreichere darüber, wie Bildung und Bürgerschaft zusammenhängen.

Das zweite Beispiel ist Wissen. Was muss man wissen, um ein vollwertiger Bürger zu sein? Das führte uns zu der Diskussion über Integration und die Bedeutung einer dafür geeigneten Reform der Lehrpläne in unseren Schulen – nicht nur für Kinder mit Migrationshintergrund, sondern für alle. Was muss man über seine eigene Geschichte wissen und dann über all die schwierigen Fragen zu Kolonialismus und Sklaverei? Ich habe selbst beim Bau eines Denkmals mitgewirkt, das in einem zentral gelegenen Park in Amsterdam der Sklaverei gedenkt, denn wenn man ernsthaft über Geschichte redet, darf man auch deren schmerzhaften Aspekten nicht ausweichen. In Deutschland sagen einige: »Aber ihr werdet doch nicht mit Kindern aus Migrantengemeinschaften über die Jahre 1933–45 sprechen. Das ist nicht ihre Geschichte.« Aber was, wenn all diejenigen, die nach dem Krieg geboren wurden, gesagt hätten, Vergangenheitsbewältigung sei nur etwas für die Leute, die in dieser Zeit gelebt haben? Wir alle, die nach 1945 geboren wurden, sind ja Neuankömmlinge in dieser Gesellschaft. Und wir sind alle eingebunden in eine moralische Gemeinschaft, die versucht, eine Beziehung zu diesen Jahren mit all ihren Lektionen und all den moralischen Mehrdeutigkeiten, die diese mit sich bringen, aufzubauen. Eine Lehrplanreform, die fragt, was wir über unsere Geschichte wissen müssen und über den Rechtsstaat, das ist eine gemeinsame Aufgabe, die die ganze Gesellschaft bereichert.

Das dritte Beispiel ist Teilhabe. Staatsbürgerschaft bedeutet immer Teilhabe. In unserem Sozialstaat gehören Migranten zu den risikoanfälligsten, den abhängigsten Teilen unserer Bevölkerung. Das führt zu der Frage nach einer Reform des Sozialstaats. Dabei darf es nicht um eine Reduzierung der Unterstützung gehen, denn wir dürfen uns nicht an der Frage orientieren, ob wir uns das leisten können. Maßgeblich muss vielmehr die Frage der Staatsbürgerschaft sein. Wie muss ein Sozialstaat aufgebaut sein, der nicht Abhängigkeit erzeugt, sondern in das gesellschaftliche Leben einbezieht und soziale Mobilität ermöglicht?

Die letzte und schwierigste Frage ist die nach dem normativen Aspekt der Staatsbürgerschaft, die oft eine ganz überflüssige Verlegenheit hervorruft. Wir können eine Sprache finden, die Gemeinschaft erzeugt. Wir müssen zunächst feststellen, dass es in einer offenen Gesellschaft nicht ausreicht, sich an die Gesetze zu halten. Denn man kann ja auch mit einer abweisenden Gesinnung die Gesetze äußerlich beachten. Es ist durchaus möglich, in einer offenen Gesellschaft mit einer sehr orthodoxen Religion oder Weltanschauung zu leben. In der Gesetzgebung gibt es nichts, das einen daran hindert zu sagen: »Ich habe ein Wahrheitsmonopol und ich verachte jeden, der nicht die gleiche Überzeugung teilt wie ich« – ganz gleich, worin diese Überzeugung besteht. Wir müssen über die Gesetzgebung hinausblicken und nach Einstellungen suchen, die eine offene Gesellschaft zu einer lebenswerten Gesellschaft für Viele macht. Die Idee dahinter ist sehr einfach: Gegenseitigkeit. In den 60er Jahren und danach haben wir allen gesagt: »Du hast Rechte.« Aber wir haben vergessen, den Leuten zu sagen, dass diese Rechte sehr schnell untergraben werden, wenn wir nicht ein Bewusstsein dafür entwickeln, dass eben diese Rechte auch für andere, mit denen wir überhaupt nicht übereinstimmen, verteidigt werden müssen.

Wenn ich in eine Moschee eingeladen werde, sage ich den Menschen dort: »Ja, ihr habt ein Recht auf Religionsfreiheit, aber wenn ihr nicht die Verantwortung dafür übernehmt, die Freiheit derjenigen zu verteidigen, die eure Religion kritisieren, werdet ihr langfristig eure eigene Freiheit verlieren.« Die politischen Parteien der Mitte müssen jene Teile unserer Bevölkerung, die die Religionsfreiheit anderer nicht mehr respektieren, mit der Tatsache konfrontieren, dass sie in einer offenen Gesellschaft ihre eigene Religionsfreiheit nur genießen können, wenn sie das gleiche Recht auch allen anderen zubilligen. Wenn ich mit Jugendlichen mit marokkanischem oder türkischem Hintergrund rede, frage ich sie: »Warum seid ihr so wütend?« »Wir werden diskriminiert.« »Was ist das Problem mit Diskriminierung?« »Wir wollen gleichbehandelt werden.« »Okay. Das ist wichtig. Findet ihr, dass in eurer eigenen Gemeinschaft Gläubige und Nichtgläubige, Frauen und Männer, Homosexuelle und Heterosexuelle auch gleichbehandelt werden sollten?« Dann wird ihnen klar, worin die Fairness in diesem Argument besteht.

Eine solche gemeinsame Sprache brauchen wir, um Haltungen entgegenzutreten, die zwar rechtlich innerhalb der Grenzen unserer Gesetzgebung bleiben, aber auch letzten Endes die Einstellungen zerstören, von denen eine offene Gesellschaft lebt. Gegenseitigkeit ist der Schlüssel. Und wenn wir nicht die Sprache und die Zivilcourage finden, um Menschen allerorten zur Rede zu stellen, die eine solche Haltung ablehnen, dann können wir auch nicht die Brücken bauen, die wir brauchen.

Zum Abschluss eine kleine Anekdote. Ich sprach mit Mitgliedern der surinamischen Gemeinschaft in Amsterdam, Migranten aus einer ehemaligen niederländischen Kolonie. Vor 40 Jahren galten sie als nicht integrierbar – ein ziemlich großes Problem, das nie gelöst werden konnte. Eine Person stand auf und sagte: »Niemand redet mehr über uns. Es geht nur noch um die türkische Gemeinschaft, die marokkanische Gemeinschaft.« »Seid doch dankbar dafür.« Natürlich ist es auch in den Niederlanden so, dass man nur Geld und Fördermittel vom Staat bekommt, wenn man als Problem wahrgenommen wird. Also war das ihr zentraler Punkt. Und ich dachte: Das ist es, was ich in meinem 500-seitigen Buch versucht habe zu beschreiben, ein Satz wie: »Niemand redet mehr über uns« zeigt, wie Integration gelingt. Ich bin sehr zuversichtlich, dass wenn ich in zehn Jahren mit Menschen aus der marokkanischen Gemeinde spreche, jemand aufstehen und sagen wird: »Niemand redet mehr über uns.«

(Aus dem Englischen von Anne Gräfe.) **[NG|FH 12|2018]**

VI.
Blicke über Grenzen

Nora Räthzel/Robert Miles
Migration und Nationalstaat
Beispiele aus Großbritannien und der Bundesrepublik

Wanderungsbewegungen sind innerhalb der Grenzen des Nationalstaates und über sie hinaus integraler Bestandteil der kapitalistischen Entwicklung und der Formierung von Nationalstaaten. Darüber hinaus fand und findet Migration immer auch aus politischen und/oder religiösen Gründen statt.

Dennoch wird in den politischen und wissenschaftlichen Diskussionen seit 1945 meist unterstellt, Migration (einschließlich der Arbeitsmigration) sei ein historisch neues Phänomen. Es wird behauptet, die Einwanderung hätte eine neue kulturelle Heterogenität zur Folge gehabt, die ein destabilisierender Faktor in einem homogenen Nationalstaat sei. Solche Behauptungen entsprechen nicht den Realitäten. Die Formierung und Reproduktion von Nationalstaaten ist niemals abgeschlossen, sie findet ständig statt. Eine Dimension dieses Prozesses bildet der Versuch, eine bestimmte kulturelle Konstellation als Ausdruck nationaler Homogenität darzustellen, trotz der fortdauernden Existenz kultureller Unterschiede, z. B. aufgrund von Klassenlage und regionalen Differenzen.

Um die politischen Prozesse in Großbritannien und der Bundesrepublik vergleichen zu können, ist es zunächst nötig, die Hauptmerkmale der Wanderungsbewegungen nach 1945 kurz darzustellen. Dabei operieren wir zum Teil mit Zahlen und laufen Gefahr, die Logik zu bedienen, die in den Einwanderern selbst, insbesondere in ihrer Zahl, die Ursache von Konflikten sieht. Es ist jedoch wichtig zu zeigen, daß selbst die Tatsachen, auf die sich diese Argumentationsweise stützt, falsch sind. Daraus ergibt sich zugleich, daß nicht die Einwanderer oder ihre Zahl das Problem sind, sondern die Art und Weise, wie auf sie reagiert wird.

Am Beispiel Großbritannien

In Großbritannien ist die Einwanderung von Fremden seit 1905 kontrolliert worden, seit 1920 gibt es Arbeitserlaubnisse. Britische Untertanen (oder Bürger) waren davon ausgenommen. Dies war eine sehr weitreichende

Ausnahme, da es auf der ganzen Welt Millionen britischer Staatsbürger gab, die Bewohner der Kolonien. Die Gesetzgebung zur britischen Staatsbürgerschaft von 1948 teilte diese Bevölkerung in zwei Kategorien: 1. In die Bürger des Vereinigten Königreichs und der Kolonien (Citizens of the United Kingdom and Colonies = CUKCs) und 2. in die Bürger des unabhängigen Commonwealth. Beide Gruppen behielten das Recht, sich in Großbritannien niederzulassen. Dieses Recht wurde den Bürgern des Commonwealth 1962 und den CUKCs, die nicht in Großbritannien geboren waren oder keinen dort geborenen Vater oder Großvater hatten, im Jahre 1968 genommen.

Das Einwanderungsgesetz von 1971 »rationalisierte« dieses System, indem es eine generelle Unterscheidung zwischen *patrials* und *non-patrials* einführte. Nur die *patrials*, alle diejenigen, die selbst oder deren Elternteil oder Großelternteil in Großbritannien geboren waren, hatten das unbeschränkte Recht, nach Großbritannien einzureisen.

Diese Gesetzgebung verfolgte das Ziel, schwarzen britischen Bürgern das Recht zu entziehen, sich in Großbritannien niederzulassen, während weiße Bürger dieses Recht behielten, auch wenn sie Staatsangehörige anderer Staaten waren. Das Staatsangehörigkeitsgesetz 1981 bestätigte diese Zielsetzung. Es wurde eine Art Dreiklassensystem britischer Staatsbürgerschaft eingeführt, demzufolge nur die vorher als *patrials* definierte Gruppe das Recht hat, sich in Großbritannien anzusiedeln. Die Staatsangehörigkeit der Chinesen in Hongkong gehört zur zweiten oder dritten Klasse. Um nach dem Massaker in Peking die politische Glaubwürdigkeit aufrecht zu erhalten, hat die konservative Regierung im Dezember 1989 ihre Pläne bekannt gegeben, etwa 50.000 Personen und ihren Familien die Einreise ins Königreich zu ermöglichen.

Nach 1945 wurde der Bedarf an Arbeitskräften zunächst durch kurzfristige Verträge mit Arbeitsmigranten aus anderen europäischen Ländern sowie durch (nicht kontrollierte) Einwanderung aus der Republik Irland gedeckt. Diese Einwanderung konnte jedoch den Arbeitskräftemangel in den 50er Jahren nicht beheben. Er war die entscheidende Ursache für die Stimulierung der Einwanderung aus der Karibik und später aus Indien. 1965 wurde diese Migration beendet, während die Einwanderung aus Irland und die Familienzusammenführung weiterhin erlaubt blieben.

Trotz der ökonomischen Krisen in den 70er und 80er Jahren hielt die Migration während dieser Zeit an und erhöhte sich in den 80er Jahren wieder, nachdem sie in den Siebzigern gesunken war. Seit 1974 kamen die Einwanderer zunehmend aus Ländern außerhalb des Commonwealth, heute sind dies mehr als die Hälfte. Die Mehrheit der Commonwealth-Einwanderer kommt aus Afrika, der Karibik oder dem indischen Subkontinent. Wenn wir diesen die Einwanderer aus Pakistan hinzufügen, kommen wir auf eine durchschnittliche Zahl von jährlich 26.300 Einwanderern zwischen 1981 und 1987. Die meisten dieser Personen waren Angehörige früherer Einwanderer, oder sie kamen, um diese oder deren Nachkommen zu heiraten.

Darüber hinaus kamen Einwanderer aus dem Commonwealth oder aus anderen Ländern mit einer zeitlich begrenzten Arbeitserlaubnis. Seit 1980 bekommen nur noch Fachleute aus der Verwaltung oder aus technischen Berufen eine Arbeitserlaubnis. Zwischen 1974 und 1986 sank die Zahl der jährlich einreisenden Personen von 19.435 auf 15.440. Durchschnittlich reisten jährlich 13.950 für länger als zwölf Monate ein.

Die Zahl der Personen, die aus beruflichen Gründen für einen Zeitraum unter zwölf Monaten eine Einreiseerlaubnis erhielt, war sehr viel größer. Die Statistik erfaßt hier sowohl Personen, die auf längerer Geschäftsreise sind, als auch solche, die ein Geschäft gründen oder übernehmen wollen. Zwischen 1974 und 1986 erhöhte sich die Zahl solcher Personen von jährlich 548.490 auf 987.000. Im Jahresdurchschnitt waren es 720.300.

Zwischen 1980 und 1987 kamen 31.928 Asylbewerber nach Großbritannien. 54 % wurden als Flüchtlinge anerkannt oder erhielten eine besondere Aufenthaltserlaubnis, 17 % wurden nicht anerkannt, 6 % wurden ausgewiesen und 23 % warten noch auf die Entscheidung (British Refugee Council 1988). Schließlich sind knapp die Hälfte aller Einwanderer britische Staatsangehörige. Dazu gehören sowohl Briten, die mehr als zwölf Monate außerhalb des Landes gelebt haben, als auch Commonwealthbürger, die als *patrials* eingestuft waren und nun in die Kategorie der Staatsangehörigen »erster Klasse« fallen.

Einwanderung in die Bundesrepublik

In der Bundesrepublik umfaßte die Einreisekontrolle bis vor kurzem hauptsächlich Staatsangehörige anderer Staaten, die nicht als Deutsche, sondern als Ausländer definiert wurden. Die Bundesrepublik behauptet, bis heute offiziell kein Einwanderungsland zu sein, obwohl Deutschland seit 1880 ökonomisch von Einwanderern abhängig war und auch die Wirtschaft der Bundesrepublik sich von Anfang an auf Einwanderer stützte; zunächst auf Flüchtlinge aus Osteuropa und der DDR, seit 1955 auf angeworbene Arbeiter/innen, meistens aus Südeuropa. Aber aufgrund dieser Definition gibt es in der BRD kein Einwanderungsgesetz, sondern ein Ausländergesetz, welches die Einreise und den Aufenthalt aller Personen regelt, die keinen bundesrepublikanischen Paß haben, mit Ausnahme der als deutsch definierten Aus- und Übersiedler.

Seit April 1990 gibt es das neue Ausländergesetz. In unserem Zusammenhang interessiert uns lediglich die Tatsache, daß es sich hier um ein sehr differenziertes Instrument der Regulierung von Einreise und Aufenthalt nicht-deutscher Personen handelt. Jede Person, die nicht als deutsch gilt und früher eine Einreiseerlaubnis brauchte, braucht nun ein Visum. Ausgenommen sind Angehörige von EG-Staaten und von Staaten, mit denen die BRD besondere Verträge abgeschlossen hat (europäische Länder außerhalb der EG, Australien, Israel, Japan, Kanada, Neuseeland, Vereinigte Staaten). Diese gelten als »privilegierte Ausländer«. Zu den zahlreichen Gründen, aus denen eine Einreise verwehrt werden kann, gehört vor allem der fehlende Nachweis eines Unterhalts – entweder durch eigene Arbeit, durch Vermögen oder durch die Unterstützung von Freunden/Angehörigen.

In diesem Zusammenhang ist es entscheidend, nach welchen Kriterien eine Arbeitserlaubnis ausgestellt wird. Dies ist im neuen Gesetz nicht eindeutig geregelt, sondern der Entscheidung des Innenministers vorbehalten. Laut Paragraph 10 hat er die Möglichkeit, Arbeitserlaubnisse entsprechend den Interessen der Bundesrepublik zu erteilen, und zwar beschränkt für einen Beruf, Arbeitsplatz, für eine bestimmte Dauer bzw. für bestimmte Gruppen von Ausländern. Praktisch ermöglicht dies die erneute Einführung des Rotationsprinzips. Dies wird auch durch den weiterhin gültig bleibenden Paragraphen 19a des Arbeitsförderungsgesetzes gestützt, der vorschreibt, eine frei werdende Stelle zunächst mit Deutschen, falls keine gefunden werden, mit EG-Angehörigen oder ihnen gleich gestellten Ausländern und erst wenn dies erfolglos geblieben ist, mit »anderen Ausländern« zu besetzen. Da die »Sozialhilfebedürftigkeit« wiederum ein Ausweisungsgrund ist, sind genügend Instrumente vorhanden, die Einwanderung und Auswanderung entsprechend der wirtschaftlichen und politischen Konjunktur zu regulieren.

Was die Zahl der in der Bundesrepublik lebenden Einwanderer angeht, so ist sie zwischen 1974 und 1986 um rund 385.300 auf insgesamt 4.512.700 Personen gestiegen – trotz des Anwerbestopps 1973. Während es sich dabei zunächst hauptsächlich um Angehörige der hier schon lebenden Einwanderer handelte, hat in den letzten Jahren eine starke Verschiebung in bezug auf die Herkunft der einwandernden Personen stattgefunden. Der Kürze wegen wollen wir nur die Jahre 1987 und 1988 vergleichen, die den jüngsten Trend ausreichend wiedergeben.

Betrachten wir die Nettoeinwanderung (481.945 Personen 1988, 213.671 Personen 1987, die im gleichen Zeitraum ausgewanderten sind hier abgezogen), dann wurden 40 % der Einwanderer 1988 als Deutsche definiert (1987 35 %), und 49 % gehörten zu den sogenannten privilegierten Ausländern (13,3 % 1987). Das heißt also, 89 % der Einwanderer (54 % 1987) gehörten zu denen, die in der Öffentlichkeit bislang nicht thematisiert wurden (mit Ausnahme der Aus- und Übersiedler, dazu weiter unten).

1988 waren lediglich 11 % der Einwanderer Asylbewerber. Im Jahre 1987 wurden 90 % nicht als Flüchtlinge anerkannt. Wenn im Verhältnis dazu relativ wenige tatsächlich abgeschoben werden (Zahlen konnten nicht ermittelt werden), dann aufgrund der Tatsache, daß die meisten nach den Kriterien der UNO-Flüchtlingskonvention, die von der BRD unterzeichnet wurde, als Flüchtlinge gelten (Melander 1988). Die hohe Ablehnungsrate zeigt also nur, daß der Grundgesetzartikel längst durch Zusatzgesetze weitgehend gegenstandslos geworden ist, ohne daß er abgeschafft werden mußte.

Ungefähr die Hälfte der Einwanderung (903.892 Personen 1988) wurde 1988 durch Auswanderung ausgeglichen (1987 zwei Drittel). Der geringere Ausgleich ergibt sich aus dem höheren Anteil von Aus- und Übersiedlern, von denen weniger wieder auswandern. Die in der Presse ausschließlich veröffentlichten Bruttoeinwanderungszahlen ergeben auch in dieser Hinsicht ein falsches Bild.

Abgesehen von der steigenden Zahl von Einwanderern, die als Deutsche gelten (720.900 Aus- und Übersiedler 1989), lassen sich zwei neue Formen zukünftiger Einwanderung erkennen. Zum einen scheint sich ein neues Anwerbesystem, diesmal mit osteuropäischen Ländern, anzubahnen. Mit fast allen gibt es Übereinkommen, die eine neue Form von Vertragsarbeit regeln: Westdeutsche Firmen beauftragen osteuropäische mit der Erledigung bestimmter Arbeiten, zu denen diese ihre Arbeitskräfte in die Bundesrepublik mitbringen. Die Werkverträge werden zwischen den jeweiligen Firmen ausgehandelt. Die Rolle des Staates besteht lediglich darin, zeitlich begrenzte Arbeits- und Aufenthaltserlaubnisse zu vergeben und für die Einhaltung tariflicher Löhne zu sorgen (*The Guardian*, 26. Februar 1990 und Informationen aus dem Bundesministerium für Arbeit und Sozialordnung). Darüber hinaus gibt es in Kreisen des expandierenden Kapitals Diskussionen über die Notwendigkeit neuer Anwerbungen aufgrund der Altersstruktur der deutschen Bevölkerung, die auch durch die Aus- und Übersiedler nicht ausreichend verbessert werden könne.

In der DDR gab es bislang nur eine begrenzte Zahl von Gastarbeitern, ca. 180.000 Personen aus Vietnam, Nordkorea, Mozambique, Kuba und Polen. Sie machten 1 % der Bevölkerung aus (*taz* 1990). Seit dem Zusammenbruch der osteuropäischen Regierungen kommen jedoch ca. 700 Personen wöchentlich aus osteuropäischen Ländern (*FAZ* 18. und 19. Mai). Der DDR-Innenminister hat angekündigt, das Ausländergesetz der Bundesrepublik übernehmen zu wollen und das am 19. Juni unterzeichnete Schengener Abkommen schließt schon das Gebiet der DDR ein (*The Independent*, 7. Juni 1990, *FAZ*, 21. Juni 1990). Zwar wird dieses Abkommen immer als Einführung der Freizügigkeit zwischen den fünf Unterzeichnerländern gefeiert, es ist aber vor allem ein Abkommen zur Abschottung der Außengrenzen dieser Länder gegenüber Nicht-EG-Angehörigen.

Migration, Rassismus und Nationalismus

Trotz der Akkumulationskrise zu Beginn der 70er Jahre und der darauffolgenden Restrukturierung des Kapitals hat es Ende der 70er und Anfang der 80er Jahre weiterhin Einwanderung nach Großbritannien und in die Bundesrepublik gegeben. Dabei ist die Einwanderung ungelernter und angelernter Arbeiter/innen abgelöst worden, einerseits durch die Einwanderung von Angehörigen früherer Migranten, andererseits durch Einwanderung qualifizierter höherer Angestellter bzw. Techniker aus anderen hochindustrialisierten kapitalistischen Ländern. Darüber hinaus wird ein hoher Prozentsatz der Einwanderer jeweils als Angehörige des Staates definiert, in das sie einwandern. Im Lichte dieser Migrationsmuster wollen wir den Zusammenhang zwischen Einwanderung und den politischen und ideologischen Reaktionen auf diese Einwanderung diskutieren.

Der Diskurs über die Einwanderung

In der politischen und öffentlichen Debatte in beiden Ländern werden jeweils nur bestimmte Gruppen von Einwanderern als Migranten definiert. Die in beiden Ländern verbreiteten Visionen einer *Asylantenflut*, *flood of immigrants*, *Überfremdung*, *swamping*, müssen mit der Tatsache konfrontiert werden, daß in den letzten Jahren die Zahl der Auswanderer oft größer war als die der Einwanderer (in Großbritannien) bzw. die Gesamtbevölkerungszahl stetig abgenommen hat (in der Bundesrepublik). Wenn wir also diese Äußerungen und die sich daran anschließenden politischen Schlußfolgerungen wörtlich nehmen, so wären sie allein anhand der Statistiken zu widerlegen. Aber darum geht es in diesen Debatten nicht. Ihr Resultat und wohl auch ihr Zweck ist die Konstruktion bestimmter Gruppen von Einwanderern als »Problem«.

In Großbritannien werden unter dem Begriff *immigrants* lediglich Personen verstanden, die als »farbig« oder »schwarz« bezeichnet werden. Andere Personen, auch Staatsangehörige anderer Staaten, haben ohne weiteres das Recht, nach Großbritannien einzureisen und sich dort niederzulassen (s. o.). Die politischen Diskussionen und die juristischen Maßnahmen zur Kontrolle der Migration haben also nach wie vor hauptsächlich das Ziel, die Einwanderung aus dem neuen Commonwealth (den ehemaligen Kolonien) zu beschränken.

In den politischen Debatten dominierte die Sorge um die angebliche kulturelle oder »rassische« Transformation der britischen Gesellschaft. So verteidigten konservative Abgeordnete die 1988 eingeführten Einwanderungsgesetze als Maßnahme gegen »Masseneinwanderung«, die die »rassische Zusammensetzung« der britischen Bevölkerung verändern und damit den Zusammenhalt der Gesellschaft auflösen würde. Erst kürzlich argumentierte ein konservativer Abgeordneter: »Die britische Bevölkerung ist niemals gefragt worden, ob sie statt in einer homogenen in einer multirassischen Gesellschaft leben will. Wäre das geschehen, bin ich sicher, daß die überwältigende Mehrheit sich dafür ausgesprochen hätte, Großbritannien als Englisch sprechendes, weißes Land zu erhalten«

(*The Guardian*, 29. August 1989). Da Immigranten also nur diejenigen sind, die zu einer angeblich anderen »Rasse« gehören, reicht es nicht aus, einen britischen Paß zu haben, um sich als Brite zu qualifizieren. »Die Tatsache, daß Hongkong-Chinesen hart arbeitende Leute sind und einen britischen Paß haben, macht sie nicht britisch«, meinte folgerichtig ein konservativer Abgeordneter (*The Guardian*, 29. August 1989). Indem Einwanderer als »andere Rasse« definiert werden, werden zugleich die »wahren Briten« ebenfalls als Rasse definiert. Damit wird die Nation rassisch artikuliert, als Einheit, die eine biologisch homogene Gruppe umfaßt.

Solche Definitionen können mit aktuellen politischen Interessen in Widerspruch treten. Als die britische Regierung beschlossen hatte, etwa 250.000 Bewohnern chinesischer Abstammung in Hongkong das Recht auf Niederlassung in Großbritannien zu gewähren, erinnerten konservative Abgeordnete daran, daß sie 1979 aufgrund des Versprechens gewählt worden waren, eine weitere Einwanderung im großen Maßstab zu verhindern. Einer von ihnen, Norman Tebbit, schrieb in einem Zeitungsartikel: »Um die Worte der Premierministerin zu gebrauchen: Es besteht die Angst, das Land werde überflutet von Leuten fremder Kultur, Geschichte und Religion ... « (1990). Die Premierministerin antwortete, die Einwanderung von 250.000 Chinesen aus Hongkong sei nur eine *begrenzte*, keine *Massen*einwanderung (*Daily Telegraph*, 12. Januar 1990).

In der Bundesrepublik ist die Diskussion um Einwanderung zurzeit durch den Zusammenbruch des Systems in der DDR und die zukünftige deutsche Einheit bestimmt. Bei der Frage, wer als Einwanderer zu definieren ist, d. h. wer sich in der Bundesrepublik niederlassen kann und wer nicht, geht es letztlich um eine Neudefinition der deutschen Nation. Da die Bundesrepublik offiziell kein Einwanderungsland ist, gibt es den Begriff Einwanderer oder Immigrant in der öffentlichen Debatte kaum, stattdessen ist von »Ausländern« die Rede. Aber nur bestimmte Ausländer sind »Ausländer«, nämlich vornehmlich die Arbeitsmigranten aus den ehemaligen Anwerbeländern, insbesondere Türken. Mitte der 80er Jahre wurden Einwanderer vorrangig als »Asylanten« definiert. Damals war die Situation derjenigen in Großbritannien und im übrigen Europa vergleichbar (Joly und Cohen 1989). Das vorherrschende Argument war: »Das Boot ist voll.« Es gab eine alle Parteien (außer den Grünen) umfassenden Konsens, daß die Bundesrepublik keine Einwanderer mehr »verkraften« könne.

Mit der zunehmenden Einwanderung von Aussiedlern 1988 brach dieser Konsens zusammen. Das zu kleine Boot mußte plötzlich als groß genug dargestellt werden, und zwar aus politischen Gründen. Nachdem man jahrelang gefordert hatte, die Deutschen aus Osteuropa müßten die Möglichkeit erhalten, in die Bundesrepublik auszureisen, war es kaum möglich, ihnen nun die Einreise zu verweigern. Also mußte die Regierung eine bundesweite Kampagne starten, um eine Akzeptanz der Aussiedler zu schaffen. Sie lief im Wesentlichen darauf hinaus, Aussiedler als diejenigen darzustellen, die die ökonomischen Probleme der Bundesrepublik zu lösen imstande waren: Mangel an qualifizierten Facharbeitern, Überalterung der Bevölkerungsstruktur, versiegende Rentenkassen. Aussiedler wurden also als das spiegelbildliche Gegenteil der »Ausländer« dargestellt, die als Ursache wirtschaftlicher Probleme galten und gelten.

Die Öffnung der ungarischen Grenze und der Fall der Mauer sowie die Entwicklung zur deutschen Einheit hat wiederum eine neue Situation geschaffen: Zunächst schien es, als würde die nationale Begeisterung über die wiedergewonnenen Brüder und Schwestern und über die zukünftige Vereinigung die Oberhand gewinnen. Aber in den letzten Monaten hat sich die Lage gründlich gewandelt. Während im Oktober 1989 noch 63 % der Befragten meinten, alle DDR-Bewohner, die in die BRD wollten, sollten dies auch können, stimmten dem im Februar 1990 nur noch 23 % zu (*Der Spiegel*, 26. Februar 1990). Darüber hinaus unterstützten 81 % den Vorschlag Lafontaines, Übersiedler nur noch dann einreisen zu lassen, wenn sie eine Wohnung und eine Arbeit in der BRD vorweisen könnten. Im Mai dieses Jahres gab es sogar Diskussionen darüber, ob man nicht die Übersiedlung aus dem heutigen DDR-Gebiet während der ersten fünf Jahre nach der Vereinigung verhindern bzw. begrenzen sollte.

Auch in der Medienberichterstattung über Übersiedler hat es eine dramatische Verschiebung gegeben. War zunächst von den fleißigen, jungen qualifizierten Menschen die Rede, die ihre Heimat wegen ihrer Freiheitsliebe verlassen hätten, behauptete man, sie seien die »wahren« Deutschen, die sich noch die deutschen Tugenden des Fleißes und der Disziplin bewahrt hätten (*taz*, 14. September 1989), so wurde der »typische Übersiedler« im Februar 1990 bereits als Asozialer dargestellt, der entweder kriminell, ein Trinker oder beides war (*Der Spiegel*, 19. Februar 1990). Kurz: Innerhalb von acht Monaten verwandelte sich »der Übersiedler« aus einem willkommenen Mitglied der deutschen Nation in einen unwillkommenen, negativ bewerteten Fremden.

Im Alltagsleben führt dieser neue Gegensatz zwischen Bundesdeutschen und Übersiedlern, oder allgemeiner, Bewohnern aus der ehemaligen DDR, denen insgesamt ein »Anspruchsdenken« vorgeworfen wird, zugleich zu einem zunehmenden Rassismus sowohl in der Bundesrepublik als auch in der ehemaligen DDR. Er richtet sich nicht mehr nur gegen Flüchtlinge aus der Dritten Welt und Migranten aus den ehemaligen Anwerbeländern, sondern auch gegen Osteuropäer, die allesamt als »Polen« wahrgenommen werden, die in Scharen hereinströmen, um sich zu bereichern. In Westberlin haben sich bereits Bürgerinitiativen gebildet, die erreichen wollen, daß »Polen« nicht mehr bei Aldi einkaufen dürfen. In der Westberliner Stadtteilzeitung *zitty* erschienen Leserbriefe folgenden Inhalts: »Ich bin SPD-Mitglied, bin AL-Sympathisant, bin Verfechter einer multikulturellen Gesellschaft und gewiß kein Saubermann, — aber ich habe Verständnis für den Mißmut, wenn speziell die Polen weiterhin ihre Aktivitäten in Westberlin ausweiten.« »Diese Märkte bringen im Umkreis Kriminalität und Müllberge. Sie glauben, ich hätte rechts gewählt? Weit gefehlt! Jedenfalls in Zukunft nicht mehr alternativ« (1990). Aussiedler und Übersiedler erscheinen insgesamt als Personen, die von »unserem« schwer erarbeiteten Reichtum profitieren wollen, statt »ihr Land« aufzubauen.

Diese neu auftretenden Spaltungen, insbesondere diejenigen zwischen verschiedenen Gruppen derselben Nation, sowie das Verschwinden des bisherigen Feindbildes (Kommunismus), verlangen zur Stabilisierung der Hegemonie nach einem neuen »Anderen«, nach einem Gegenbild, gegen das die inneren Gegensätze in einen Gegensatz zwischen einem einheitlichen »Innen« und einem ebenso einheitlichen, negativen »Außen« transformiert werden können. Es ist absehbar, daß die Anwesenheit von Arbeitsmigranten und Flüchtlingen aus der Dritten Welt zum Ausgangspunkt einer Rekonstruktion des Fremden in Gestalt des Islam wird. Dieser »Andere« hätte den Vorteil, gleichzeitig als äußerer Gegner im Innern und außerhalb der Nation zu fungieren, also als einer, gegen den der innere Zusammenhalt bewahrt und die äußeren Grenzen geschützt werden müssen. Zwar sind jegliche Waffen in der Hand jeglichen Staates gefährlich. Betrachtet man jedoch *die Art und Weise*, wie in den Berichten über die chemische Fabrik in Libyen und die Superwaffe für den Irak rassistische Bilder eines barbarischen islamischen Arabertums reproduziert wurden, und hält man sich gleichzeitig das Waffenarsenal der so sprechenden Vertreter unserer zivilisierten Nationen vor Augen, ahnt man das dahinter stehende Ziel. Die Ahnung wird bestätigt, wenn man erfährt, daß ein NATO-Manöver erstmals nicht die Sowjetunion als Angreifer imaginierte, sondern »destabilisierende Elemente« am Rande des Mittelmeers. Im Zusammenhang mit der Entwicklung einer neuen NATO-Strategie wurden dabei explizit Libyen und der Irak als neue Bedrohung genannt (*Der Spiegel*, 21. Mai 1990). Darüber hinaus wird die Notwendigkeit strengerer Grenzkontrollen an den Außengrenzen der EG mit den hereinströmenden »Massen« aus der Dritten Welt begründet, die an dem von uns erarbeiteten Reichtum partizipieren wollen. [NG|FH 2|1991]

Philippe Bernard
Ist Frankreich noch ein Einwanderungsland?

Frankreich will kein Einwandererland mehr sein«, erklärte der französische Innenminister, Charles Pasqua, am 2. Juni 1993 in einem von *Le Monde* veröffentlichten Gespräch. Der Minister ging noch einen Schritt weiter und betonte, sein Ziel sei die »Null-Einwanderung«. Den Sturm der Entrüstung, der diesen Worten von Seiten der Linken folgte, nahm Pasqua, der nie eine Gelegenheit ausläßt, seine Entschlossenheit zu demonstrieren, befriedigt zur Kenntnis. Aber diese Entrüstung ist auch als Eingeständnis der Tatsache zu verstehen, daß Frankreich guten Gewissens nicht vergessen darf, daß es seine heutige Gestalt der Assimilation der verschiedenen Einwanderungswellen über die Jahrhunderte hinweg verdankt. Von der Frühgeschichte an über die Völkerwanderung bis zum Mittelalter war Frankreich ein Platz, an dem Menschen aus allen vier Himmelsrichtungen aufeinandertrafen.

Dennoch ist Frankreich erst in der zweiten Hälfte des 19. Jahrhunderts zu einem Einwandererland im heutigen Wortsinn geworden, als der Bedarf an Industriearbeitern angesichts schwindender Bevölkerungszahlen nicht mehr gedeckt werden konnte. Belgier, Italiener und Deutsche waren die ersten, die kamen, ihnen folgten nach 1918 in wachsendem Maße Polen, Russen, Ukrainer, Spanier und Armenier. Nach dem Zweiten Weltkrieg ging der Wirtschaftsaufschwung Hand in Hand mit einer starken Einwanderung von Nordafrikanern (Algeriern, Marokkanern und Tunesiern), von Portugiesen, Afrikanern aus den ehemaligen französischen Kolonien und seit kurzem von Asiaten. All diesen Einwanderern gemeinsam ist, daß sie dank der bemerkenswert liberalen Staatsangehörigkeitsgesetze Teil der französischen Nation werden konnten. Die integrative Wirkung der Gesetzgebung läßt sich daran ablesen, daß heute jeder fünfte Franzose (d. h. 10 Mio. der französischen Staatsangehörigen) einen ausländischen Eltern- oder Großelternteil besitzt. In der Tat sieht das Gesetz vor, daß die im Land gebliebenen Kinder von Einwanderern ohne Schwierigkeit die französische Staatsangehörigkeit erwerben können und daß alle Enkel von Einwanderern von Geburt an französische Staatsangehörige sind.

Um diese Großzügigkeit der französischen Gesetzgebung zu begreifen, muß man sich die Geschichte vergegenwärtigen. Unter der Monarchie folgte aus der Treuepflicht der Untertanen zum Fürsten sowohl das Recht des Bodens (jus soli), das dem König die Möglichkeit gab, Grenzgebiete zu beanspruchen, und das Recht des Blutes (jus sanguinis), mit dessen Hilfe der Monarch seine mit ausländischen Herrschern verheirateten Familienmitglieder weiter zu seinem eigenen Stamm zählen konnte. Während der Revolution werden weiterhin das jus soli und das jus sanguinis angewandt. Aber die Königstreue wird durch den Begriff der Bürgerschaft ersetzt, die von Vernunft und Freiwilligkeit getragene Zugehörigkeit zur Republik. Die nur kurze Zeit geltende Verfassung von 1793 gewährte die französische Staatsbürgerschaft sogar »jedem Ausländer, der sich anerkanntermaßen Verdienste um die Menschheit erworben hat«. Dieser universelle Gedanke, der nie buchstabengetreu umgesetzt wurde, prägt seit zwei Jahrhunderten die Gesetze. So beruht die französische Staatsangehörigkeit nicht auf den Banden des Blutes. Sie folgt aus einem freiwillig zwischen einem Bürger und der Nation geschlossenen »Vertrag«. Im Verlauf der Zeit geht das Element des individuellen Willens weitgehend verloren; die Staatsangehörigkeit wird als natürliche Folge des französischen Schulbesuchs und der sozialen Integration angesehen.

Diese Entwicklung wird sichtbar in den beiden großen Staatsangehörigkeitsgesetzen des 19. Jahrhunderts, die im Großen und Ganzen auch heute noch in Kraft sind. Im Jahr 1851 wird das doppelte jus soli eingeführt: Franzose ist von Geburt an das in Frankreich geborene Kind ausländischer Eltern, wenn diese selbst in Frankreich geboren sind. Auf diese Weise zwingt man die Angehörigen der zweiten Generation nach der Einwanderung zur französischen Staatsangehörigkeit um sie zum Militärdienst einziehen zu können, dem sie bisher als Ausländer nicht unterlagen. 1989 wird die Anwendung des jus soli noch erweitert. Der in Frankreich geborene Ausländer, dessen Eltern im Ausland geboren wurden, kann mit seiner Geburt Franzose werden, wenn die Eltern dies beantragen, und wird es automatisch mit seiner Volljährigkeit, wenn er dann noch in Frankreich wohnhaft ist. All diese Regelungen erklären sich aus dem politischen Ziel, die schwache Bevölkerungszunahme vor allem aus militärischen Gründen durch die Einwanderer auszugleichen. Damals wurde im Übrigen häufig die Geburtenzunahme in Deutschland als Argument angeführt. Nach 1945 wurden diese Prinzipien beibehalten und noch verstärkt. 1973 wird das doppelte jus soli auf die in Frankreich geborenen Kinder ausgedehnt, deren Eltern in den ehemaligen französischen Kolonien vor ihrer Unabhängigkeit geboren wurden. Die in Frankreich geborenen Kinder von Algeriern werden mit ihrer Geburt damit zu Franzosen.

Abgesehen von denen, die dieses doppelte jus soli für sich in Anspruch nehmen (ungefähr 17.000 Kinder pro Jahr) und die wie die Kinder französischer Eltern als Franzosen geboren werden, ohne die französische Staatsangehörigkeit beantragen zu müssen, gibt es zahlreiche Möglichkeiten des Staatsangehörigkeitserwerbs:

– *Durch Heirat*: Der ausländische Ehegatte eines französischen Staatsangehörigen wird automatisch Franzose nach einer bestimmten Wartezeit.
– *Durch einfache Erklärung der Eltern* (diese Möglichkeit besteht seit der Reform 1993 nicht mehr): Die in Frankreich geborenen Kinder ausländischer Eltern werden automatisch mit 18 Jahren Franzosen, wenn sie zumindest fünf Jahre lang in Frankreich gewohnt haben und nicht ausdrücklich auf die französische Staatsangehörigkeit verzichtet haben (was nur eine verschwindend kleine Minderheit tut).
– *Durch Einbürgerung*: Jeder volljährige Ausländer kann sie beantragen, vorausgesetzt, er lebt seit mindestens fünf Jahren in Frankreich, weist einen »einwandfreien Lebenswandel« nach und seine »Assimilierung

an das französische Volk, insbesondere durch eine ausreichende Kenntnis der französischen Sprache«. Die Einbürgerung wird ziemlich liberal gehandhabt, sie bedarf jedoch einer Wartezeit von durchschnittlich zwei Jahren.

Durch das Zusammenspiel dieser Regelungen erhalten pro Jahr etwa 110.000 Ausländer die französische Staatsangehörigkeit, davon 16.000 durch Eheschließung mit einem Franzosen, 13.000 durch einfache Erklärung der Eltern, 23.000 mit Erlangung der Volljährigkeit, 23.000 durch Einbürgerung und nicht zu vergessen die 12.000 Kinder Eingebürgerter und die 23.000 Kinder aus französisch-ausländischen Ehen (Zahlen von 1991).

Und während 110.000 Ausländer pro Jahr Franzosen werden, erhält eine gleich hohe Anzahl von Einwanderern die Erlaubnis, sich in Frankreich niederzulassen, sei es aufgrund der Familienzusammenführung (36.000), einer Arbeitserlaubnis (25.000), als Asylberechtigter (15.000) oder aufgrund von Eheschließung.

Daher ist auch die Statistik des ausländischen Bevölkerungsanteils seit mehreren Jahren relativ gleichbleibend. Bei der letzten Erhebung im Jahre 1990 wurden 3,6 Mio. Ausländer gezählt, d. h. 6,4 % der Gesamtbevölkerung.

Bis in die Mitte der 80er Jahre hinein riefen die liberalen Regelungen des Staatsangehörigkeitsgesetzes, die die konservative Mehrheit 1973 noch selbst erweitert hatte, keinerlei Widerspruch hervor. Ihre »Großzügigkeit« wurde erstmals von Jean-Marie Le Pens Front National seit seinem Wahlerfolg im Jahre 1984 angeprangert. Die äußerste Rechte greift die Gesetze in zweierlei Hinsicht an:

Zunächst einmal zwingt – so Le Pen – das Staatsangehörigkeitsgesetz den jungen Ausländern die französische Staatsangehörigkeit auf, »ohne daß sie es wissen«. Damit greift er den automatischen Staatsangehörigkeitserwerb mit 18 Jahren an, der in Wirklichkeit durchaus einen Willensakt voraussetzt, und sei es nur die Beantragung eines Personalausweises. Gleichzeitig kritisiert die äußerste Rechte das französisch-algerische Abkommen, das es den Kindern von Algeriern, die die doppelte Staatsangehörigkeit haben, ermöglicht, zu wählen, ob sie ihren Militärdienst in Frankreich oder in Algerien leisten wollen.

Unter diesem Druck der äußersten Rechten bereitete die Regierung Chirac im Jahre 1986 eine radikalere Form des Staatsangehörigkeitsgesetzes vor, die u. a. die Verpflichtung vorsah, einen Eid zu leisten, um Franzose zu werden. Aber dieser Entwurf, der mit Unterstützung des französischen Präsidenten abgelehnt wurde, mußte fallengelassen werden. Zwischen 1988 und 1993 hüteten sich die Regierung bildenden Sozialisten vor jeder Änderung, während Giscard d'Estaing, der die deutsche Gesetzgebung zum Vorbild nahm, forderte, das Prinzip des jus soli in Frage zu stellen. Die Rechte unterstützte ihn darin nicht. Als sie im März 1993 unter Balladur wieder entscheidungsfähig wurde, beeilte sie sich, ein Gesetz zu verabschieden (das am 23. Juli 1993 in Kraft trat), das zwar sehr viel gemäßigter ist als der Entwurf von 1986, aber dennoch den Zugang zur Staatsangehörigkeit aufgrund des jus soli erheblich einschränkt.

Das Gesetz von 1993 bringt zwei wesentliche Änderungen. Ausländische Eltern verlieren das Recht, für ihre minderjährigen Kinder die französische Staatsangehörigkeit zu beantragen. Und außerdem können diese nur im Alter zwischen 16 und 21 Jahren die Staatsangehörigkeit erwerben, vorausgesetzt, sie wohnen seit fünf Jahren in Frankreich und stellen ausdrücklich bei der Stadtverwaltung, einer anderen Behörde oder bei Gericht einen Antrag. Die neue Regelung versagt die französische Staatsangehörigkeit jenen jungen Ausländern, die zu mehr als sechs Monaten Gefängnisstrafe ohne Bewährung verurteilt wurden. Sie zwingt auch den ausländischen Ehegatten eines französischen Staatsangehörigen zu einer Wartezeit von zwei Jahren statt bisher einem Jahr, um Franzose werden zu können; allerdings entfällt diese, wenn ein Kind geboren wird. Vom 1. Januar 1994 an sind die Kinder von Afrikanern, die in ehemaligen Kolonien geboren werden, nicht mehr Franzosen mit der Geburt; dies gilt nicht für die Kinder von Algeriern, vorausgesetzt, ihre Eltern leben seit mindestens fünf Jahren in Frankreich.

Wenn somit auch die Anwendung des jus soli Einschränkungen erfahren hat, ist doch im Wesentlichen das Prinzip erhalten geblieben. Das französische Staatsangehörigkeitsgesetz ist also sehr viel liberaler geblieben als das deutsche. Die Reform wurde vor allem kritisiert, weil sie ein negatives Zeichen in einer Zeit steigender Ausländerfeindlichkeit setzt und weil sie von einem anderen Gesetz begleitet wird, das ebenfalls im Juli 1993 verabschiedet wurde, und das die Aufenthaltsvoraussetzungen für Frankreich verschärft.

Im Unterschied zu Deutschland ist die Frage der doppelten Staatsangehörigkeit an und für sich kein politischer Streitgegenstand. Die französische Tradition der Assimilierung läßt es zu, daß die Kinder Eingewanderter nur nach und nach die Bezüge zur Staatsangehörigkeit ihrer Eltern verlieren. Frankreich fordert daher nicht den Verzicht auf die Staatsangehörigkeit des Ursprungslandes zum Erwerb der französischen. Es vertraut auf die integrierende Kraft der Schulen, die aus Millionen von Kindern aus der Bretagne, der Auvergne und dem Baskenland, wie später aus Italien, Spanien und Polen französische Bürger gemacht hat.

Aufgrund der wachsenden sozialen und wirtschaftlichen Krise, vor allem in den Städten, mehren sich jedoch die Zweifel an der Wirksamkeit des französischen Integrationsmodells. Die in Frankreich lebenden Nordafrikaner und Afrikaner sind daher nicht mehr a priori vor ähnlichen fremdenfeindlichen Reaktionen geschützt, wie sie die Türken in Deutschland erfahren müssen. Diese Situation spricht zweifelsohne für eine Annäherung der europäischen Gesetzgebung, insbesondere der französisch-deutschen.

Die deutsche Reform des Einbürgerungsrechts von 1991 konnte bereits als ein erster Schritt zu einem erleichterten Zugang zur Staatsbürgerschaft durch das jus soli interpretiert werden. Die jüngste französische Reform von 1993 erscheint eher als ein Schritt in entgegengesetzter Richtung, auf Deutschland zu. Und die in Deutschland durch die Anschläge auf die Türken in Gang gesetzte dramatische Debatte um die Anerkennung der doppelten Staatsangehörigkeit und die Erweiterung des jus soli wird in Frankreich nicht ohne Hoffnung verfolgt. Inzwischen hat das Schengener Abkommen den Gedanken an eine europäische Solidarität in bezug auf die Einwanderung verstärkt. Die Staatsangehörigkeitspolitik kann nicht aus den gemeinsamen europäischen Lösungen ausgeklammert werden, auch wenn sie eines der wesentlichen Vorrechte eines jeden Staates berührt.

(Aus dem Französischen von Widulind Clerc-Erle.) **[NG|FH 9|1993]**

Michael Bröning
Sonderfall mit Vorbildfunktion?
Der Wahlsieg der dänischen Sozialdemokraten befeuert die Diskussion in der SPD

Selten wurde über ein Wahlergebnis so intensiv, so widersprüchlich und so verbittert diskutiert, wie über den Ausgang der Parlamentswahl in Dänemark. Und selten hat sich eine Debatte dabei so schnell von dem eigentlichen Untersuchungsgegenstand entfernt. Selten wurde auch das Ergebnis so schnell instrumentalisiert und missverstanden.

Dabei war man schon erstaunt, über wie viele bislang unerkannte heimliche Dänemark-Experten das deutsche Feuilleton offenbar verfügt. Sie alle wussten nur Tage nach der Wahl schon ganz genau, welche Lehren nun zu ziehen seien – und vor allem, welche ganz sicher nicht. Nur konnten sich diese Experten nicht einmal auf die grundlegendsten Dinge verständigen.

Doch eins nach dem anderen. Worum ging es bei der dänischen Parlamentswahl überhaupt? Im Vorfeld der Wahl hatte eine migrationspolitische Verschiebung der dänischen Genossen für einige Aufregung gesorgt. Anders als viele ihrer europäischen Schwesterparteien setzen die Sozialdemokraten in Dänemark auf eine strikte Begrenzung von Migration und auf staatlich verordnete umfassend sanktionierte Integrationsmaßnahmen.

Dieser Positionswandel erfolgte dabei zwar relativ zügig, nicht aber ohne eine inhaltliche Vorgeschichte, und ist eng mit der Parteivorsitzenden Mette Frederiksen verknüpft. Schon seit Ende der 80er Jahre hatten sich profilierte sozialdemokratische Bürgermeister/innen etwa aus Aarhus und dem Kopenhagener Umland zu Wort gemeldet und lautstarke Kritik an einer Migrationspolitik artikuliert, die sie aus kommunaler Perspektive als gescheitert ansahen. Das traf in der sozialdemokratischen Partei zunächst auf ein eher durchwachsenes Echo. Zwar rückte auch Frederiksens Vorgängerin Helle Thorning-Schmidt die Sozialdemokraten in eine eher migrationskritische Richtung, doch in der Partei selbst blieb dieser Kurs umstritten. Das änderte sich nach der Wahlniederlage 2015. Frederiksen bilanzierte das Ergebnis mit den Worten: »Die Bürgermeister hatten recht«.

Die in den folgenden Monaten vorgenommene inhaltliche Neuausrichtung der Sozialdemokraten wurde auf 28 Seiten in einem Manifest mit dem Titel: »Realistisch und Fair« ausbuchstabiert. Im Vorwort wirbt Frederiksen dabei offensiv um einen Konsens der Mitte: »Es macht einen nicht zu einer schlechten Person, fundamentalen Wandel abzulehnen. Und anderen Menschen helfen zu wollen, macht einen nicht naiv«. Benötigt werde »eine Migrationspolitik, die Dänemark vereint«. Für harsche Kritik sorgte dabei insbesondere das programmatische Ziel einer »klaren Begrenzung von Einwanderern aus nicht-westlichen Staaten«. Inhaltlich begründet wird diese Differenzierung zwischen »westlichen« und »nicht-westlichen« Personen im Papier mit der Feststellung, »die Integration von Menschen aus nicht-westlichen Ländern [sei] generell mit größeren Herausforderungen verbunden«. Gerade diese Position wurde im deutschen Diskurs zum Teil als rassistisch kritisiert.

Der im Positionspapier dargestellte Dreiklang einer neu aufgestellten dänischen Migrationspolitik beruht dabei auf Begrenzung, auf Hilfen für Entsendestaaten und richtet den politischen Fokus auf Integration. Hierzu schlagen die Sozialdemokraten nicht nur vor, die Familienzusammenführung von Sprachkenntnissen und Berufstätigkeit abhängig zu machen. Aus ihrer Sicht sollen auch Asylanträge auf dänischem Boden in Zukunft nahezu faktisch unmöglich werden. Stattdessen, so fordert die Partei, seien Asylanträge künftig ausschließlich in Zusammenarbeit mit den Vereinten Nationen in »Auffangzentren außerhalb Europas« zu stellen. Erfolgreiche Bewerber kämen nur noch über jährliche UN-Quoten ins Land, abgelehnte Asylbewerber hingegen würden zügig abgewiesen. Bestehende Grenzkontrollen etwa an der deutsch-dänischen Grenze sollen beibehalten werden. Um das rechtlich dauerhaft abzusichern, wird eine Reform des Schengen-Abkommens angestrebt.

Selbstverständlichkeit oder Skandal?

Der eigentliche politische Schwerpunkt des Programms jedoch liegt auf verschiedenen Aspekten der Integrationspolitik. Hier gleicht das Papier einer umfassenden Absage an »Parallelgesellschaften«. Als Integrationsziel beschreiben die Sozialdemokraten ein Land, in dem »sich niemand als Ausländer fühlt«.

Als heikel gilt dabei insbesondere der Ansatz, finanzielle Sozialleistungen von vorherigen Beiträgen abhängig zu machen. Dafür sollen spezielle Programme aufgestellt werden, also beispielsweise sollen Neu-Bürger/innen Dänisch lernen, eine Ausbildung machen oder sich auf Arbeitssuche begeben. Wer das verweigert, muss mit empfindlichen Sanktionen rechnen.

Gefördert werden soll Integration zudem durch die stärkere Verteilung von Schülerinnen und Schülern mit Migrationshintergrund auf eine Vielzahl von Schulen und etwa durch ein Unterbinden der gängigen Praxis, dass Dänisch sprechende Kinder bei offiziellen Terminen für ihre Eltern übersetzen. Eltern sind aufgefordert, auch die Sprache zu erlernen – oder nach drei Jahren im Land die Kosten für einen Übersetzer zu tragen. Zugleich fordert das Positionspapier eine umfassende Reform der Entwicklungszusammenarbeit und einen »Marshallplan für Afrika«. Vorgeschlagen werden eine Verdoppelung des finanziellen Engagements in »fragilen Staaten« sowie ein Fokus auf Ausbildungsförderung, wirtschaftliche Entwicklung und einen besseren Schutz von Frauen und Kindern.

Ist das nun alles eher eine Selbstverständlichkeit oder ein Skandal? Für einige deutsche Beobachter offenbar eher letzteres. In kürzester Zeit drängte eine Vielzahl von Stimmen auf eine weitgehend Status-quo-kompatible Interpretation des Wahlergebnisses, die mit der Ausgangslage nur noch wenig zu tun hatte. Sehr schnell erschien der dänische Wahlsieg nur noch als triumphale Niederlage eines vorbildlichen Sonderfalls.

Ein Beitrag von Fedor Ruhose sei hier stellvertretend genannt. Unter der Überschrift »Kann die SPD vom Rechtsruck der dänischen Sozialdemokraten wirklich lernen?« beleuchtet der Autor die Wahlergebnisse. Dabei beklagt er zunächst ausdrücklich und nicht ohne Berechtigung, dass es in der Debatte um die Lehren aus Dänemark stets »lediglich um die Bestätigung der eigenen Position« gehe. Dann aber verfängt er sich selbst in den Fallstricken der selektiven Wahrnehmung.

Der Autor wirft der dänischen Sozialdemokratie etwa vor, ihr Wahlergebnis nur dadurch erreicht zu haben, dass sie »das Gesellschaftsbild der Rechten« übernommen habe. Die tatsächliche politische Entwicklung zeigt aber etwas anderes. Vor den Wahlen stellten sich lediglich zwei Parteien offen gegen die von den Sozialdemokraten in Aussicht gestellte Neujustierung der Migrationspolitik: die (linken) Sozialliberalen und die Sozialistische Volkspartei. Beide erzielten zwar zusammen einen Stimmenzuwachs von rund 7 %, kamen aber dennoch gemeinsam auf nicht einmal 16 %. Kann ein Politikvorschlag in einem demokratisch liberalen Rechtsstaat, der offenbar von rund 84 % der Wahlbeteiligten mehr oder weniger offen getragen wird, tatsächlich als »rechtes Gesellschaftsbild« bezeichnet werden? Umfragen weisen zudem immer wieder darauf hin, dass Grundwerte wie Weltoffenheit und Toleranz in Dänemark nach wie vor auf breitesten gesellschaftlichen Rückhalt zählen können. Die dänischen Sozialdemokraten haben sich also wohl eher nicht an gesellschaftliche Extrempositionen angepasst, sondern an die gesellschaftliche Mitte – und zwar erfolgreich.

Eine Vielzahl progressiver Beobachter in Deutschland teilte zudem die Auffassung, dass die Wahlgewinne auf der rechten Seite durch Abwanderung zu linkeren Parteien neutralisiert wurden und das Ergebnis der Sozialdemokratie im Vergleich zur vorherigen Wahl insgesamt stabil blieb. Auf den ersten Blick entspricht das den Tatsachen. Nachwahlbefragungen des dänischen Rundfunks ergaben, dass rund 10 % der ehemals rechtspopulistischen Wählerinnen und Wähler dieses Mal zur Sozialdemokratie gewechselt sind. Zugleich wanderten rund 7 % vormaliger sozialdemokratischer Anhänger/innen zu den erwähnten kleineren Linksparteien.

Diese Interpretation blendet aber die für den dänischen Parlamentarismus entscheidende Zweiteilung des *Folketings* in einen konservativen und einen linken Block aus. In einem solchen System sind Veränderungen innerhalb der Blöcke unerheblich, lediglich Wählerwanderungen über Blockgrenzen hinweg können Wahlen entscheiden, da sie die strategischen Mehrheiten verändern. Eben das aber ist den Sozialdemokraten gelungen.

Die tatsächlich wahlentscheidenden Themen

Völlig zu Recht wird zudem darauf verwiesen, dass man die Kampagne der Spitzenkandidatin Frederiksen nicht nur auf die klare Positionierung in der Migrationsfrage reduzieren könne. Das laut Nachwahluntersuchungen mit Abstand wahlentscheidende Thema sei der Klimawandel gewesen, dann folgte die Pflegepolitik. Erst an dritter Stelle folgt das Thema Migration.

Ja, die Themen Klima und Pflege spielten eine noch größere Rolle als die Migration. Nicht von ungefähr bezeichnete die Spitzenkandidatin die Wahlen selbst ganz bewusst als »Klimawahl«. Das aber beweist m. E. gerade den Erfolg der dänischen Migrationsstrategie. Es ging den Sozialdemokraten nie darum, die Rechtspopulisten in xenophober Rhetorik zu übertrumpfen, sondern darum, dass Thema Migration politisch so weit abzuräumen, dass sich die politische Debatte auf andere Fragen verlagern konnte. »The point was not to win the debate on immigration, but to neutralise it«, stellt auch der *Economist* fest. Und das ist der dänischen Sozialdemokratie gelungen. Wenn sie ihre seit 2015 geltende restriktivere Position in der Migrationspolitik nun vor der Wahl 2019 wieder revidiert hätte, wäre das Thema Migration sehr wahrscheinlich wahlentscheidend geworden. Dann nämlich wäre das Ergebnis wohl nicht der Zusammenbruch der rechtspopulistischen Dänischen Volkspartei gewesen, sondern das der dänischen Sozialdemokratie.

Manche Beobachter machen es sich daher wohl zu leicht, wenn erklärt wird, die deutsche Sozialdemokratie könne von dem dänischen Beispiel lernen, wie es »mit einem klaren sozialökonomischen Kurs gelingen kann, Mehrheiten zu gewinnen«. Das kann durchaus gelingen, aber erst dann, wenn Themen wie Migration und Integration durch politische Bearbeitung ihre toxische Wirkung verloren haben. Leider sind wir davon in Deutschland – und in vielen anderen Ländern Europas – noch ein ganzes Stück entfernt. Trotz konstruktiver aktueller Versuche nicht zuletzt in der SPD-Bundestagsfraktion.

Der Streit um das »Geordnete-Rückkehr-Gesetz« droht zu eskalieren und in den drei anstehenden Landtagswahlen in Thüringen, Sachsen und Brandenburg dürfte es der AfD gelingen, das Thema Migration auf der Agenda zu halten. Vor diesem Hintergrund sollten sich gerade progressive Stimmen um überzeugende Analysen bemühen, die der Demagogie ruhige und durchdachte Antworten entgegenhalten. Ein offener und umfassender Dialog mit der dänischen Sozialdemokratie wäre ein Anfang. Um herauszufinden, was vom dänischen Beispiel gelernt werden kann und was nicht. **[NG|FH 7/8|2019]**

VII.
Europa: Kooperation und Verweigerung

Ludger Pries
Es geht nur europäisch
Chancen und Herausforderungen für das Einwanderungsland Deutschland

Die Zahl der tatsächlich in Deutschland eintreffenden Flüchtlinge und Asylsuchenden hat sich im Jahre 2015 dramatisch auf wohl mehr als 800.000 erhöht – das entspricht etwa dem Doppelten der von Fachleuten noch zu Beginn des Jahres prognostizierten Zahl. Die Schutz- und Unterkunftsuchenden kommen vor allem aus den Kriegsgebieten des Nahen Ostens und Afrikas sowie aus den Balkanstaaten. Städte und Gemeinden, Erstaufnahme- und Zentrale Unterbringungseinrichtungen sind völlig überfordert. In Europa findet gemeinsames Handeln der EU-Mitgliedsländer faktisch kaum noch statt. Verständnis und Solidarität der Zivilgesellschaft sind in Deutschland ganz erheblich. Leider sind aber auch die Angriffe Rechtsextremer auf Asyl- und Flüchtlingsunterkünfte in Zahl und Aggressionspotenzial stark angewachsen.

Im Vergleich zur Situation zu Beginn der 90er Jahre, als im Gefolge der Balkankriege in ähnlich großem Umfang Flüchtlinge nach Deutschland kamen, ist die Hilfsbereitschaft der Bürger und Organisationen wesentlich größer. Engagierte Bürger/innen und Ehrenamtliche organisieren fast überall Sprachkurse, bauen Kleiderverteilstellen auf und helfen bei Behördengängen. Wenn für 2015 ein Preis für zivilgesellschaftliches Engagement zu vergeben ist, dann haben ihn Hunderttausende verdient. All dies ist Teil und Ausdruck einer stillen Revolution, die Deutschland seit der Jahrtausendwende im Hinblick auf Migration und Integration durchlebt. Dieser Wandel hin zu einem offenen Einwanderungsland ist notwendig, er ist aber auch mit Herausforderungen verbunden.

Erinnern wir uns: Noch Ende 2010 antwortete die Bundeskanzlerin auf die Frage »Ist Deutschland denn nun ein Einwanderungsland oder nicht?« mit dem Satz: »Eigentlich war es das nur zwischen den 1950er Jahren und 1973.« In den Jahren 2008 und 2009 wies Deutschland sogar eine negative Wanderungsbilanz aus. Vom *Braindrain* qualifizierter Ärzt/innen und Forscher/innen aus Deutschland in die Schweiz, nach Großbritannien und in die USA war die Rede. Noch bis Ende des 20. Jahrhunderts galt hierzulande das *ius sanguinis*-Prinzip, dementsprechend die deutsche Staatsangehörigkeit nur durch Abstammung ererbt werden konnte. Ganze Generationen von in Deutschland sozialisierten sogenannten Gastarbeiterkindern kannten das Herkunftsland ihrer Vorfahren nur aus Erzählungen und Urlauben, die deutsche Staatsangehörigkeit aber war ihnen verwehrt.

An all dies muss man erinnern, um das ganze Ausmaß der fast revolutionären Veränderungen seit Anfang des neuen Jahrhunderts zu verdeutlichen. Dieser Umbruch spielte sich zum einen auf der rechtlichen Ebene ab: Staatsangehörigkeitsgesetz und *Green Card*-Verordnung, Zuwanderungsgesetz, Richtlinienumsetzungsgesetz, Arbeitsmarktsteuerungsgesetz, Umsetzung der europäischen Richtlinie zur *Blue Card*, Novellierungen des Aufenthaltsgesetzes und der Beschäftigungsverordnung, das Gesetz zur Anerkennung von Bildungsabschlüssen, die erleichterte Arbeitssuche für ausländische Studienabsolventen, die Einführung der Kategorie »Menschen mit Migrationshintergrund« im Mikrozensus seit 2005 und viele andere Maßnahmen haben die formalrechtlichen Rahmenbedingungen von Einwanderung und Integration grundlegend verbessert.

Hinsichtlich der Gesetzgebung zählt Deutschland heute – auch nach Einschätzung der OECD – zu den am besten aufgestellten und liberalsten Einwanderungsländern der Welt. Auch wenn dies noch nicht überall – innerhalb und außerhalb Deutschlands – hinreichend bekannt ist. Das zeigt sich etwa in den aktuellen Debatten um ein neues Einwanderungsgesetz oder die Einführung eines angeblich fortschrittlichen Punktesystems »wie in Kanada«. Dazu stellte der Sachverständigenrat deutscher Stiftungen für Integration und Migration fest: »Wer das fordert, übersieht, dass sich Kanada längst von einem klassischen Punktesystem verabschiedet hat. (…) Kanada und Deutschland haben sich in der Zuzugssteuerung längst aufeinander zu bewegt und ein ähnliches Mischsystem aus arbeitsmarkt- und humankapitalorientierten Verfahren geschaffen. Ein Punktesystem wäre auch als konkurrierendes Parallelsystem zur EU-weiten *Blue Card* einzurichten, was bestehende Verfahren nur unnötig verkompliziere.«

Neben und mit der rechtlichen Rahmenordnung haben sich zudem auch das tatsächliche Volumen und die Struktur der grenzüberschreitenden Wanderungen grundlegend gewandelt. Von 2008 bis 2013 sind die jährlichen Ein- und Auswanderungen von etwa 1,4 auf über 2 Millionen und ist die Nettowanderung gar von minus 55.000 auf plus 430.000 Menschen angestiegen. Wir sind also von »postmigrantischen« Zuständen sehr weit entfernt!

Gleichzeitig hat sich in den letzten zwei Jahrzehnten die Struktur der Herkunftsländer radikal verschoben. Während Migration früher von den traditionellen Gastarbeiter-Ländern am Mittelmeer bestimmt wurde, gewannen nach 1989 die Länder Mittel- und Osteuropas an Bedeutung; heute dominieren die Länder der beiden EU-Osterweiterungsrunden von 2004 und 2007. Während die klassische Gastarbeiter-Wanderung von Niedrigqualifizierten geprägt war, hat sich das Qualifikationsniveau der Einwanderer inzwischen erheblich erhöht. So lag der Anteil der Akademiker/innen aus Drittstaaten und auch aus den EU-10-Staaten (der Erweiterungsrunde 2004) und EU-2-Staaten (Bulgarien und Rumänien) zwischen 2000 und 2010 weit über dem Akademikeranteil der in Deutschland lebenden Bevölkerung ohne Migrationshintergrund. Auch hinsichtlich der Schulabschlüsse liegen viele mittel- und osteuropäische Herkunftsländer weit über dem Niveau der alten »Gastarbeiter«-Länder.

Schließlich zeichnet sich drittens im Hinblick auf die Meinungen und Stimmungen in der Bevölkerung eine grundlegende Umkehr ab. Einwanderung wird nicht mehr in erster Linie als Problem, sondern als Teil von Lösungen angesehen. Das vom Sachverständigenrat für Integration und Migration erhobene Integrationsbarometer wie auch zum Beispiel eine kürzlich von der Bertelsmann Stiftung vorgelegte Studie zur Willkommenskultur in Deutschland belegen die grundlegend positive Einstellung der Menschen gegenüber Einwanderung. Wahlkämpfe unter dem Motto »Kinder statt Inder«, wie noch im Jahr 2000 vom damaligen CDU-Chef in NRW Jürgen Rüttgers, wären gegenwärtig wohl kaum denkbar. Die Berichterstattung in den Medien ist heute – trotz aller weiterhin vorhandenen Skandalisierungstendenzen – wesentlich differenzierter als noch vor 20 Jahren. Gleichwohl ist das Eis der Einwanderungsgesellschaft, auf dem wir uns bewegen, immer noch fragil, wie die jüngsten Übergriffe auf Asylunterkünfte zeigen. Insgesamt gilt aber: Deutschland hat sich in den letzten 15 Jahren zu einem modernen Einwanderungsland gewandelt. Dies hängt nicht zuletzt mit der Einsicht zusammen, dass längerfristige und umfangreiche Nettoeinwanderung tatsächlich alternativlos ist und für Deutschland segensreich sein kann.

Aufgrund der Altersstruktur der Bevölkerung braucht Deutschland nach allen vorliegenden Berechnungen – und der Sachverständigenrat für Integration und Migration hat dies schon 2011 betont – eine jährliche Nettoeinwanderung von Personen im erwerbsfähigen Alter in der Größenordnung von 100.000 bis 200.000. Die Herausforderungen des demografischen Wandels werden in Deutschland zwar erkannt, aber in weiten Teilen der Bevölkerung – und auch der Wirtschaft – vielfach unterschätzt. Laut einer im Januar 2015 durchgeführten Befragung der bundesdeutschen Wohnbevölkerung glaubt mehr als ein Viertel aller in Deutschland Lebenden, dass die Bevölkerung auch längerfristig ohne Einwanderung nicht schrumpft. Nur weniger als ein Viertel schätzen die Größenordnung der demografischen Herausforderung richtig ein. Tatsächlich würde das Erwerbspersonenpotenzial ohne Einwanderung bis 2060 um mehr als 20 Millionen zurückgehen. Zwar stieg wie gezeigt die Nettoeinwanderung in den letzten fünf Jahren erheblich an und wird für 2014 auf etwa 470.000 Menschen geschätzt, doch waren wir bisher von einer Nettozuwanderung von über 100.000 Erwerbspersonen noch weit entfernt. Denn die Struktur der Eingewanderten setzt sich ebenso wie die der Bevölkerung ohne Migrationshintergrund hinsichtlich des überwiegenden Lebensunterhalts aus sehr unterschiedlichen Gruppen zusammen. Die Erwerbstätigenquote schwankt dabei je nach Herkunftsregion zwischen einem Drittel und fast der Hälfte, was durch die Altersstruktur, Qualifikation, den Aufenthaltsstatus und andere Faktoren bedingt ist.

Nach einer kürzlich veröffentlichten Studie des Instituts für Arbeitsmarkt- und Berufsforschung (IAB) von Johann Fuchs, Alexander Kubis und Lutz Schneider heißt es resümierend: »Je nach EU-Zuwanderung und Entwicklung der Erwerbsbeteiligung bewegt sich der durchschnittliche jährliche Zuwanderungsbedarf aus Drittstaaten zwischen 276.000 und 491.000 Personen, wenn man den gesamten Zeitraum 2015 bis 2050 betrachtet. (…) Deutschland muss sich wohl darauf einstellen, den Rückgang des Erwerbspersonenpotenzials mit Zuwanderung nur noch mehr oder weniger stark bremsen zu können.«. Deutschland wird also auch in den nächsten 40 Jahren nicht postmigrantisch, sondern Einwanderungsland par excellence bleiben.

Dass Nettoeinwanderung nicht nur aus demografischen Gründen geboten erscheint, sondern auch volkswirtschaftlich positive Effekte hat, wurde erst kürzlich von Holger Bonin vom Zentrum für Europäische

Wirtschaftsforschung in Mannheim gezeigt, der erklärte: »Die rund 6,6 Millionen Menschen mit ausländischer Staatsbürgerschaft zahlten insgesamt über 22 Milliarden Euro mehr an den Staat, als sie in Form von individuellen Transfers (…) zurückerhielten«. Wie die regelmäßig veröffentlichten Arbeitsmarktindikatoren des IAB zeigen, gibt es selbst im Hinblick auf die Zuwanderung aus Bulgarien und Rumänien seit dem 1. Januar 2014 trotz lokal durchaus vorhandener Probleme und Konflikte keine Anzeichen für eine massive »Einwanderung in die Sozialsysteme«.

Die Illusion nationaler Migrationssteuerung

Deutschland ist also in keiner Weise in Gefahr, das »Weltsozialamt« zu werden. Im Gegenteil profitiert unser Land in einer schon fast problematischen Weise von qualifizierter Zuwanderung. So werden zum Beispiel in Bulgarien jährlich etwa 600 Ärzte ausgebildet, während im gleichen Umfang jedes Jahr Ärzte das Land verlassen – unter anderem nach Deutschland. Was in Deutschland als Chance der Einwanderung gesehen wird, ist für die Herkunftsländer eventuell eher eine Herausforderung. Vor dem Hintergrund seiner eigenen Geschichte, des erreichten Grades der europäischen Integration und seiner weltweiten Verflechtungen kann Deutschland die eigene Einwanderungspolitik nur dann erfolgreich und nachhaltig gestalten, wenn sie über den nationalen Tellerrand hinaus und nicht nur kurzfristig-utilitaristisch gedacht wird. Dies soll im Folgenden an drei Punkten gezeigt werden.

Deutschland ist zum einen in Hinblick auf grenzüberschreitende Personenmobilität – sei es als Arbeits- und Ausbildungsmigration, als Familiennachzug, Flucht und Asyl oder als Alterswanderung – in einer Weise in die EU und in weitere transnationale Verflechtungen eingewoben, dass nationalstaatliche Steuerung illusionär und nationaler Egoismus gefährlich erscheinen. Und dies aus rechtlichen, ökonomischen und sozialen Gründen. Durch die EU-Freizügigkeit verloren die Mitgliedstaaten hinsichtlich Migration weitgehend ihre Autonomie. Auch für viele Drittstaatler gelten inzwischen vorrangig EU-Bestimmungen, etwa bei Familienzusammenführung sowie beim Asyl- und Flüchtlingsrecht. Laut Ausländerzentralregister sind in den ersten neun Monaten 2014 gut 868.000 Personen nach Deutschland zugezogen, 58 % davon waren Staatsangehörige eines EU-Mitgliedslandes. 34 % aller Zugezogenen –

sie machen mehr als drei Viertel aller Drittstaatler aus – besaßen einen durch EU-Recht vordefinierten Aufenthaltstitel oder befanden sich noch im Verfahren. Nur 8 % aller Zugezogenen – und weniger als ein Viertel aller Drittstaatler – erhielten ausbildungs- oder arbeitsbezogene Aufenthaltstitel, bei denen größere nationale Ermessensspielräume bestehen. Dazu kommt, dass grenzüberschreitende Mobilität heute nicht einfach einmalige Einwanderung ist, sondern aus vielfältigen Typen und mehrdirektionalen transnationalen Wanderungsbewegungen besteht.

Jeder Versuch, eine deutsche Migrationspolitik nur für Deutschland und nicht auch für Europa zu entwickeln, ist also zum Scheitern verurteilt.

Dies gilt in besonderem Maße, und ist ein zweiter Punkt der Herausforderungen, für den Bereich Flucht und Asyl. Hier sind durch Schengenverträge, Dublin-Abkommen und das Gemeinsame Europäische Asylsystem (GEAS) nationale Alleingänge eigentlich unmöglich. Über Deutschlands Wandel zum Einwanderungsland zu sprechen, ohne das Thema Flucht und Asyl zu behandeln, verbietet sich angesichts der aktuellen Situation und der Tatsache, dass ein erheblicher Teil der Einwanderer in Deutschland Flüchtlinge und Asylsuchende sind. Für das Jahr 2014 wurden etwa 173.000 Neuanträge auf Asyl und knapp 30.000 Folgeanträge gestellt. Allein im ersten Halbjahr 2015 wurden etwa 160.000 Neuanträge und 19.000 Folgeanträge gestellt. Deutschland hat hier bisher große Anstrengungen unternommen. Allerdings bleibt das GEAS bisher mehr Anspruch als Wirklichkeit. Die Realität in Europa besteht weitgehend aus einer – wie ich es nennen möchte – »organisierten Nicht-Verantwortung« *durch Kompetenzverschiebung* zwischen Nationalstaaten und EU, aber auch innerhalb der Nationalstaaten.

Diese organisierte Nicht-Verantwortung besteht aus einem Gestrüpp von formal-rechtlichen Uneindeutigkeiten, die dem Geist des GEAS eigentlich widersprechen, halbherziger Beachtung bestehender eindeutiger Regelungen und opportunistischer Zuständigkeitsverschiebung und Verantwortungsweitergabe, wo immer sich hierzu eine Gelegenheit bietet. Diese organisierte Nicht-Verantwortung erstreckt sich als ein Mehrebenen-Geflecht zwischen den Nationalstaaten und auf der EU-Ebene, aber auch innerhalb der Nationalstaaten. Bei uns verteilt der Bund die Flüchtlinge nach dem »Königsberger Schlüssel« auf Länder, die wiederum ihre Bezirksregierungen mit dem Betreiben von Erstaufnahmeeinrichtungen beauftragen, die dafür Städte beauftragen, die wiederum Dienstleistungsanbieter wie *European Homecare* beauftragen. Für die Verfahrensdurchführung ist der Bund bzw. das Bundesamt für Migration und Flüchtlinge (BAMF) zuständig, das Land für die Erstaufnahmeeinrichtungen und die Zentralen Unterbringungseinrichtungen nach Landesaufnahmegesetz, die Kommune danach für die weitere Unterbringung. Die Quote der in Gemeinschaftsunterkünften anstatt dezentral in Wohnungen untergebrachten Flüchtlinge schwankt nach Bundesländern zwischen 10 und 80 %. Für anfallende Kosten müssen je nach dem Status eines Flüchtlings im Verfahren Bund, Land oder Kommune aufkommen.

Hin- und hergeschubst

Herrscht schon innerhalb der Staaten ein Dickicht an völlig unterschiedlicher Regelauslegung, Unterbringungspolitiken und Verantwortungszuweisungen, so ist in der EU die organisierte Nicht-Verantwortung noch ausgeprägter. Vier Beispiele mögen dies verdeutlichen. Die Flüchtlingsaufnahmepolitiken der EU-Staaten unterscheiden sich ganz erheblich, während es gleichzeitig die einheitliche Rechtsnorm der Verfahrensdurchführung im Erstaufnahmeland gibt. Dies sind für Europa vor allem Mittelmeerländer wie Griechenland, Italien oder Spanien. Tatsächlich konzentrierten sich im vergangenen Jahr die Flüchtlingseintritte auf Italien; allein durch das Seenotrettungsprogramm *Mare Nostrum* wurden etwa 150.000 Flüchtlinge aufgenommen. Griechenland betrieb dagegen eine klare *push-back*-Strategie. Spanien hat seit einigen Jahren durch eine Mischung aus Drohungen und Anreizen die Flüchtlingsabwehr auf Mauretanien, Marokko und Senegal vorverlagert. GEAS-Normen werden so schon hinsichtlich der Aufnahmepolitiken von betroffenen Ländern völlig unterschiedlich umgesetzt.

Dies gilt auch für die Registrierungen von Asylsuchenden. Von den in Italien im Jahre 2014 angekommenen etwa 180.000 Flüchtlingen wurden »nur« etwa 150.000 registriert und von diesen stellten weniger als ein Drittel einen Asylantrag in Italien. Die anderen zogen weiter, viele nach Deutschland oder Schweden. Ganz offensichtlich kommt Italien seinen formalen Verpflichtungen, alle ersteinreisenden Flüchtlinge zu registrieren, nicht nach. Legitimiert wird dies implizit damit, dass Italien mit der Flüchtlingsproblematik von der EU alleingelassen werde.

Spanien registrierte weniger als 5.000 Asylsuchende, also ein Zehntel der Anzahl Italiens, Griechenland etwa 8.000. So entsteht – entgegen allen GEAS-Absichten – ein Heer von in der EU hin- und hergeschubsten Asylsuchenden. Alleine im ersten Halbjahr 2015 wurden zwischen Deutschland und den anderen EU-Staaten für 27.222 Menschen Übernahmeersuchen gestellt, also die Übernahme der Zuständigkeit für einen entsprechenden Asylantrag; das entspricht einer Steigerung gegenüber dem Vergleichszeitraum des Vorjahres von etwa der Hälfte.

Auch bei den tatsächlichen Anerkennungsquoten von Asylbeantragenden zeigt sich, dass die GEAS-Normen nicht einheitlich Anwendung finden. Selbst bei Antragstellungen aus dem gleichen Herkunftsland schwanken die Anerkennungsquoten zwischen verschiedenen EU-Ländern um fast 8 %. So werden in der EU im Durchschnitt drei Viertel der aus Eritrea stammenden Asylantragstellenden anerkannt, in Italien sogar über 90 %, in Spanien aber nur die Hälfte, in Griechenland nur ein Drittel. Auch für andere Herkunftsländer schwanken die Anerkennungsquoten zwischen EU-Ländern so erheblich, dass von einem in der Praxis funktionierenden GEAS kaum gesprochen werden kann.

Auch bei anderen Fragen ist viel Sand im GEAS-Getriebe. Nationalstaaten können bestimmte Länder zu »sicheren Herkunftsstaaten« erklären und die entsprechenden Asylverfahren gleichsam in einen *fast track* (beschleunigtes Verfahren) geben. Zwar gilt das Prinzip der Einzelfallprüfung, aber durch den Mechanismus der »sicheren Herkunftsstaaten« werden zwei Geschwindigkeiten und zwei Klassen von Asylantragstellenden geschaffen. Über das Für und Wider »sicherer Herkunftsstaaten« lässt sich trefflich streiten, kaum darüber, dass ihre je nationale Festlegung dem Gedanken eines GEAS zuwiderläuft.

Ein GEAS, das den Namen Gemeinsames Europäisches Asylsystem verdiente, bräuchte zwingend etwa Mechanismen zur gemeinsamen Bestimmung sicherer Herkunftsstaaten und eines gemeinsamen Lastenausgleichs zwischen den Schengen-Staaten, der zumindest die Kosten für Unterbringung und Antragsbearbeitung einbezieht. Die EU-Mittelmeerländer oder Bulgarien, Polen und Rumänien grenzen an Krisengebiete, aus denen potenziell viele Flüchtlinge kommen. Diese fühlen sich mit den Flüchtlingsaufgaben, die zwar EU-einheitlich definiert, aber einzelstaatlich umgesetzt werden, alleingelassen. So hat Italien nach dem Massensterben vor Lampedusa im Oktober 2013 monatlich etwa

10 Millionen Euro für das Rettungsprogramm *Mare Nostrum* aufgebracht, welches bis Oktober 2014 von der italienischen Marine und Küstenwache durchgeführt wurde. Die EU verweigerte Kompensationen und legte das von den Zielen und der Finanzausstattung her wesentlich begrenztere Programm *Triton* auf. Die fortwährend hohe Zahl anlandender Flüchtlinge vor allem in Italien zeigt, dass weniger der *pull*-Faktor des *Mare-Nostrum*-Programms als vielmehr der *push*-Faktor der ausweglosen Lage in den Herkunftsländern ursächlich ist.

Insgesamt sind wir von einer tatsächlichen Harmonisierung der Asylpraxis und einem wirksamen Monitoring in der EU noch weit entfernt. Es gibt dazu aber keine Alternative. Gleichzeitig sollten die starren Dublin-Regeln, nach denen das Erstaufnahmeland für alle Schritte eines Asylverfahrens und danach auch für den Verbleib zuständig ist, flexibilisiert werden. Welche Maßnahmen auch immer im Einzelnen angemessen sein könnten, Migrationspolitik im Einwanderungsland Deutschland muss immer auch auf die Verantwortung Europas und die Verantwortung unseres Landes in Europa ausgerichtet sein.

Migration und Entwicklung nachhaltig verbinden

Dies gilt – und damit ist die dritte Herausforderung benannt – auch für die nachhaltige Verbindung von Migration und Entwicklung. Eine längerfristige Nettoeinwanderung aus Drittstaaten in dem zuvor skizzierten Umfang bedarf ganz erheblicher zusätzlicher Anstrengungen. Diese Herausforderung kann nicht im nationalen Egoismus, auch nicht allein durch die EU bewältigt werden. Es bedarf einer engen Kooperation mit potenziellen Herkunftsländern im Sinne einer nachhaltigen Entwicklungskooperation und eines wechselseitigen Nutzens.

Ein erfolgversprechender Rekrutierungsweg für Akademiker/innen ist, jungen Menschen möglichst attraktive Studienbedingungen in Deutschland zu eröffnen und zu hoffen, dass viele von diesen später zumindest für einige Jahre hier erwerbstätig werden. Erwerbspersonen mittlerer Qualifikationen stehen in vielen potenziellen Herkunftsländern gar nicht zur Verfügung. Effiziente Systeme beruflicher Bildung sind nur wenig verbreitet, das duale deutsche Ausbildungssystem lässt sich nicht einfach exportieren. Umso mehr sollte eine langfristige und nachhaltige Einwanderungspolitik schon heute in den potenziellen Herkunftsländern –

wozu auch EU-Mitgliedsländer gehören – die wirtschaftliche Entwicklung und berufliche Bildung fördern. Kurzfristige, nur national-utilitaristisch aufgesetzte Anwerbungspolitiken können zu nicht vertretbaren *Braindrain*-Effekten für die Herkunftsländer führen, wie das für bulgarische Mediziner/innen bereits erwähnt wurde.

Zwar werden heute bereits Modellprojekte einer positiven Verknüpfung von Migration und Entwicklung durchgeführt – etwa von der Gesellschaft für Internationale Zusammenarbeit (GIZ). Allerdings sind hiervon bisher nur einige hundert Pflegekräfte betroffen. Eine Gesamtkonzeption für eine *Triple-Win*-Migrationspolitik, von der die Ankunfts- und die Herkunftsländer sowie die Migrierenden selbst profitieren und die auch die Migrantenselbstorganisationen einbezieht, ist erst noch zu entwickeln. Unterstützung bei der Entwicklung angepasster Berufsbildungsprogramme in potenziellen Auswanderungsländern kann für diese wie auch für Deutschland längerfristig hilfreich sein.

Schon jetzt zeigen die zunehmenden gewaltsamen Konflikte in Arabien und Afrika, dass es in einer zunehmend vernetzten und globalisierten Welt keine »ruhigen Wohlstandsinseln für einige Glückliche« geben wird. Kriege und Krisen in irgendeiner Weltregion setzen sich z. B. in Form von Flüchtlingen bis in die entferntesten Länder fort. Einwanderungspolitik für Deutschland sollte deshalb in Weltentwicklungs- und Weltsozialpolitik eingebettet werden – leider »geht es nicht kleiner«, denn die lokalen Schicksale sind im 21. Jahrhundert global verflochten.

Vor dem Hintergrund dieser Entwicklungen und Herausforderungen ergeben sich für ein modernes Verständnis der deutschen Einwanderungsgesellschaft im 21. Jahrhundert fünf wesentliche Bestimmungsmerkmale. Erstens sollte nicht enges national-egoistisches, sondern weltoffenes und weltverantwortliches nachhaltiges Denken und Handeln die Grundlage eines solchen Selbstverständnisses bilden. Diese Forderung kann moralisch-ethisch begründet werden, sie ergibt sich aber auch rein sachlich aus dem realen Grad der Migration und gesellschaftlichen Verflechtungen in der Welt: Wer, wo immer auch in Deutschland, Europa oder einem anderen Teil der Welt berechenbar und nachhaltig leben möchte, kann dies nur unter Berücksichtigung der Lebensverhältnisse in den anderen Teilen des Globus tun.

Zweitens sollte unser Verständnis von Migration zunehmend in ein umfassenderes Verständnis von (grenzüberschreitender) räumlicher

Mobilität eingebettet werden, die nicht (nur) instrumentell-utilitaristisch gedacht wird, sondern davon ausgeht, dass das Zusammenleben in hochmobilen Gesellschaften durch kulturelle und soziale Vielfalt geprägt ist; die Anerkennung dieser Vielfalt und ihrer Grenzen (etwa im Sinne der allgemeinen Geltung von Menschenrechten, die nicht unter Hinweis auf soziokulturelle Besonderheiten relativiert werden dürfen) ist ein permanenter Prozess und sollte als eine (konfliktfähige) Verhandlungssache und Bereicherung gelebt werden.

Drittens hat dieses Gebot der Vielfalt auch Gültigkeit für individuelle Identitäten, die nicht assimilationistisch als Entweder-oder-Entscheidungen eingefordert werden dürfen (etwa: entweder »guter Deutscher« oder »nicht integrierter Fremder«), sondern als vielfältige Selbst- und Fremdzuschreibungen zu verstehen sind hinsichtlich Loyalitäten, Heimatgefühlen, Lebensperspektiven und -stilen sowie weiteren, von den Betroffenen als relevant betrachteten und dynamisch sich entwickelnden Kategorien. Dies führt viertens zu einem dynamischen und interaktiven Verständnis von Integration, das alle Menschen eines Sozialzusammenhangs betrifft; Integration ist dann nicht die Einbahnstraße von zu erklimmenden Stufen (etwa: zuerst Kulturation, dann Platzierung, dann Interaktion bis zur Identifikation), sondern der permanente und vieldimensionale Prozess der ökonomischen, kulturellen, politischen und sozialen Teilhabe als Mobilisierung von Fähigkeiten (Amartya Sen) aller Menschen in einem Sozialraum.

Schließlich ist Integration fünftens dann nicht nur Teilhabe in einem uni-lokalen oder uni-nationalen Containerraum, sondern kann auch (muss aber nicht) die pluri-lokale Einbindung auf lokaler, nationaler, supranationaler, transnationaler und globaler Ebene bedeuten; solche transnationalen Lebensweisen betreffen nicht nur (und nicht einmal in erster Linie) Diplomaten oder weltweit tätige Kulturschaffende, sondern genauso die zwischen verschiedenen Städten, Ländern oder weltweit verstreuten Lebensankerpunkte von Pflegekräften, Wanderarbeitern auf Schiffen, Wissenschaftlern, in transnationalen Unternehmen tätigen Fach- und Führungskräften oder aus dem Erwerbsleben ausgeschiedenen älteren mobilen Menschen.

Die Debatten um den Umgang mit Flüchtlingen in Deutschland und in Europa, um die Notwendigkeit von längerfristiger Nettoeinwanderung und auch um ein deutsches Einwanderungsgesetz sind im Zusammenhang mit den hier nur skizzierten Chancen und Herausforderungen zu sehen. Nach den erfolgversprechenden Entwicklungen Deutschlands in Richtung eines modernen Einwanderungslandes muss nüchtern realisiert werden, dass Einwanderung, Integration und die Aufnahme von schutzsuchenden Flüchtlingen genauso wenig national bewerkstelligt werden können wie die Bekämpfung von Fluchtursachen und die Förderung nachhaltiger Entwicklungsmöglichkeiten in den anderen Teilen der Welt. Auf Gedeih und Verderb sind die EU und ihre Mitgliedstaaten zur Vertiefung der europäischen Einigung verdammt. Die skizzierten Probleme und Aufgaben werden durch den Rückzug auf nationale Strategien nur noch größer und weniger lösbar. [NG|FH 12|2015]

Jochen Oltmer

Fluchtursachen, Fluchtwege und die neue Rolle Deutschlands

Flucht bildet eine Erscheinungsform von Gewaltmigration. Sie tritt dann auf, wenn (halb)staatliche Akteure die Handlungsmacht und damit die Freiheit und Freizügigkeit von Einzelnen oder Kollektiven weitreichend beschränken. Gewaltmigration kann durch eine Nötigung zur Abwanderung verursacht sein, die keine realistische Handlungsalternative zulässt. Sie kann Flucht vor Gewalt sein, die Leben, körperliche Unversehrtheit, Freiheit und Rechte direkt oder erwartbar bedroht, zumeist aus politischen, ethno-nationalen, rassistischen, genderspezifischen oder religiösen Gründen.

Gewaltmigration war und ist meist Ergebnis von Krieg, Bürgerkrieg oder Maßnahmen autoritärer Systeme. Vor allem der Erste und der Zweite Weltkrieg bildeten elementare Katalysatoren in der Geschichte der Gewaltmigration. Konflikte um und mit Minderheiten, (bewaffnete) Auseinandersetzungen um die Gestaltung des politischen Systems sowie Bestrebungen zur Homogenisierung der Staatsbevölkerungen kennzeichneten außerdem seit dem Zweiten Weltkrieg den langen Prozess der Dekolonisation, der umfangreiche Fluchtbewegungen und Vertreibungen mit sich brachte. Zentrale Folgen für das Gewaltmigrationsgeschehen hatte zudem der Kalte Krieg als globaler Systemkonflikt der zweiten Hälfte des 20. Jahrhunderts.

In den Jahrzehnten seither traten zahlreiche umfangreiche Fluchtbewegungen insbesondere im Kontext der Szenarien von Krieg, Bürgerkrieg und Staatszerfall mit langer Dauer in vielen Teilen der Welt hinzu – in Europa (Jugoslawien), im Nahen Osten (Libanon, Iran, Irak, Syrien, Jemen), in Ostafrika (Äthiopien, Somalia, Sudan/Südsudan), in Westafrika (Kongo, Elfenbeinküste, Mali, Nigeria), in Südasien (Afghanistan, Sri Lanka) oder auch in Lateinamerika (Kolumbien). 2014 registrierte der Flüchtlingshochkommissar der Vereinten Nationen (UNHCR) 19,5 Millionen Flüchtlinge, womit beinahe der Höchststand des vergangenen Vierteljahrhunderts erreicht worden ist (1992: 20,5 Millionen). Hinzu traten 2014 insgesamt 38 Millionen »Binnenvertriebene«, die der Gewalt und Verfolgung innerhalb eines Staates ausgewichen waren. Weitere 1,8 Millionen Menschen befanden sich im Asylverfahren und warteten auf eine Anerkennung als Flüchtlinge. Damit waren weltweit rund 60 Millionen Menschen auf der Flucht.

Die globalen Fluchtbewegungen zeigen eindeutige Muster: Flüchtlinge suchen in aller Regel Sicherheit in der Nähe der Konfliktherde, weil sie meist danach streben, die verlassene Region möglichst bald wieder aufzusuchen. Außerdem verfügen viele unter ihnen nicht über die Mittel für größere Fluchtdistanzen oder es gibt Restriktionen von Durchgangs- oder Zielländern, die eine Migration über weite Distanzen behindern bzw. verhindern. 95 % aller afghanischen Flüchtlinge (2014: 2,6 Millionen) leben vor diesem Hintergrund in den Nachbarländern Pakistan oder Iran. Ähnliches gilt für Syrien: Der Großteil der Flüchtlinge von dort, rund 4 Millionen, sind in die Nachbarländer Türkei (2014: 1,6 Millionen), Jordanien (700.000), Irak (220.000) und Libanon (1,2 Millionen) geflohen. Angesichts dessen überrascht es nicht, dass Staaten des globalen Südens 2014 nicht weniger als 86 % aller weltweit registrierten Flüchtlinge beherbergten – mit seit Jahren steigender Tendenz im Vergleich zum Anteil des globalen Nordens.

Flucht ist selten ein linearer Prozess, vielmehr bewegen sich Flüchtlinge meist in Etappen: Häufig lässt sich zunächst ein überstürztes Ausweichen in die nächste Stadt oder einen anderen als sicher erscheinenden Zufluchtsort in der unmittelbaren Nähe ausmachen, dann die Weiterwanderung zu Verwandten und Bekannten in einer benachbarten

Region oder einem Nachbarstaat oder das Aufsuchen eines informellen oder regulären Lagers. Muster von (mehrfacher) Rückkehr und erneuter Flucht finden sich ebenfalls häufig. Hintergrund ist dabei nicht nur die Dynamik der sich stets verändernden und verschiebenden Konfliktlinien, sondern auch die Unmöglichkeit, an einem Fluchtort Sicherheit oder Erwerbs- bzw. Versorgungsmöglichkeiten zu finden. Häufig müssen sich Menschen auf Dauer oder auf längere Sicht auf die (prekäre) Existenz als Flüchtling einrichten: Daher rührt auch das Phänomen der Verstetigung von Lagern mit der Folge von »Camp-Urbanisierung« und der Entwicklung von »Camp-Cities« mit teilweisem Großstadtcharakter.

Den Angaben des UNHCR zufolge ist zwar in den vergangenen vier Jahren die Zahl jener Flüchtlinge angestiegen, die weltweit Grenzen überschritten haben. Das Anwachsen bewegte sich aber immer noch im Rahmen dessen, was für die vergangenen Jahrzehnte seit den 90er Jahren zu beobachten war. Viel stärker wuchs demgegenüber die Zahl der Schutzsuchenden, die als »Binnenvertriebene« innerhalb der Konfliktstaaten auswichen. Umso mehr ist damit die Frage relevant, warum seit 2011/12 insbesondere die Bundesrepublik Deutschland verstärkt zum Ziel von Fluchtbewegungen geworden ist. Sechs Antworten seien hier skizziert:

Erstens: Netzwerke. Migration findet vornehmlich in Netzwerken statt, die durch Verwandtschaft und Bekanntschaft konstituiert sind. Deutschland ist auch deshalb zum wichtigsten europäischen Ziel syrischer Flüchtlinge geworden, weil es hier bereits vor Beginn des Bürgerkriegs in Syrien eine recht umfangreiche syrische Herkunftsgemeinschaft gab, die für Menschen, die vor dem Bürgerkrieg flohen, eine zentrale Anlaufstation bildete. Und weil migrantische Netzwerke die Wahrscheinlichkeit für weitere Migration erhöhen, Migration also Migration erzeugt, hat die Zuwanderung syrischer Flüchtlinge in die Bundesrepublik die in den vergangenen Monaten zu beobachtende hohe Dynamik gewonnen. Ähnliches gilt im Übrigen für wichtige andere Flüchtlingsbewegungen mit dem Ziel Deutschland.

Zweitens: Finanzielle Mittel. (Erhebliche) finanzielle Ressourcen bilden eine wesentliche Voraussetzung für Migration: Formalitäten für Ein- und Ausreisen müssen bezahlt werden, Reise- und Transportkosten kommen hinzu, Schlepper oder Vermittler gilt es (teuer) zu entlohnen, Wartezeiten auf den Etappen verschlingen Geld. Für die Allerärmsten ist die Umsetzung eines Migrationsprojekts über größere Distanzen illusorisch.

Unzählige Studien belegen: Armut schränkt die Bewegungsfähigkeit massiv ein. Fluchtbewegungen über größere Distanzen unternehmen vornehmlich Bessergestellte, wie sich beispielsweise auch bei den Bewegungen aus Syrien und dem Irak in die Bundesrepublik beobachten lässt. Hinzu kommt: Wegen der relativen geografischen Nähe wichtiger Herkunftsräume von Flüchtlingen zu Europa (Syrien, Irak) halten sich die Kosten für das Unternehmen Flucht von dort in Grenzen – zumindest im Vergleich zu Bewegungen aus anderen globalen Konfliktherden etwa in West- oder Ostafrika, Südasien oder Lateinamerika, die selten Europa erreichen.

Drittens: Aufnahmeperspektiven. Staaten entscheiden mit weiten Ermessensspielräumen über die Aufnahme von Migrantinnen und Migranten und den Status jener, die als schutzberechtigte Flüchtlinge anerkannt werden. Die Bereitschaft, Schutz zu gewähren, bildet immer ein Ergebnis vielschichtiger Prozesse des Aushandelns durch Individuen, Kollektive und staatliche Institutionen, deren Beziehungen, Interessen, Kategorisierungen und Praktiken sich stets wandeln. Mit der permanenten Veränderung der politischen, administrativen, publizistischen, wissenschaftlichen und öffentlichen Wahrnehmung von Migration verbindet sich ein Wandel im Blick auf die Frage, wer unter welchen Umständen als Flüchtling verstanden und wem in welchem Ausmaß und mit welcher Dauer Schutz oder Asyl zugebilligt wird. Seit 2010 und bis weit in das Jahr 2015 hinein lässt sich eine relativ große Aufnahmebereitschaft in der Bundesrepublik Deutschland beobachten, insbesondere im Vergleich zu vielen anderen Ländern der EU. Verantwortlich dafür war eine vor dem Hintergrund der günstigen Situation von Wirtschaft und Arbeitsmarkt positive Zukunftserwartung in Politik, Wirtschaft und Gesellschaft. Die seit Jahren laufende breite Diskussion um Fachkräftemangel und den Prozess der strukturellen Alterung der Gesellschaft führte ebenso zu einer Öffnung wie die Akzeptanz menschenrechtlicher Standards und die Anerkennung des Erfordernisses des Schutzes vornehmlich syrischer Flüchtlinge, aus der auch eine große Bereitschaft zu ehrenamtlichem Engagement resultierte.

Viertens: Aufhebung von Migrationsbarrieren. Die EU-Vorfeldsicherung, also das System der Fernhaltung von Fluchtbewegungen, ist aufgrund des »Arabischen Frühlings« und der Destabilisierung diverser Staaten am Rand der EU zusammengebrochen. Die »Mobilitätspartnerschaften« der

EU und die vielgestaltige europäische migrationspolitische Zusammenarbeit mit Staaten wie Libyen, Ägypten, Tunesien, Marokko, Albanien oder der Ukraine hatte seit den 90er Jahren verhindert, dass Flüchtlinge die Grenzen der EU erreichen und um Asyl nachsuchen konnten. Die Destabilisierung der politischen Systeme wirkte mit den tiefgreifenden Folgen der Weltwirtschaftskrise seit 2007 zusammen, die die gesellschaftlichen Konflikte in den EU-Anrainerstaaten verschärften, die staatlichen Handlungsmöglichkeiten beschnitten sowie die Bereitschaft und die Reichweite einer Zusammenarbeit mit der EU minimierten.

Fünftens: Die Weltwirtschaftskrise wirkte auch in den inneren Ring der Vorfeldsicherung gegen Flüchtlinge hinein. Das seit den 90er Jahren entwickelte »Dublin-System« diente der bewussten Abschließung der EU-Kernstaaten und insbesondere der Bundesrepublik Deutschland gegen die weltweiten Fluchtbewegungen. Lange funktionierte es. Aufgrund der massiven Folgen der Weltwirtschaftskrise aber waren diverse europäische Grenzstaaten, vornehmlich Griechenland und Italien, immer weniger bereit, die Lasten des Dublin-Systems zu tragen und die Flüchtlinge, die vermehrt die EU erreichten, zu registrieren und in das jeweilige nationale Asylverfahren zu fügen.

Sechstens: Deutschland als Ersatz-Zufluchtsland. Die Weltwirtschaftskrise führte innerhalb der EU dazu, dass die Bereitschaft klassischer und sehr gewichtiger Asylländer wie Frankreich oder Großbritannien stark sank, Flüchtlingen Schutz zu gewähren. In diesem Kontext wurde die Bundesrepublik gewissermaßen ein Ersatz-Zufluchtsland und damit zu einem neuen Ziel im globalen Gewaltmigrationsgeschehen. **[NG|FH 12|2015]**

Marianne Haase

Vom Wollen und Können der europäischen Asylpolitik

Es geht um Großes: um das europäische Schutzversprechen an Verfolgte, Solidarität zwischen den Mitgliedstaaten und die Glaubwürdigkeit des europäischen Asylsystems. Das Funktionsprinzip von freien Grenzen, Asylschutz und Kontrolle der EU-Außengrenzen ist massiv gestört.

Ausdruck davon sind das zusammengebrochene Dublin-System, die (temporär) wiedereingeführten Grenzkontrollen innerhalb des Schengen-Raumes und öffentliche Schuldzuweisungen der Mitgliedstaaten untereinander. Die europäische und damit auch die nationalstaatliche Asylpolitik stehen angesichts der sogenannten Flucht- und Migrationskrise am Scheideweg: Gelingt es, sich auf eine tatsächlich gemeinsame europäische Asylpolitik zu einigen und damit die Grundlagen für einen gemeinsamen Raum der Freiheit, der Sicherheit und des Rechts wieder oder gar erstmalig herzustellen?

Warum eine europäische Flüchtlingspolitik?

Zentrales Motiv für die Harmonisierung der Flüchtlingspolitik auf europäischer Ebene war die in den 90er Jahren erlebte Unmöglichkeit, Asylzuwanderungsbewegungen allein nationalstaatlich zu regulieren. Die im EU-Vergleich sehr unterschiedlichen Aufnahmebedingungen und Aufkommen von Asylgesuchen sowie unklare Zuständigkeiten für Flüchtlinge zwischen den einzelnen Mitgliedstaaten hatten dazu geführt, dass eine Verteilung und eine Standardangleichung erzielt werden sollten. Die damals (wie heute) starke Betroffenheit Deutschlands von Asylmigration, die damals (wie heute) unterschiedlichen Anerkennungsquoten bei Asylgesuchen und der Wunsch Deutschlands damals (wie heute) auf europäischer Ebene eine Lastenverteilung zu etablieren, waren wesentliche Treiber für eine europäische Asylpolitik. Grundlegend waren etwa das Programm von Tampere (1999) und die Überführung der Asylpolitik in EU-Recht durch den Vertrag von Lissabon. Ergebnis war aus deutscher Sicht eine bis 2008 insgesamt rückläufige Zahl von Asylsuchenden, die jedoch seitdem und besonders seit 2013 wieder deutlich ansteigt. Für die EU-Mitgliedstaaten mit Außengrenzen des Schengen-Raumes führte das Dublin-Abkommen zu einer für sie neuen Belastung.

In der europäischen Asylpolitik liegt zudem ein humanitäres, wertevermittelndes Ziel. Die Anerkennungs- oder die Aufnahmerichtlinie stellen verbindliche Regeln dar, die EU-weit geltende grundlegende Schutzgarantien für Asylsuchende eingeführt haben. Sie mögen aus deutscher Perspektive weitestgehend selbstverständlich wirken, sind jedoch gerade für die EU-8 historisch nicht gewachsen und sollten gegenüber dem Vorbeitrittszustand zu einer qualitativen Verbesserung des Asyl-

und Menschenrechtsschutzes führen. Gerade in den postsozialistischen Ländern waren bislang kaum Erfahrungen mit Asylzuwanderung gemacht worden, vielmehr waren diese Staaten selbst Herkunftsländer von Flüchtlingen gewesen und nach der Wende Auswanderungsland für viele Arbeitsmigranten geworden.

Beim Blick auf die EU-Asylpolitik muss zunächst positiv hervorgehoben werden, dass es geglückt ist, ein Set an Standards zu etablieren, welches dem EU-weiten Schutz von Flüchtlingsrechten und der Einhaltung der Genfer Flüchtlingskonvention zuträglich ist, auch weil ihre Umsetzung einklagbar ist. Diese Standards haben in Beitrittsprozessen Asylsysteme in den Beitrittsländern weiterentwickelt, und auch in der EU-Außenpolitik fungiert die EU als Kompass, an dem sich annäherungsbereite Drittstaaten auszurichten haben. So gesehen wohnt der EU-Asylpolitik eine nicht zu unterschätzende normsetzende Wirkung inne.

Was die Umsetzung des EU-Rechts in nationale Gesetzgebung in den Mitgliedstaaten anbelangt, herrscht aber neben Licht auch Schatten. Trotz gemeinsamer Anerkennungskriterien ist es nie gelungen, eine einheitliche Schutzgewährung herbeizuführen. Das Beispiel der sehr unterschiedlichen Anerkennungsquoten für afghanische Asylsuchende verdeutlicht die fehlende Einheitlichkeit trotz EU-weit harmonisierter Kriterien: Sie variierte im Jahr 2014 zwischen 20 % und 95 %. Auch das Dublin-System brachte Ergebnisse hervor, die überraschen mögen: Es wurden nicht nur Staaten mit Außengrenzen durch das Dublin-System stark belastet, auch Länder wie Deutschland gehören auf der einen Seite zu den Top-Sendeländern von Dublin-Überführungen, zugleich aber auch zu den Top-Empfängerländern. Aufgrund der sich stark unterscheidenden Aufnahmebedingungen in den EU-Mitgliedstaaten – trotz verbindlich festgelegter Standards – wurden Dublin-Überführungen in einzelne Staaten zeitweise aufgrund der dort nicht sicherzustellenden menschenwürdigen Aufnahme der Flüchtlinge ausgesetzt.

Doch warum ist es in der EU-Asylpolitik bislang nicht gelungen, gemeinsame Standards und vergleichbare Verfahren zu etablieren? Die beiden ersten und wohl wichtigsten Gründe sind die Interessendivergenz und die unterschiedliche Leistungsfähigkeit der einzelnen Mitgliedstaaten. Während auf der einen Seite Länder wie Deutschland über langjährige Erfahrungen bei der Schutzgewährung und ein zugleich arbeitsmarktgetriebenes Interesse an der Integration von Flüchtlingen verfügen, stehen

Staaten an den Außengrenzen vor gänzlich anderen Voraussetzungen. Einer der am meisten betroffenen Staaten, Griechenland, wird in einer äußerst belasteten wirtschaftlichen Phase mit einem hohen Zustrom an Asylbegehrenden konfrontiert. Ressourcen für eine menschenwürdige Aufnahme von Asylsuchenden sind daher kaum vorhanden.

Gelingen und Scheitern der Europäisierung

Völlig unterschiedlich sind die Bedürfnisse, die Traditionen und die Erfahrungen der einzelnen Mitgliedstaaten bei der Integration von Flüchtlingen. Länder wie Frankreich können hier auf ihren Erfahrungsschatz aus der Integration von Drittstaatsangehörigen zurückgreifen, während etwa osteuropäische Staaten weitestgehend neues Terrain betreten und aufgrund historischer Erfahrungen und der Situation auf den lokalen Arbeitsmärkten kaum Interesse an der mittel- oder langfristigen Integration von Flüchtlingen haben. Gerade an dieser Stelle findet von der EU-Ebene ausgehend kaum eine Normsetzung statt, da die EU-Integrationspolitik bislang ein nur sehr schwach reguliertes Feld in der Europäischen Union ist.

Eine bislang und auch weiterhin offene Flanke ist die häufig mangelnde Bereitschaft der Mitgliedstaaten finanzielle und materielle Ressourcen für eine solidarische Bewältigung der sogenannten Flüchtlingskrise bereitzustellen. Symptomatisch hierfür steht die ausbleibende Unterstützung der europäischen Partner bei der Fortführung des italienischen Seenotrettungsprogramms »Mare Nostrum«, mithilfe dessen laut Internationaler Organisation für Migration (IOM) zwischen Oktober 2013 und Dezember 2014 rund 200.000 Menschen gerettet wurden. Aber auch auf Grenzschutz fokussierten Frontex-Operationen wie »Triton« fehlen Ressourcen, die von Mitgliedstaaten zur Verfügung gestellt werden müssten. Diese beiden Beispiele sind ein Hinweis darauf, dass es bei der mitgliedstaatlichen Unterstützung offenbar weniger um die Zielsetzung der zu unterstützenden Aktion geht (Flüchtlingsrettung oder Grenzschutz), sondern vielmehr um mangelnde generelle Solidaritätsbereitschaft. Rufe nach *Relocation*, also die Umsiedlung von Flüchtlingen innerhalb der EU zur Entlastung besonders betroffener Mitgliedstaaten, haben in der Vergangenheit politisch in den EU-Mitgliedstaaten ohne Außengrenze kaum Unterstützung erfahren.

Insgesamt ist die europäische Harmonisierung nur bis zur gemeinsamen Standardsetzung vorgedrungen, die Verfahren selbst finden bislang auf nationalstaatlicher Ebene statt. Mit dieser nur unvollständigen Harmonisierung konnten also Räume für vielfältige Asylpraktiken genutzt werden. Regulierende und verfahrensangleichende Mechanismen wie personelle und finanzielle Unterstützungsleistungen oder Aktivitäten des European Asylum Support Office (EASO) konnten nicht ausreichend auf defizitäre Asylsysteme in einzelnen Mitgliedstaaten reagieren, auch weil sie die Ursachen der Krise der europäischen Asylpolitik nicht beheben konnten.

Folge der unterschiedlichen Umsetzungspraktiken der europäischen Regelungen ist angesichts des starken Zuwachses an Asylgesuchen ein wachsendes Misstrauen der europäischen Mitgliedstaaten untereinander. Eine weitere Folge ist, dass mit dem starken Zuzug an Flüchtlingen eine Situation eingetreten ist, die der vor der Europäisierung in den 90er Jahren ähnelt: der Ruf nach Lastenteilung, die Verschärfung der Debatte um eine Verteilung von Flüchtlingen innerhalb der EU, aber auch eine heftige und leidenschaftliche Diskussion um die Qualität unseres Asyl- und Menschenrechtsschutzes.

Wo ein Wille ist, ist auch ein Weg?

Vor dem Hintergrund der Entwicklungen des europäischen Asylsystems geht es nun also darum, nicht nur mögliche Mechanismen und technokratische Verfahren der Lastenverteilung zu entwickeln, sondern ein gemeinsames Wollen wieder zu beleben. Die unterschiedlichen historischen Erfahrungen und Bedürfnisse zwischen den Mitgliedstaaten als Ursachen der Krise der EU-Asylpolitik werden bestehen bleiben. Es wird also ein hohes Maß an Kompromissfähigkeit, ein adäquates Anreizsystem und eine Rückbesinnung auf die »europäischen Werte« erfordern, um Schritte in Richtung eines europäischen Asylsystems zu gehen, indem das Vertrauen untereinander wieder wachsen kann. Mut machend ist nicht nur die Tatsache, dass eine enteuropäisierte Asylpolitik allein EU-rechtlich wegen der Verankerung der gemeinsamen EU-Asylpolitik im Vertrag von Lissabon mit sehr hohen Hürden verbunden wäre. Die aktuellen Diskussionen um das EU-Asylsystem und seine Bilanzierung können auch selbst heilsam sein und zu einer Revitalisierung des Gedankens an eine genuine EU-Asylpolitik führen. Denn es ist völlig klar, dass die Staaten der Europäischen Union den Flüchtlingskrisen in Europa und in den Herkunftsländern mittelfristig nur mit einer gemeinsamen Politik werden begegnen können. [NG|FH 12|2015]

Rupert Neudeck

Was tut die Europäische Union in der Flüchtlingskrise?

Dass ein Nicht-EU-Land wie Mazedonien einen Zug bereitstellt, mit dem Flüchtlinge von der mazedonisch-griechischen Grenze nach Serbien transportiert werden, das kann man vielleicht noch verstehen. Aber dass ein EU-Land wie Griechenland auf keine andere Idee kommt, als die Flüchtlinge weiter nach Norden zu verschieben, um sie damit aus dem Bereich der Grenzen der Europäischen Union fortzuschaffen, ist ein beschämendes Bild für dieses Europa. Um die Europäische Union muss man sich große Sorgen machen, denn sie droht, in ein Europa der drei Geschwindigkeiten zu zerfallen, weniger aufgrund der Euro-Schuldenkrise, vielmehr aufgrund der Flüchtlingskrise.

Da gibt es zum einen Länder, die mehr oder weniger etwas tun: die Gründungsstaaten, die skandinavischen Länder sowie Spanien und Portugal. Dann kommen die ost- und südosteuropäischen Länder, die wie kleine Kinder aufgeschreckt rufen: »Das haben wir uns so nicht vorgestellt mit der EU, und wir haben die auch nicht gerufen. Und wenn dann doch welche zu uns eindringen sollten, dann bitte nur Christen, keine Muslime«. Und dann gibt es noch die dritte Geschwindigkeit der beiden Länder Griechenland und Ungarn, die einfach alle, die an ihren Grenzen ankommen, möglichst gleich durch eine Mauer oder einen Zaun abwehren oder sie in Busse packen und über der Nordgrenze in ein Nicht-EU-Land abschieben wollen.

Beobachten kann man dieses Vorgehen auf der griechische Insel Lesbos: Die Ankommenden werden nicht versorgt, sie müssen sich selbst helfen. So etwas wie das griechische Rote Kreuz oder einen Wohlfahrtsverband der reichen Orthodoxen Kirchen gibt es hier nicht, glücklicherweise aber eine Menge bemühter und unbedarfter – aber ausländischer – Helfer. Wenn Griechenland zumindest erklären würde: »Wir haben nicht das Geld dafür, dennoch errichten wir ein Lager für 5.000 Geflüchtete, den Rest müssen die anderen Europäer übernehmen«. Dann könnte Griechenland das auch über die EU organisieren. Aber das national stolze Griechenland ist sehr wenig imprägniert von dem Geist der EU-Gemeinschaft. Was sollte Europa überhaupt noch im Innersten zusammenhalten, wenn nicht gerade solche Werte, dass die Versorgung von Menschen in Not ein wesentliches Kennzeichen dieser Gemeinschaft wenn nicht schon längst ist, so doch sein sollte? Bail-out- und Schulden-Transfer-Verbote können das bestimmt nicht leisten.

Auch die Sprache stimmt nicht: Es gibt gar keine zwei Flüchtlingslager auf Lesbos. Das was in Kara Tepe für die Syrer und in Moria für alle anderen eingerichtet wurde, hält dem Wort »Lager« nicht stand. Es sind eingezäunte Agglomerationen, in die die Flüchtlinge praktisch hineingeworfen werden. Die Menschen hier können auf keine ausreichende Versorgung zählen, weder mit Nahrungsmitteln, noch mit Matten und Decken. Verkaufsbuden stehen in dem sogenannten Lager wie auf einem Jahrmarkt und bieten den Flüchtlingen Speisen, Hygieneartikel und anderes zum Kauf an. Man will an den Flüchtlingen auch noch verdienen.

Europäischer Spießrutenlauf

Der Weg führt für die Flüchtlinge wie automatisch weiter in ein Nicht-EU-Land, dann in ein zweites Nicht-EU-Land. Schließlich wird die Balkanroute erst einmal unterbrochen, weil Ungarn die Flüchtlinge per Gesetz zu Verbrechern erklärt hat. Noch hat sich kein hochrangiger Jurist gefunden, der Anklage gegen Ungarn beim Internationalen Strafgerichtshof erhebt.

Eines kann man auch mit Blick auf Navid Kermanis Friedenspreisrede sagen: Die Migration von muslimischen Flüchtlingen wird diesen Menschen die Augen öffnen, die annahmen, dass sie bei den Gläubigen der islamischen Umma besser aufgehoben seien als in den Ländern der Ungläubigen. In den sozialen Netzwerken der arabischen Jugend tobt es; es ist die Rede von einer »Schande für den Islam«. Dass die Muslime jetzt nach Österreich, Deutschland, Schweden gehen anstatt nach Saudi-Arabien – das wird dem Islam noch gehörig zu schaffen machen;

jedenfalls denen, die noch den letzten Rest von Barmherzigkeit und Nächstenliebe aufrechterhalten wollen.

Ich frage mich als Bürger, der Zeit seines Lebens ein begeisterter Europäer war, der als Europäer sieht und fühlt: Hat denn in dem gesamten riesigen *acquis communautaire* der EU nie die Frage eine Rolle gespielt, ob man im Notfall Flüchtlingen, die sich in letzter Not zum Beispiel aus Kriegsgebieten an der Grenze melden, menschlich begegnet, sie erst mal versorgt, ihnen eine Atempause verschafft, möglicherweise eine jahrelange Pause, in der sie sich in die EU-Gesellschaft einbringen können? Hat das denn nie bei der Aufnahme eine Rolle gespielt? Viktor Orbán und andere aus den osteuropäischen Ländern spielen die Ahnungslosen: Das hätten sie vor dem Eingehen des Bundes mit der EU nicht gewusst; und das wollten sie auch nicht. Sie haben die Flüchtlinge nicht gerufen. Sie wollen sie nicht und wenn, dann wollten sie auf der Durchreise allemal nur christliche und nicht etwa muslimische Flüchtlinge auf Zeit akzeptieren. So könnte Europa zusammenbrechen, wenn wir jetzt nicht energisch an die Arbeit gehen. Den Zusammenbruch könnte etwas aufhalten, was die Europäische Gemeinschaft immer schon gut konnte. Sie präferierte nicht perfekte Lösungen, sondern auch vorläufige, die noch eine Zukunft aufwiesen. Nicht alle 28 EU-Mitgliedstaaten sind Euro-Staaten. Auch nicht alle 28 sind Schengen-Staaten. Es sollte erst unterhalb des Daches der Europäischen Union eine Gruppenbildung stattfinden: Die zehn bis 13 Staaten, die sich m. E. bereitfinden würden, eine Europäische Flüchtlingsunion zu bilden, sollten das ganz schnell tun – in der Absicht, in den nächsten fünf bis zehn Jahren auch andere von der zweiten und der dritten Geschwindigkeit dazuzubekommen.

Das wären die sechs Gründungsmitglieder der ursprünglichen EWG und Montanunion, dazu die skandinavischen Staaten, Großbritannien, Spanien, Portugal, Irland. Diese Staaten könnten die Grundlage bilden und damit verhindern, dass noch weitere Gipfeltreffen ergebnislos verstreichen. Diese 13 Länder müssten sich auf ein Quotensystem verpflichten und damit den Startschuss für eine wirklich gemeinsame europäische Flüchtlingspolitik geben.

Auch die (materiellen) Aufnahmebedingungen müssten sich annähern, damit die Flüchtlinge genauso gut nach Spanien oder Italien gehen könnten wie nach Deutschland. Man erhält als Familie, wie es der serbische Ministerpräsident Aleksandar Vučić in einem Interview in der

FAZ (26. August 2015) sagt, in Deutschland bei der Stellung eines Asylantrags 580 Euro. Das ist deutlich mehr als der Durchschnittsverdienst in Serbien. Vučić hat der Bundesregierung empfohlen, den Höchstsatz von 580 auf 300 Euro zu beschränken. Die Folge wäre eine Reduzierung der Flüchtlingszahlen vom Balkan auf rund 20 %. Ansonsten würden sie versuchen wegen dieses Geldgeschenks nach Deutschland zu gehen, wo man dafür nicht arbeiten muss, wo man eine kostenlose Unterkunft und gute Verpflegung, sogar medizinische Versorgung bekommt. Wegen der schnellen Verbreitung aller Nachrichten im Mahlstrom Hunderttausender Smartphones erführen das alle Flüchtlinge.

Die Politik in Deutschland, namentlich die Finanzminister können sich über ihre eigene Bevölkerung nur glücklich schätzen. Denn unsere wehleidige Flüchtlingsbürokratie wäre vor lauter Gejammer über fehlende Budgetmittel und Personal sowie mangelnde Infrastruktur schon längst gescheitert, wenn es nicht eine in großen Teilen hilfsbereite Bevölkerung gäbe, die gern etwas ganz Konkretes tun möchte: Deutschunterricht geben, Kinder betreuen, Sprache vermitteln, Ersatzoma in Flüchtlingsfamilien spielen, Rechtsberatung geben, Gesundheitsversorgung vermitteln, dolmetschen, Patenschaften für einzelne Flüchtlinge übernehmen.

Diese hehren Vorhaben werden von der Bürokratie und der Politik allerdings nicht immer erleichtert – ich will gar nicht sagen: gewürdigt – wie sich das eigentlich gehören würde. Einer Ärztin etwa wird der Transport eines kranken Flüchtlingskindes mit dem eigenen PKW vom Asylbewerberheim zur Kinderklinik mit dem Hinweis auf rechtliche Bestimmungen untersagt, ebenso der Zutritt in eine Gemeinschaftsunterkunft in Begleitung eines Dolmetschers. Deutschland macht es den vielen Helfer/innen mit den verschiedensten Widrigkeiten und behördlichen Schikanen fast unmöglich zu helfen. **[NG|FH 12|2015]**

Autorinnen und Autoren

H.B. nicht namentlich genannter Mitarbeiter des Soziographischen Instituts in Frankfurt am Main.

Klaus J. Bade (* 1944) ist Professor (em.) für Neueste Geschichte und Direktor im Fachbereich Kultur- und Geowissenschaften der Universität Osnabrück; Begründer des dortigen Instituts für Migrationsforschung und Interkulturelle Studien (IMIS).

Philippe Bernard ist Redakteur bei der französischen Tageszeitung *Le Monde*.

Michael Bröning (* 1976) ist Politikwissenschaftler und leitet das New Yorker Büro der Friedrich-Ebert-Stiftung. Seit Juni 2020 ist er Mitglied der Grundwertekommission der SPD.

Tanja Busse (* 1970) arbeitet freiberuflich als Moderatorin, Autorin und Journalistin.

Paul Collier (* 1949) ist Professor für Ökonomie an der Universität Oxford und einer der führenden Migrationsforscher.

Kurt Graulich (* 1949) ist Richter a. D. am Bundesverwaltungsgericht und Honorarprofessor an der Humboldt-Universität zu Berlin.

Marianne Haase ist Beraterin bei der Gesellschaft für Internationale Zusammenarbeit (GIZ) im Bereich »Migration und Entwicklung«.

Bodo Hager (* 1939) war wissenschaftlicher Publizist und Hochschuldozent.

Harald Hohmann (* 1956) ist Anwalt mit eigener Kanzlei, außerdem Privatdozent an der Johann Wolfgang Goethe-Universität Frankfurt am Main für Öffentliches Recht, Europa- und Völkerrecht.

Gudrun Jakubeit (* 1948) ist Pädagogin und Politologin; sie arbeitet als freiberufliche Supervisorin, Organisationsberaterin und Trainerin.

Herbert Leuninger (* 1932 † 2020) war römisch-katholischer Geistlicher; Mitbegründer und Sprecher der Arbeitsgemeinschaft »Pro Asyl«.

Marianello Marianelli (* 1915 † 2003) war Autor und Übersetzer, er lebte in Pisa.

Ursula Mehrländer (* 1942 † 2017) war Dipl.-Volkswirtin; ehemalige Leiterin der Abteilung für Wirtschafts- und Sozialpolitik der Friedrich-Ebert-Stiftung.

Richard Meng (* 1954) ist Politikwissenschaftler, Autor und Beirat der *NG | FH*. Er war stellvertretender Chefredakteur der *Frankfurter Rundschau* und Sprecher des Senats von Berlin.

Thomas Meyer (* 1943) ist Professor (em.) für Politikwissenschaften an der Universität Dortmund und Chefredakteur der *NG | FH*.

Robert Miles (* 1950) ist Soziologe und Politikwissenschaftler, Professor (em.) für Soziologie und Internationale Politik an der University of North Carolina at Chapel Hill.

Herfried Münkler (* 1951) ist Professor (em.) am Institut für Politikwissenschaft der Humboldt-Universität zu Berlin und im Beirat der *NG | FH*.

Rupert Neudeck (* 1939 † 2016) war Journalist, gründete das Komitee Cap Anamur / Deutsche Notärzte e. V. und war Vorsitzender des Friedenskorps Grünhelme.

Manfred Nitsch (* 1940) ist Professor (em.) für Volkswirtschaftslehre an der Freien Universität Berlin.

Jochen Oltmer (* 1965) ist Apl. Professor für Neueste Geschichte und Mitglied des Vorstands des Instituts für Migrationsforschung und Interkulturelle Studien (IMIS) der Universität Osnabrück.

Autorinnen und Autoren

Armin Pfahl-Traughber (* 1963) ist Politikwissenschaftler und Soziologe, hauptamtlich Lehrender an der Hochschule des Bundes für öffentliche Verwaltung Brühl.

Ludger Pries (* 1953) ist Professor für Soziologie an der Ruhr-Universität Bochum und stellvertretender Vorsitzender des Sachverständigenrates deutscher Stiftungen für Migration und Integration.

Nora Räthzel (* 1948) ist Professorin für Soziologie am Institut für Soziologie der Universität Umea, Schweden.

Klaus Rave (* 1951) ist Jurist und ehemaliger Juso-Landesvorsitzender und Geschäftsführer des SPD-Landesverbandes Schleswig-Holstein.

Paul Scheffer (* 1954) ist Professor für Europäische Studien an den Universitäten Tilburg und Amsterdam und schreibt regelmäßig für europäische Tages- und Wochenzeitungen.

Klaus-Jürgen Scherer (* 1956) Redaktion *NG/FH*, war langjähriger Geschäftsführer des Wissenschafts- und Kulturforums der Sozialdemokratie.

Ute Schmidt (* 1943) ist Sozialwissenschaftlerin, seit 2006 Privatdozentin und Mitarbeiterin im Forschungsverbund SED-Staat an der FU Berlin.

Kerstin Schneider arbeitet als freie Journalistin in Berlin; Mitbegründerin des Journalistenbüros »KulturBotschaft«; seit 2009 Medienreferentin am Wissenschaftszentrum für Sozialforschung (WZB) in Berlin.

Hubertus Schröer (* 1945) ist Jurist und war Lehrbeauftragter an der Hochschule für Sozialwesen.

Valentin Siebrecht (* 1907 † 1996) war Nationalökonom, ehem. Präsident des Landesarbeitsamtes Südbayern in München.

Ansgar Skriver (* 1934 † 1997) war politischer Redakteur, langjähriges Kuratoriumsmitglieder der Aktion Sühnezeichen Friedensdienste.

Pater Paulus Sladek (* 1908 † 2002) war Pater des Augustinerordens; Lehrbeauftragter für Dogmatik an der Theologischen Fakultät der Deutschen Universität in Prag, Flüchtlingsseelsorger bei der Kirchlichen Hilfsstelle in München.

Ilse Staff (* 1928 † 2017) war Rechtswissenschaftlerin, von 1971 bis 1993 Professorin für Öffentliches Recht an der Johann Wolfgang Goethe-Universität Frankfurt am Main.